文庫NF

〈NF306〉

博士と狂人

世界最高の辞書OEDの誕生秘話

サイモン・ウィンチェスター
鈴木主税訳

HAYAKAWA NONFICTION

早川書房

5827

THE PROFESSOR AND THE MADMAN

A Tale of Murder, Insanity, and the Making of the Oxford English Dictionary

by

Simon Winchester

Translated by
Chikara Suzuki
Published 2006 in Japan by
HAYAKAWA PUBLISHING, INC.
This book is published in Japan by
direct arrangement with
AGNES KRUP LITERARY AGENCY
acting on behalf and in conjunction with
STERLING LORD LITERISTIC, INC.

挿絵／ Philip Hood

G・Mを偲んで

目次

博士と狂人

世界最高の辞書ＯＥＤの誕生秘話

註　記

各章の冒頭には *The Oxford English Dictionary*（『オックスフォード英語大辞典』）から採録したものが訳出して掲げてある。以下にその記号の読み方を記しておく。

1……1100年以前
2……12世紀（1100 - 1200）
3……13世紀（1200 - 1300）
4……14世紀（1300 - 1400）など
4 - 6……14世紀 - 16世紀（1300 - 1600）
dial.……方言
Hist.……歴史的
arch.……古語
Cf., cf.……（比較）参照
a.……諸外国語から派生したことを示す
f.……語形、語源（語尾変化させて、構成・派生したもとの語）を表わす
＊……左肩に＊のつく語は、初出例を示す
‖……充分に英語化していないことを示す

（編集部）

はじめに

Mysterious (mistī^{ə}·riəs), 形容詞. [f. ラテン語 *mystērium* MYSTERY[1] + OUS. Cf. フランス語 *mystérieux*.]

1 神秘に満ちた;神秘につつまれた;人間の知識や理解力ではわからない;説明や解明や理解が不可能か困難な;原因や性質や目的がはっきりしない.

近代の文献史に詳しい人びとのあいだではよく知られていることだが、一八九六年の晩秋の霧のたちこめた寒い午後、バークシャーのクローソンという小さな村で、ある重要な対談が行なわれた。

対談の一方の当事者は、ジェームズ・マレー博士。当時『オックスフォード・イングリッシュ・ディクショナリ』（『オックスフォード英語大辞典』、略称ＯＥＤ）の編纂主幹をつとめていた偉大な人物である。この日、オックスフォードから五〇マイル離れた村を博士が汽車で訪れたのは、Ｗ・Ｃ・マイナーという名の謎の人物に会うためだった。マイナーはＯＥＤの作成に最大の貢献をした一人で、他の多くの篤志協力者とともに、この辞典の作成に中心的な役割をはたしていた。

これに先立つ二〇年近くのあいだ、マレーとマイナーは定期的に手紙のやりとりをし、英語辞典の編纂にかんする細かい問題について意見を交換していた。だが二人は一度も会ったことはなかった。マイナー博士はクローソンの自宅から出かけたくないか、あるいは出かけられない立場らしく、オックスフォードを訪れるつもりはないようだった。彼は事情をいっさい説明せず、ただ丁重に招待を断わるだけだった。

マレー博士のほうもなかなか仕事から離れられず、「写字室」という名で知られるオックスフォード大学の辞典編纂室にほとんどこもりきりだった。だが、マレーはこの謎につつまれた協力者に心を引かれ、ぜひ会って謝意を伝えたいと心から願いつづけていた。そして一八九〇年代末までには、なんとしても会おうという気持ちになった。辞典が半ば完成に近づいたそのころ、編纂に貢献したすべての人が、正式な形で功績をたたえられていたのだ。マレーは辞典の作成にかかわった全員に——人前に出たくないらしいマイナー博士のような人たちにも——貴重な貢献への感謝の念を、どうしても伝えたかった。彼は自分から訪ねていくことにした。

訪問を決意するとすぐ、マレーは電報でその意向を伝え、汽車でクローソン駅まで行くつもりだとつけ加えた。当時クローソン駅はウェリントン校駅と呼ばれており、この村にある有名な男子校の通学に使われていた。マレーはそこに、一一月のある水曜日の二時過ぎに着くと知らせた。マイナー博士は返事の電報で、会うのを楽しみにしている、心から歓迎すると伝えてきた。オックスフォードからの旅は天候に恵まれ、汽車の遅れもなかった。要するに、幸先のいいスタートだった。

クローソン駅では、磨きあげた四輪客馬車と制服を着た御者が迎えにきており、ジェームズ・マレーが乗りこむと、馬車はひづめの音を響かせながら田園風景の広がるバークシャーの小道を引き返した。二〇分ほどして私道に曲がると、背の高いポプラ並木がつづき、やがてたどり着いた大きな屋敷は、いささか不気味な雰囲気の漂う赤煉瓦づくりの建物だった。いかめしい召使に案内されて二階にあがり、書棚に囲まれた執務室に入ると、どっしりとしたマホガニー材の机のうしろに、いかにも重要人物らしい男が立っていた。マレー博士は改まって一礼し、何度も練習を重ねた短い挨拶の言葉を口にしはじめた。

「はじめまして。ロンドン言語協会のジェームズ・マレーと申します。『オックスフォード英語大辞典』の編纂主幹をつとめている者です。ようやくお目にかかれまして、まことに光栄に存じます。かねがねご協力いただいているW・C・マイナー博士でいらっしゃいますね？」

相手はすぐには答えず、二人のあいだに一瞬気まずい空気が流れた。時計の音が妙に大きく聞こえる。廊下をそっと歩く足音。遠くでいくつもの鍵が触れ合う音。そのとき、机のうしろの男が咳払いをして、こう言った。

「まことに残念ですが、それは違います。誤解なさっているようです。私はブロードムア刑事犯精神病院の院長をつとめる者です。マイナー博士は間違いなくここにおりますが、彼は入院患者であります。二〇年以上前からここに入院している、最も古い患者なのです」

この件にかんする公式文書は極秘扱いで、一世紀以上のあいだ公開されなかった。しかし最近、私は許可を得てそれに目を通した。以下に述べるのは、その文書から明らかになった稀有な悲劇であり、胸に迫る感動の物語である。

1

深夜のランベス・マーシュ

Murder（mɛ̱̄·ɹdəɹ），名詞．語形：a. 1 morþor, -ur, 3 - 4 morþre, 3 - 4, 6 murthre, 4 myrþer, 4 - 6 murthir, morther, 5 スコットランド語 murthour, murthyr, 5 - 6 murthur, 6 mwrther, スコットランド語 morthour, 4 - 9（現在では方言，歴史的もしくは古語）murther; *β*. 3 - 5 murdre, 4 - 5 moerdre, 4 - 6 mordre, 5 moordre, 6 murdur, mourdre, 6 - murder.［古英語 *morðor* 中性（男性名詞の複数形 *morþras*）＝ゴート語 *maurþr* 中性：古期チュートン語 **murþro*m: 前チュートン語 **mrtro-m*, f. 語根 **mer-*: *mor-*: *mr-* 死ぬ，ラテン語 *morī* 死ぬ，*mors*（*morti-*）死，ギリシア語 *μορτός*, *βροτός* 死すべき運命の，サンスクリット語 *mṛ* 死ぬ，男性形 *mará*, 女性形 *mrti*, 死，*márta* 死すべき運命の，古期スラブ語 *mĭrĕti*, リトアニア語 *mirti* 死ぬ，ウェールズ語 *marw*, アイルランド語 *marþ* 死んだ．

この語は英語とゴート語以外のチュートン語には見られないが，大陸西ゲルマン語に存在したことは明らかである．それは，この語が古期フランス語 *murdre*, *murtre*（近代フランス語 *meurtre*）および中世ラテン語 *mordrum*, *murdrum* の語源であって，また古期高地ドイツ語には派生語の *murdren* 謀殺する，があるからだ．ゴート語以外のすべてのチュートン語に同義語があり，語根が同じで接尾辞が異なっている：古英語 *morð* 中性，男性（MURTH[1]），古期サクソン語 *morð* 中性，古期フリジア語 *morth*, *mord* 中性，中期オランダ語 *mort*, *mord* 中性（オランダ語 *moord*），古期高地ドイツ語 *mord*（中世高地ドイツ語 *mort*, 近代ドイツ語 *mord*），古期ノルド語 *morð* 中性：古期チュートン語 **murþo-*: 前チュートン語 **mrto-*.

（成節の *r* の前では *d* が *ð* に変化するのが一般的な傾向であるのに反し）もとの *ð* が *d* に変化したのは，おそらくアングロフランス語の *murdre*, *moerdre* と法律用ラテン語 *murdrum* の影響によると思われる］

1　最も凶悪な殺人罪；またその事件．イングランド（スコットランドとアメリカも）の法では，予謀の犯意をもって人間を不法に殺すことと定義されている；しばしばもっと明確に，故意の謀殺（wilful murder）という．

古英語では，この語は強く非難されるどんな殺人にたいしても用いられた（またこの語には「非常な悪事」，「致命傷」，「苦痛」という意味もあった）．しかしより厳密には，密かに行なわれる謀殺を意味した．古代ゲルマンでは，密かに行なわれる謀殺だけが（現代の意味で）犯罪とみなされ，公然と行なわれる殺人は，流血にたいする流血の復讐または埋め合わせを，個人が間違って呼んだ呼び方と考えられていた．エドワード１世の時代でさえ，13 世紀末に書かれた英法の概説書『ブリトン』によれば，アングロフランス語の *murdre* はそれを犯した者と被害者の双方が特定できない場合の殺人罪だけを意味するとされている．謀殺の法律上の定義に入っている「予謀の犯意」については，（現在の解釈のように）かいつまんで定義することはできない．被害者の死を意図しなくても「故意の謀殺」で有罪とされることがある．たとえば他者の死を招くことになりそうだと知りながら不法な行為をし，それによって人が死亡した場合，またはなんらかの犯罪を犯すために負わせた傷から死亡した場合である．「謀殺」に不可欠な条件は，それを犯した者の精神が健全であること，また（スコットランドは異なるが，イングランドでは）死亡の原因となる不法行為がなされたあと，一年と一日以内の死亡であることだ．イギリスの法においては，謀殺の罪に段階は認められていないが，アメリカの法は「第一級謀殺」（刑の軽減理由がない場合）と「第二級謀殺」を区別している．

ヴィクトリア女王時代のロンドンでは、犯罪の絶えない地域として恐れられていたランベス・マーシュでも銃声が響くことはあまりなかった。たしかにランベスは物騒な地域ではあった。ごみごみしたスラム街には悪がはびこり、薄暗い路地は人喰い鬼が身をかがめてこちらをうかがっているように不気味だった。テムズ川をはさんでウェストミンスターのちょうど対岸にあるこの界隈に、まともなロンドン市民があえて立ち入ろうとすることはほとんどなかった。ランベスはロンドンのなかの無法地帯でもあった。追いはぎが潜み、強盗事件も発生したし、人通りの多い路地にはしじゅう悪質なすりが横行していた。フェーギンやビル・サイクスやオリヴァー・ツイストがヴィクトリア女王時代のランベスに実在したなら、ここはまさに彼らにぴったりの場所だっただろう。つまり、ランベスはディケンズのロンドンを現実化したようなところだったのだ。

だが、ランベスは銃をもつ者の街ではなかった。グラッドストン首相の時代のランベスでは、銃を使った犯行はめずらしく、広い大都会のロンドン全体で見ると、もっとまれなことだった。銃は高価で扱いにくく、なかなか使いこなせないし、隠すのも難しかった。そのために今日もそうだが、小火器を使った犯罪はなぜかまったくイギリス的ではない行為と考えられて、新聞にはめずらしい事件という表現で報道された。ランベスの週刊新聞の社説には、気取った調子でこう書かれた。「幸いにも、アメリカでは日常茶飯事の『射殺』という犯罪を、この国では経験したことがない」

それゆえ、一八七二年二月一七日の土曜日、月夜の午前二時過ぎに三発の銃声がたてつづけに響いたとき、それは思いもよらぬ前代未聞の衝撃的な出来事だった。その三発の銃声——四発だったかもしれない——は大きく、とても大きく、靄《もや》のたちこめた冷たい夜気のなかを響きわたった。それを耳にし——銃声が響くことなどめったになかったことを考えれば、まぐれとしか言えないのだが——即座に銃声と悟ったのは、一人の若い巡査だった。その機敏な巡査は名をヘンリー・タラントといい、サザック警察L地区の所属だった。

時計は二時を打ったばかりだったと、のちに彼は記録している。慣れきった仕事に退屈を感じつつ、真夜中から翌朝までの勤務をこなしているところだった。ウォータールー駅の横にかかる陸橋のアーチの下をゆっくりと歩き、商店のドアを揺さぶっては戸締まりを確かめながら、骨までしみる寒さを呪っていた。

　銃声を聞いたタラントは同僚が近くを巡回しているかもしれないと思い、警告するために笛を吹き鳴らして駆けだした。数秒のうちに、みすぼらしい家々の寄り集まった通り——すべりやすいその界隈は、当時はまだ村と呼ばれていた——を走りぬけ、川沿いの広いベルヴェディア通りに出た。銃声は確かにそこから聞こえたはずだった。

　別の巡査のヘンリー・バートンと、さらにもう一人のウィリアム・ウォードが、鋭い笛の音を聞いて駆けつけた。バートンの記録によれば、響きわたる笛の音の方向に走っていくと、そこには同僚のタラントがおり、一人の男を取り押さえていた。「早く！」とタラントが怒鳴った。「向こうだ——人が撃たれた！」バートンとウォードがベルヴェディア通りに駆けつけると、そこには瀕死の男が身動きもせず横たわっていた。二人の巡査はひざまずき、目撃者の話によるとヘルメットと手袋をかなぐり捨てて、倒れている男の上にかがみこんだ。

　舗道の上に鮮血がほとばしっていた。血痕はその場にしみつき、何カ月もロンドンの煽情的な新聞各紙に書きたてられることになった——「凶悪犯罪」、「恐ろしい事件」、「残忍きわまる事件」、「ぞっとする殺人事件」の現場として。

　やがて各紙は共通して「ランベスの悲劇」と呼ぶようになった。つまりランベスそのものが悲劇的なわけではないというようだった。しかし、これはきわめて異常な事件で

あり、少々の犯罪には驚かないランベスの住民にとってもそうだった。というのも、この殺人事件が起きた場所では何年も前から異様な事件があとを絶たず、煽情的な雑誌にさかんに書きたてられてきたが、今回の殺人事件によってもたらされる一連の結果は、まったく前例のないものとなったからだ。そして、この犯罪に始まる出来事は、ほとんど信じがたいほど痛ましいものであることが判明する。とはいえ、本書で明らかになるとおり、すべての面で悲劇となるわけではなかった。それどころか、決して悲劇とは言えない面も多々あったのである。

今日でも、ランベスはまったくぱっとしない地域だ。イギリスの首都にありながら注目するべきものもなく、南の州からの通勤者を運ぶ道路や鉄道が市の中心部から大きな扇状に広がるなかに、押しつぶされるように存在する。現在、ここにはロイヤル・フェスティバル・ホールやサウス・バンク・センターが建っている。これらは一九五一年の博覧会の開催地跡に建設されたのだが、その博覧会は空襲で打ちのめされ疲弊しきったロンドン市民を元気づけるために開かれたのだった。このホールとセンターを除けば、ランベスは個性もおもしろみもない場所だ。刑務所のようにつらなる建物のなかにはあまり重要でない省庁や石油会社の本社が置かれ、あたりには冬の冷たい風が吹き荒れている。名もないパブや新聞の売店もいくつかあり、ウォータールー駅が陰気な姿を見せている。この駅は最近ターミナルが拡張され、イギリス海峡トンネルを通る急行列車が発着するようになったが、利用客はさほど多くはない。

昔の鉄道経営者たちは、ウォータールー駅に豪壮なステーション・ホテルを建てようとはしなかった——ロンドンの他の駅には、巨大な最高級ホテルを建設したのだが。たとえばヴィクトリアやパディントンにも、さらにはセント・パンクラスやキングズ・クロスにさえも、そうしたホテルが建てられている。だが、ランベスはごく最近になってフェスティバル・ホールの周辺が再開発されるまでの長いあいだ、ロンドンのなかでも好ましくない地域に数えられたために、しかるべき地位のある人びとが長い時間を過ごそうとする場所ではなかった。ヴィクトリア女王時代における船との連絡列車の乗客もそうだったし、今日も、たとえどんな理由があろうと、誰も長くとどまろうとはしない。徐々に改善されているとはいえ、ランベスにはあいかわらず悪評がつきまとっている。

一〇〇年前のランベスは、まったくひどいところだった。当時はまだ湿った低地で、泥だらけの歩道には排水が渦巻き、ネッキンガーという黒ずんだ細い川となってテムズ川にそそいでいた。当時、土地を共同で所有していたのはカンタベリー大主教とコーンウォール公だった。もともと裕福なこの領主は、ランベスを開発しようとはせず、この点でロンドンの偉大な領主たちとは違っていた——グローヴナー公やベッドフォード公やデヴォンシャー公は、テムズ川の対岸に広場や大邸宅やテラスハウスを建設したのである。

そのため、ランベスには倉庫やアパートやみすぼらしい家々が建てられた。靴クリーム工場（チャールズ・ディケンズも少年時代にそうした工場で働いた）や石鹼工場、染色や石灰製造の小さな工場、そして皮革加工の作業場もあった。その作業場では、革細工職人が革を黒くするためにある物質を使っていた。それは「浄化物」と呼ばれ、地元の最も卑しい貧乏人が、路上から毎晩集めてくるものだった。「浄化物」とは、ヴィクトリア女王時代には犬の糞を意味していたのである。

町中を覆うイーストとホップの不快なにおいは、レッド・ライオン・ビール醸造所の煙突から漂ってきた。ベルヴェディア通りにそびえる大きな醸造所は、ハンガーフォード橋の北にあった。そしてこの橋は、ランベス全体を取り囲むもの、つまり線路の象徴だった。線路は湿地《マーシュ》の上の高架橋にのせられ、その橋の上を列車（遺体をウォーキング郊外の共同墓地に運ぶためにつくられたロンドン共同墓地鉄道の列車も含む）が蒸気を吹きあげながら走り、長い無蓋貨車がガタガタと揺れながら通った。ランベスはすでに騒音と汚物で悪名高かった首都のなかでも、最も騒々しい地獄のような地域の一つと、広く考えられていた。

またランベス・マーシュは、どういうわけか法的にはロンドンの管轄区域にもウェストミンスターのそれにも入らなかった。行政上は――少なくとも一八八八年までは――

サリー州に属していた。つまり首都の市民に適用される比較的厳しい法律が、ウォータールーやブラックフライヤーズ、ウェストミンスターやハンガーフォードなどの新しい橋を通ってランベス地区にのりこんだ者には、適用されなかったのだ。そのためランベスは乱痴気騒ぎの場所としてたちまち有名になった。パブや売春宿や低俗な劇場が建ち並び、男にとってわずかな金でどんな遊びでもできる――そして、あらゆる病気をもらいかねない――ところだったのだ。

ロンドンの検閲にひっかかるような芝居を見たり、真夜中過ぎまでアブサンを飲んだり、パリから密かに持ちこまれた選り抜きの最新ポルノ雑誌を買ったりするために、また年端のいかない少女を買ってもその親や警官に追いかけられる心配をしないですませるために、当時の言葉を借りれば、男たちは「サリーにでかけた」。つまりランベス通いをしたのである。

だが、たいていのスラム街と同じように、まじめな男が家賃の安さにひかれてランベスに住居と職を求めることもあり、ジョージ・メリットもそういう男の一人にほかならなかった。メリットはレッド・ライオン・ビール醸造所の罐《かま》焚きで、八年前に雇われて以来、仲間と交代で罐を焚きつづけていた。大樽を沸騰させて麦芽をつくるために、罐の火は昼も夜も絶やせなかったのだ。メリットは三四歳で、ランベスのコーンウォール通り、コーンウォール・コテージ二四番地に住んでいた。

　ヴィクトリア女王時代のロンドンでは、若い労働者の多くが地方の出身者だったが、ジョージ・メリットもやはり地方の生まれであり、妻のイライザも同じだった。メリットの故郷はウィルトシアの村で、妻のほうはグロスターシアだった。もとは二人とも農場で働いており、組合に頼ることも仕事仲間と団結することもないまま、わずかな収入を得るために無慈悲な主人のもとで屈辱に耐えて働いていた。コッツウォールド丘陵で開かれた農家の品評会で出会った二人は、無限の可能性を求めていっしょにロンドンへ行くことを誓いあった。新しい急行列車に乗れば、スウィンドンからロンドンまではわずか二時間だった。最初、二人は北ロンドンに住みつき、一八六〇年にそこで長女のクレアが生まれた。それから市の中心部に引っ越したが、子供が増えて家計が苦しくなり、肉体労働の仕事もなかなか見つからなくなったため、結局、一八六七年に騒々しいランベスの町に移り、ビール醸造所のそばに住むようになった。

　若い二人が間借りした住居や周囲の環境は、挿絵画家のギュスターヴ・ドレの絵そのものだった。パリから何度かここを訪れたドレが衝撃を受けながら描いたのは、煤煙に覆われた煉瓦づくりの建物から鉄のきしむ音が聞こえてくる薄暗い世界だった。安アパートが密集し、狭い裏庭にはトイレや洗濯用の大桶があり、物干し綱が張ってあった。あたり一面に硫黄のにおいとじめじめした空気がたちこめ、荒っぽい男たちが傍若無人に騒いだりあばれたりするようすは、まさにロンドンの喧騒そのものだった。メリット夫妻が野原やりんご酒や雲雀《ひばり》を恋しく思ったかどうか、自分たちがあとにした世界こそが実は理想の地だったと考えたかどうかは永遠にわからない。

　一八七一年の冬までに、ジョージとイライザは——当時のロンドンでは貧しい地域の住民はたいていそうだったが——かなり子だくさんになっていた。もうすぐ一三歳になるクレアを頭に、一歳のフレディまで六人の子供がいたのだ。そしてメリット夫人は七人目の出産を間近に控えていた。ランベスのたいていの家庭と同様に、彼らも貧しく、ジョージ・メリットの収入は週に二四シリングで、当時としても惨めな金額だった。大主教に家賃を支払いながら、空腹を抱える八人がなんとか食べていかなければならず、生活は本当に苦しかった。

　土曜日の午前二時少し前に、メリットは隣人に起こされた。前もって決めておいたとおり、窓をたたいてもらったのだ。メリットはベッドから起きあがり、早朝勤務に出かけるしたくをした。冷えこみの厳しい夜だったので、できるかぎりの厚着をした。擦り切れた外套の下に、当時スロップと呼ばれていた上っ張りとぼろぼろになった灰色のシャツを身につけ、コーデュロイのズボンの足首を紐で結び、厚い靴下と黒いブーツをはいた。あまりきれいな服ではなかったが、これから八時間のあいだ石炭を積みあげる作業をするのだから、身なりなどかまってはいられなかった。

でかける前にマッチを擦って火をつけた彼を、妻は覚えていた。彼女がメリットを最後に見たのは、ランベスの通りに設置されたばかりの明るいガス灯の下を歩いてゆく姿だった。冷たい夜の空気のなかに、彼の吐く息が白く見えた。あるいはパイプを吹かしていたのかもしれない。そしてコーンウォール通りのつきあたりまで足早に歩いていくと、ベルヴェディア通りに曲がっていった。よく晴れた星明かりの夜で、彼の足音が聞こえなくなると、そこにはいつものように、機関車が激しく揺れながら蒸気を吹きあげる音だけが響いた。

メリット夫人は何も心配はいらないと思っていた。この年はその日まで早朝勤務が二〇回あったが、なんの問題も起きなかったからだ。ジョージはただいつもどおりに歩いていき、高い塀と凝ったつくりの門構えの大きなビール醸造所に入って、ロンドン名物の一つである巨大な赤いライオンのもとで、シャベルを使って石炭をすくう作業をするのだ。稼ぎは少ないかもしれないが、レッド・ライオン・ビール醸造所ほどに有名な会社で働いていることを思えば、誇らしい気持ちにもなれるのだった。

だがその夜、ジョージ・メリットは目的地までたどりつかなかった。彼がテニソン街の入り口――ランベス鉛工場の南側と醸造所の北側の塀にはさまれたところ――を通り過ぎたとき、突然、叫び声が聞こえた。男が自分に向かって怒鳴り、狂ったようにわめきながら追いかけてくる。メリットは恐怖にかられた。これはただの追いはぎではない。追いはぎなら、覆面をして暗闇で待ち伏せし、黙って棍棒で脅すだけだ。これは何か途方もなく異常な事態なのだ。メリットは恐ろしくなって逃げだした。丸石を敷きつめた舗道は霜がおりてすべりやすく、走っているのかすべっているのかわからなかった。メリットは振り返った。男はまだ追ってくる。追いながら狂ったように叫んでいる。そして、まったく信じられないことに、男は立ち止まり、銃を構えてメリットに狙いを定め、発砲したのだ。

弾丸はそれ、耳の横をかすめて飛び、醸造所の塀に当たった。ジョージ・メリットはもっと速く逃げようと必死になった。そして、大声で助けを求めた。弾丸がもう一度飛んできた。さらにもう一度発砲されたかもしれない。とにかく、最後の一発が不幸にもメリットの首に命中した。彼は舗道にくずれおち、うつぶせに倒れた。たちまち血の海が広がった。

すぐにバートン巡査が駆けつけ、倒れている男を発見し、抱き起こして助けようとした。もう一人の巡査ウィリアム・ウォードは、まだ往来の激しいウォータールー通りから二輪馬車を呼んだ。二人の巡査は負傷した男を地面から静かに抱きあげ、馬車にのせると、全速力でセント・トマス病院に向かうよう御者に命じた。それはベルヴェディア通りを五〇〇ヤード南にくだったところの、大主教の公邸の向かいにある病院だった。

馬はひづめから火花を散らすほどの勢いで舗道を蹴って全力疾走し、被害者を急患用の入り口まで運びこんだ。

だが、それもむなしかった。医師はジョージ・メリットを診察し、大きくあいた首の傷口をふさごうとした。しかし、頸動脈が切れ、脊椎が二発の大きな弾丸で折られていた。

この前代未聞の犯罪をおかした男は、犯行のあとすぐにヘンリー・タラント巡査にしっかりと身柄を拘束された。男は長身で、よい身なりをしており、巡査によれば「軍人のように」姿勢がよく、傲然としていた。右手に握った拳銃からは、まだ硝煙があがっていた。男は逃げようともせず、巡査が近づいても無言で立っていた。

「誰が撃った？」巡査が聞いた。

「俺だ」と男は答え、銃をかざした。タラントはすばやくそれを奪いとった。

「誰を撃った？」タラントは聞いた。

男が指さしたベルヴェディア通りでは、倒れたまま微動だにしない人影が、醸造所の倉庫の前の街灯に照らしだされていた。記録によると、男はふざけた答え方をしたのだが、その言葉には、はからずも彼の人生を決定づけた弱さがあらわれていた。

「男を撃ったんだ」と、彼はばかにしたように言った。「わかるだろう、女を撃つような卑怯者じゃないからな！」

他の二人の巡査もすでに駆けつけており、近所から野次馬も集まっていた。その一人、ハンガーフォード橋の通行料金徴収係は、最初「自分も撃たれるのではないかと思って」出てこられなかったという。他には、テニソン街の部屋で服を脱いでいた女も来ていた——テニソン街というのは、女がいつ服を脱いでいてもおかしくないところらしかった。タラント巡査は被害者を指さしてあとを任せると同僚に言い、見物人を寄せつけないように命じてから、殺人の容疑者——本人もその容疑を否定していない——をタワー街の警察署まで連行した。

連行の途中で、男はかなり多弁になった。とはいえ、タラントによれば冷静で落ち着いており、酒に酔っていないのも明らかだった。たいへんなことになった、撃つ相手を間違えたと男は申したてた。誰か他の、まったく別の男を追っていたというのだ。そして、何者かが自分の部屋に押し入ったために追いかけただけで、自分の身を守る権利は誰にでも保障されているはずだと言い張った。

「さわるな!」と、それから男は言った。タラントが彼の肩に手をかけたからだ。だが、すぐに穏やかな口調になってつづけた。「武器を隠しもっていないかどうか、調べてもいないだろう」

「署に着いたら調べる」と巡査は答えた。

「他にも銃を持っていないと、どうしてわかる? 撃たれるかもしれないとは思わないのか？」

　巡査はまったく動じずにゆっくりと歩きながら、もし本当にまだ銃を持っているのなら、とりあえずポケットにしまっておいてくれるのは、非常に情け深いからなのだろうと言った。

「でもナイフは持っている」と、容疑者は答えた。

「それもポケットにしまっておくんだ」と、巡査は表情も変えずに言った。

　所持品の検査で、銃は持っていないことがわかったが、狩猟用の長いナイフが出てきた。革の鞘におさめて、ズボン吊りの背中の部分に縛りつけてあった。

「外科用の器具だ」と、男は説明した。「いつも持っているわけじゃない」

　タラントは検査を終えると、少し前にベルヴェディア通りで起きた事件について、内勤の巡査部長に報告した。そして部長とともに、逮捕者の本格的な取り調べを開始した。

　男の名はウィリアム・チェスター・マイナー。三七歳で、その挙動から巡査が推測したとおり元陸軍将校だった。外科医の資格も持っていた。一年近く前からロンドンに住み、近所の部屋を転々としたあと、すぐ近くのテニソン街四一番地の二階に質素な家具つきの部屋を借り、一人で暮らしていた。経済的な事情からそのようにつましく暮らしているのではないようだった。本当のところ、彼はかなりの資産家だったからだ。いかがわしいこの界隈にやってきたのは、単なる金銭的な理由からではないことを男はほのめかしたが、それではなぜなのかは、取り調べを始めてすぐには明らかにならなかった。夜明け前に、男は殺人容疑でホースモンガー通りの拘置所に移された。

ところがもう一つ厄介な問題がもちあがった。ウィリアム・マイナーはコネチカット州のニューヘヴンから来たことがわかったのだ。彼はアメリカ合衆国陸軍の将校だった。つまりアメリカ人だったのである。

このために事件はすっかり複雑になった。アメリカ公使館には、土曜日にもかかわらず朝のうちに連絡しなければならなかった。外務省はロンドンに駐在する公使に正式に通知し、アメリカ人の軍医が殺人容疑で逮捕され、拘束されていると報告した。ランベスのベルヴェディア通りで起きた射殺事件は、銃による犯罪のめずらしさからすでに世間の関心の的になっていたが、これで国際的な事件へと発展した。

イギリスの新聞は、かねてから大西洋の向こうのライバルにたいして紙上で鬱憤を晴らそうとしていたので、このチャンスに飛びついて、アメリカ人による犯罪という側面を強調した。

「アメリカ人は人命を軽視している」と、《サウス・ロンドン・プレス》は軽蔑をあらわにして書いた。

それがイギリス人と著しく異なる点の一つと言えるだろう。そして、この点をきわめて衝撃的に示したのが、われわれの目の前で起きた今回の事件だ。被害者は人違いのため無残に殺され、あとには出産を間近に控えた妻と、まだ一三歳の子を頭に七人の子供たちが残された。遺族の今後は、周囲の好意にかかっている。喜ばしいことに、未亡人と子供たちを助けようという善意の申し出が、早くも寄せられている。たとえわずかな寄付であっても、できるかぎりの手を尽くして、この痛ましい悲劇の被害者を救いたいものだ。アメリカの副総領事が献金者名簿を公開し、ロンドン滞在中のアメリカ人に呼びかけて、自国の人間の行為によって引き起こされた不幸を軽減するためにできるだけのことをするよう訴えたのは、きわめて賢明な処置である。

まもなくロンドン警視庁の刑事がこの事件の担当になった。にわかに重大事件へと発展した本件では、大西洋の両側を納得させる正当な裁きが必要になったからだ。マイナーは拘置所の独房でずっと沈黙を守り、なんの手がかりも与えず、唯一語ったのは、被害者と面識はなく誤って撃ったということだけだった。そのため、警察はあらゆる動機の可能性を調べはじめた。その過程で、たぐいまれな悲劇の人生がどのようにして始まったかが明らかになったのだ。

ウィリアム・マイナーは前年の秋にイギリスに渡っていた。病気だったためであり、少なくともその一つは「私生活の乱れから生じた」病気だと一部の新聞に報じられている。のちに彼の弁護人に任命された弁護士によると、彼がイギリスに来たのは、当時の医者がよく使った言葉によれば「強く刺激された」心を静めるためだった。マイナーの病気は「脳の障害」のためだとされ、それについては多くの原因があげられた。弁護士によると、マイナーはアメリカで精神病院に入っており、病気のために退役したのだった。知人の評によれば、「立派な教育を受けた能力のある紳士だが、突飛で放縦なところがあった」

彼はまずウェストエンドのラドリーズ・ホテルに住み、そこから汽車でヨーロッパのおもな都市に旅行した。イェール大学の友人からの書簡を携えていたが、それはイギリスの著名な美術家で批評家のジョン・ラスキンに彼を推薦するものだった。一度ラスキンと会った彼は、水彩絵具を旅行に持ち歩き、気晴らしに絵を描くことを勧められた。

警察の推測どおり、マイナーは一八七一年のクリスマスの直後にウェストエンドから引っ越し、ランベスに移った。彼のような育ちの男がランベスを選ぶのは、きわめて不可解なことだったが、のちの告白によれば、簡単に慰めを与えてくれる女たちのところへすぐに行けるからそうしたのだという。アメリカ側がロンドン警視庁に語ったところでは、彼には将校時代から素行にかんする前歴があった。マイナーは長いあいだ、配属された各都市で当時「テンダーロイン地区」（悪徳歓楽街）と呼ばれはじめていた界隈に足しげくかよっていた。とくにニューヨークでは、ガバナーズ・アイランドの配属だったが、休暇には決まってマンハッタンに出かけて、いかがわしいバーやミュージック・ホールにいりびたった。マイナーは性欲が甚だ旺盛だったらしい。少なくとも一度は性病にかかっており、ホースモンガー通りの拘置所で行なわれた診察では、まだ淋病の症状が見られたという。本人の話ではランベスの売春婦から感染したもので、治すために白のライン・ワインを尿道に注入したそうだ。奇想天外な治療法であり、当然ながら失敗に終わった。

　だが彼の部屋からは、このような暗い一面を示すしるしはあらわれなかった。刑事の報告書によれば、発見されたものは真鍮の枠をはめた重い革製の旅行用トランクと、多額の現金――大半がフランスの二〇リーブル紙幣だった――、金鎖つきの時計、拳銃の弾丸、医師の免状、そしてアメリカ合衆国陸軍の大尉任官書だった。またラスキンへの推薦状と、マイナー自身が描いたと思われる何点もの水彩画も見つかった。その絵を見た者は誰もが、非常にすばらしいと称賛した。大部分がロンドンの風景画であり、その多くは水晶宮を見おろす丘から描いたものだった。

　マイナーの下宿の女主人であるフィッシャー夫人の証言によると、彼は申し分のない店子《たなこ》だったが、変わっていた。よく数日つづけて留守をし、帰ってくると、これ見よがしにホテルの領収書などを散らかした。チャリング・クロス・ホテルやクリスタル・パレス・ホテルのものだったそうだ。また夫人によれば、彼はとても神経質だった。自分の部屋の家具の位置を何度も変えさせたらしい。誰かが部屋に押し入ってくるのではないかと恐れているようでもあった。

また、ある一つのことをいつも気にしていた、とフィッシャー夫人は警察に語った。「アイルランド人を非常に恐れている」ように見えたというのだ。下宿にアイルランド人の使用人がいないかと、しつこく夫人に尋ね、いるなら首にしてもらいたいと頼んだ。アイルランド人の客が来なかったか？　アイルランド人の下宿人はいないか？　彼がいつも心配して聞きだそうとしていた内容は、ランベスでは（ロンドンの工事現場で集団で働く臨時雇いのアイルランド人が、ここに大勢住んでいたという）、実はまったくあたりまえの事実だった。

しかしマイナー博士の病気の全貌が明らかになるのは、四月上旬に殺人事件の裁判が開かれてからのことだった。キングストン巡回裁判の公判——ランベスの管轄権はまだロンドンではなくサリー州にあった——で、首席裁判官の前に出廷した二〇名ほどの証人のうちの三人が、大尉の悲劇について証言し、法廷内の人びとに衝撃を与えた。

ロンドン警察がまず初めに認めたのは、マイナーについては以前からある程度知っており、管轄区域内に要注意人物が住んでいることを、殺人事件が起きる前から認識していたということだった。ロンドン警視庁のウィリアムソンという警視の証言によると、マイナーは三カ月前に警視庁を訪れて苦情を訴え、夜間に男たちが自分の部屋に侵入して毒を飲ませようとすると言った。彼らはアイルランドの好戦的な民族主義者が結成したフェニアン・ブラザーフッドから送りこまれたメンバーで、窓からマイナーの部屋に押し入り、屋根裏に隠れているというのであった。

ウィリアムソンによると、マイナーは何度かこのように訴え、クリスマスの直前にはニューヘヴンの警察本部長を説得してロンドン警視庁に手紙を書かせ、自分の感じている恐怖が無視できないものであることを説明させさえした。テニソン街に移ってからも、彼はウィリアムソンにいろいろと訴えた。一八七二年一月一二日付けの手紙では、毒薬を飲まされたと報告し、フェニアンのメンバーが自殺に見せかけて自分を殺そうとしていると訴えた。

これは助けを求める叫びだと、今日なら判断されるだろう。だが、うんざりしていたウィリアムソン警視は何も手を打たず、誰にも報告しなかった。ただ業務日誌にいくぶん軽蔑をこめてこう書きとめただけだった。マイナーは明らかに――ここで初めて、この不幸なアメリカ人の描写に以下の言葉が使われた――精神異常者である。

次の証人の証言は、非常に奇妙だった。マイナー博士がホースモンガー通りの拘置所に再拘留されていたときのようすを語った証言である。

その証人はウィリアム・デニスという名で、いまでは忘れられて久しい職業についていた。「ベスレム・ウォッチャー」と呼ばれる職業だ。彼はふだん、ベスレヘム精神病院——非常に恐ろしいところで、ここからbedlam（精神病院）という言葉が生まれた——につとめて、夜間に囚人の患者を監視する仕事である。患者に規律を守らせ、法の裁きをまぬがれようとして自殺を図らないようにするためだった。彼は二月中旬にホースモンガー通りの拘置所に転属された。そこに送られてきた奇妙な男の夜間の行動を監視するためだったという。二四回の監視をしたと、彼は証言した。

それは甚だ奇妙な経験で、非常にたいへんだった、とデニス氏は陪審に語った。マイナー博士は毎朝、目覚めるやいなやデニス氏を非難した。誰かから金を受けとり、眠っているマイナー博士に危害を加えようとしたと言うのだ。それから、マイナー博士は何度も唾を吐き、まるで何か口に入れられたものを吐きだそうとしているかのようだった。次にベッドから飛びおりて、その下をひっかきまわし、誰かがそこに隠れて自分を苦しめようとしているから、捜しているのだと言い張った。デニス氏は上司である拘置所の医師に、ウィリアム・マイナーは間違いなく狂っていると言った。

警察の調書から、この犯罪の動機と考えられる事実が明らかになった。さらに、マイナー博士の精神が明らかに不安定であることも、いっそう明らかになった。マイナーが取り調べの警官に語ったところでは、毎晩のように見知らぬ男たち――下層階級の者でアイルランド人のことが多かった――が自分の寝ているあいだに部屋に侵入してくるのだった。男たちは彼を虐待し、言葉にできないようなやり方で痛めつけた。数カ月前に、こうして夜ごと男たちがやってきては自分を苦しめるようになって以来、軍用のコルト拳銃に五発の弾丸を込め、枕の下に隠して眠るのが習慣になった。

事件の夜、マイナーは驚いて目を覚ました。ベッドの足元の暗がりに、まぎれもなく男が立っている。マイナーは枕の下に手を伸ばして銃をつかんだ。男は彼を見て逃げだし、階段を駆けおりて外に飛びだした。マイナーは懸命にあとを追い、ベルヴェディア通りへ走っていく男の姿を見て侵入者だと確信し、大声で怒鳴って、四回発砲した。弾丸が命中して男が動かなくなり、もはや自分に危害を加えられなくなるまで撃ったのだ。

法廷は静まり返った。下宿の女主人は頭を振った。夜は鍵を持っていなければ下宿には入れないと、彼女は言っていた。みな眠ってはいても、何者かが侵入すれば自分が気づいたはずだった。

最後の証人として、被告人の義弟のジョージ・マイナーが証言した。兄のウィリアムがニューヘヴンの家に泊まるのは悪夢だった、とジョージは述べた。朝になると決まって前の晩に誰かが部屋に押し入って危害を加えようとした、とウィリアムは証言したのである。自分は苦しめられている。毒を塗った金属のビスケットを、悪人が自分の口に入れようとしたのだ。屋根裏には彼らの仲間が潜んでおり、夜になって自分が眠るとおりてきて痛めつける。すべては罰なのだ、とウィリアムは言った。アメリカの軍隊で無理やりやらされた行為にたいする罰なのだ。ヨーロッパへ行くことだけが、悪霊から逃れる道だった。旅をし、絵を描き、芸術をたしなむ教養ある立派な紳士として生きれば、自分を苦しめる悪霊たちも夜の闇に消えていくかもしれない。

法廷の人びとは聞きながら重苦しい沈黙につつまれ、マイナー博士は暗い顔で被告人席にすわって、恥辱を味わっていた。アメリカ総領事が彼のために手配した弁護士は、ただ一つのことを主張しただけだった。つまり、被告人が精神異常者であることは明らかであり、陪審は彼をそのような人間として扱うべきだと述べたのだ。

首席裁判官はうなずいて同意を示した。短いが痛ましい裁判だった。被告人は立派な教育を受けた教養ある人物であり、外国人で、愛国心が強く、いつも自分の前の被告人席に立つあさましい人間たちとは似ても似つかなかった。だが法は厳正に適用しなければならない。被告人の境遇や身分がどうであろうと、それは変わらなかった。そして、この事件の判決はある意味で最初から決まっていたのである。

三〇年前から、この種の事件はいわゆる「マクノートン準則」にしたがって裁かれてきた。マクノートンというのは、一八四三年にサー・ロバート・ピールの秘書を射殺した男の名であり、彼は精神が錯乱しているために正邪の区別ができないという理由で、無罪を宣告された。この準則は、犯罪行為よりもむしろ刑事責任の能力を判断したものだった。マイナーの事件にもこの準則を適用しなければならない、と首席裁判官は陪審に向かって言った。被告人が「精神を病んで」おり、ジョージ・メリットを殺害したとき、いま聞いたような妄想を抱いていたと陪審が確信するならば、陪審のなすべきことは明らかである。イギリスの裁判史上まれに見る寛大な措置を必要とするのが、今回の裁判なのだ。すなわち陪審は、ウィリアム・チェスター・マイナーを精神異常という理由で無罪とするべきであり、首席裁判官に決定を委ねて、保護措置を適用できるようにしなければならない。それが賢明で必要な措置と首席裁判官は考える。これが彼の言葉だった。

そして、陪審はそのとおりにした。一八七二年四月六日の午後遅く、陪審は苦慮することなく評決を下し、マイナー博士が犯したと本人を含むすべての者が認識している殺人について、被告人は法的に無罪であるとした。それを受けて、首席裁判官はこの裁判に適用できる唯一の判決を下した。今日もこうした判決が下されることはあるが、その表現の印象とは裏腹に、非常に恐ろしい意味をもつ判決だった。

「マイナー博士を、女王陛下の思し召しのあるまで保護処分とする」と、首席裁判官は言い渡した。それは思いがけない、まったく予想もつかない影響を後世に与えることになる判決だった。この判決の言葉は、今日にいたるまでイギリスの文献に繰り返しあらわれるのである。

内務省が判決の覚書を受けとり、詳細な決定を下した。すなわちマイナー博士の拘留は、病気の重さを考慮すると生涯にわたると思われ、収容先はイギリスの行刑制度の象徴である新築の施設にするべきだとされた。その施設はバークシャーのクローソン村にあるもので、高い塀と忍び返しのついた柵に囲まれた赤煉瓦の大きな建物だった。マイナー博士はできるだけすみやかに、仮の収容先であるサリー州の拘置所からブロードムア刑事犯精神病院に移されることになった。

アメリカ合衆国陸軍の軍医大尉だったウィリアム・C・マイナー博士。ニューイングランドで最も由緒ある名家の一つから出たこの立派な人物が、不幸にもこうしていま、ブロードムア第七四二号患者と呼ばれ、精神異常を証明された刑事犯として、終身監禁されることになったのである。

2

牛にラテン語を教えた男

Polymath (pǫ·limæþ′). 名詞（形容詞）. また 7 **polumathe**. [ギリシア語 *πολυμαθής* 多くを学んだ, f. *πολυ-* 多くの + *μαθ-*, 語幹*μανθάνειν* 学ぶ, フランス語 *polymathe*.] 多くの, またはさまざまな学識を有する人；さまざまな研究分野に通じている人.

1621 BURTON *Anat. Mel.* Democr. to Rdr. (1676) 4/2 博識家 (Polumathes) または大学者とみなされる. **1840 頃** MOORE *Devil among Schol.* 7 博識家 (Polymaths) や大学者, 数カ国語に通じた人, その姉妹すべて. **1855** M. PATTISON *Ess.* I. 290 彼はドイツ人の作家に「博識家 (Polumaths)」と呼ばれる階級に属している. **1897** O. Smeaton S*mollett* ii. 30 スコットランド人の偉大な博識家 (Polumaths) の最後の一人.

Philology (filǫ·lŏdʒi). [チョーサーにおいてラテン語 *philologia*; おそらく 17 世紀のフランス語 *philologie*, ラテン語 *philologia*, ギリシア語 *φιλολογία*, abstr. sb. from *φιλόλογος* 話好きな, 口数の多い；討論や議論が好きな；言葉をよく学ぶ；学問や文芸を好む, 文芸の；f. *φιλο-* PHILO- + *λόγος* 言葉, 話すこと, など]

1 学問や文芸を好むこと；広い意味での文献の研究, それには文法や文芸批評, 文芸作品の解釈, 文献や記録文書と歴史との関係などの研究が含まれる；文芸や古典にかんする学問；高尚な学問.

その辞典の第一版全一二巻の完成には、七〇年以上の歳月が費やされた。各巻の寸法が墓石ほどもある大辞典、それが『オックスフォード英語大辞典』だった。王室に献上されたこの堂々たる作品は――最初は『ニュー・イングリッシュ・ディクショナリ』（略称ＮＥＤ）と名づけられたが、やがて『オックスフォード英語大辞典』となり、それ以来、頭文字をとってＯＥＤと呼ばれるようになった――一九二八年に完成し、その後の数年間に五巻の補遺が出て、さらに半世紀後には第二版が完成した。第二版では、すべての補遺が本体に統合され、全二〇巻となっている。この辞典は今日でも、あらゆる意味で真に不朽の価値をもちつづけている。現在も英語辞典の模範とみなされていることに、ほとんど反論の余地はない。つまり、よかれあしかれ現代の文明世界の「共通語」となった言語の案内書のなかで、最も信頼のおけるものなのである。

英語がきわめて広い範囲にわたる複雑な言語であるのと同様に、ＯＥＤもきわめて大規模で複雑な辞典だ。ＯＥＤの定義する語は、優に五〇万を越える。ＯＥＤには無数の文字が印刷されており、少なくとも初期の版では、手組みの活字が何マイルもの長さになるほどだった。各巻は非常に大きくて重く、紺色の布で装丁されている。印刷もデザインも製本も、それを手がける世界中の専門家から理想的な出来栄えと評価され、徹底した正確な編集内容に勝るとも劣らない、格調の高い立派な作品と認められている。

ＯＥＤは、その編纂の方針において、他の多くの辞典と異なっている。印刷物やその他の記録から英語の「用例」を徹底的に集め、その用例を引いて、英語のあらゆる語彙の意味がどのように使用されているかを示しているのだ。このようにたいへんな労力を要する独特な編纂方法をとった理由は、大胆かつ単純なものだった。つまり、用例を集めて、そこから選びだしたものを示すことにより、あらゆる言葉のもつ性質のすべてを非常に正確に説明できると考えられたのだ。引用例によって正確に示すことができるのは、ある語が何世紀ものあいだにどのように使われ、意味のニュアンスや綴り方や発音の微妙な変化がどのようにして生じたかということであり、さらにこれが最も重要だと思われるのだが、それぞれの言葉がどのように、そしてもっと正確に言えば、そもそも「いつ」その言語に忍びこんだかも明らかになる。他の編纂方法による辞典では、このようなことはできない。例文を捜しだして示すことによってのみ、その語が過去にどう使われてきたかを余すところなく明らかにできるのだ。

一八五〇年代にこうした辞典の編纂に着手した人びとの志は、果敢で称賛に値するものだったが、彼らのやり方では採算の問題が生じるのも明らかだった。この方法で辞典をつくるには、気の遠くなるような時間が必要だった。辞典に収録する言語の発達をたどっていくには長い時間がかかり、最終的にできあがった作品がとてつもなく膨大なものになるだけでなく、常に改訂を繰り返して、辞典本体に匹敵するほど膨大な情報を加えていかなければならなかった。こうしたすべての理由から、この辞典は今日でも製作に莫大な費用がかかり、価格も非常に高くなっている。

それでも、ＯＥＤにはその価格をはるかにしのぐ価値があることは、広く認められており、現在も出版がつづき、よく売れている。この辞典がそろっていない図書館は、立派な図書館とは言えず、ＯＥＤは参考図書として欠かせない存在になっている。そして、いまも当然のごとく使われるのが、「ＯＥＤによると……」という引用の言葉だ。英語圏ならどこの議会や法廷でも、また学校や講演会場でも、ＯＥＤはこうして引き合いに出され、他にも無数の場で言及されていると思われる。

ＯＥＤの地位には厳然たる自信がともなっている。それが顕著なのは、五〇万語の定義を、いかにもヴィクトリア女王時代らしく、品格のあるものにしなければならないと頑なに信じている点だ。ＯＥＤの言葉は古臭く、おおげさで、尊大でさえあると言う人びともいる。彼らによれば、たとえばbloody（むちゃくちゃに）というきわめて穏当な言葉についてさえ、編纂者は腹立たしいほどお高くとまった定義を記している。もっとも、現代の編纂者はもとのNEDの定義は引用符に入れて示している。「いまでは最下層の人びとがしばしば口にするが、身分のある人びとには『忌まわしい言葉』とみなされており、卑猥な言葉や冒瀆的な言葉と同等に考えられている。そして新聞に載るとき（警察関係の記事など）は、普通『b――y』と印刷される」。だが現代の定義さえ、たいていの人から見れば臆病なほど自尊心にとらわれていると映る。それはこのような定義だ――「『bloody』は高尚な耳をもつ人びとにとって不快に響く言葉であるが、冒瀆的な意味が感じられる、という見解には根拠がない……」。

ＯＥＤを特別視するのは、そのような高尚な耳をもつ人びとだと思われる。彼らはこの辞典を洗練された英語らしい英語の最後の砦として崇拝し、近代の最も偉大な帝国が残した最後の貴重な遺産と考えている。

だが、そのような人びとでも、この辞典にはおもしろいほど偏った面が多々あることは認めるだろう。それは収録語の選択にも編纂者による綴りの選び方にも見られる。最近、学者による研究が小規模ながら本格的に進められているが、そのなかで現代の学者たちが不満を述べているのは、ＯＥＤには性差別や人種差別が見られる点、そして時代遅れの気難しい尊大な姿勢があらわれている点である。（そのうえ、オックスフォード大学にとって永久に消えない不面目もある。周知の事実なのだが、一つの単語が――ただ一つだけとはいえ――七〇年間にわたる作成の段階で実際に落ちてしまったのだ。ただし、その単語は第一版が出た五年後に補遺に加えられている)

このように批判する人は多く、OEDが非常に大規模で常に参照される辞典であることを考えると、今後も多くの批判を受けることは疑いない。しかし、OEDを使う人のほとんどが、その欠点について学問的な立場からどれほど批判的であっても、やがては当然ながらかならず文献としてのすばらしさを称賛し、辞典編纂における学識の深さに驚嘆するようになるだろう。OEDは、ずっと大切にしたいと心から思わせるような書物だ。畏敬の念を抱かせる作品であり、参考図書としてこれほど影響力のあるものは他には見つからない。そして、英語が今後も有力な言語でありつづけることを考えると、OEDはこれからもきわめて重要な辞典でありつづけると思われる。

以下の物語には、「二人の主役」が登場すると言ってよいだろう。一人はアメリカの元軍人で殺人犯のマイナー博士だが、ほかにもう一人の主役がいる。物語に二人の主役がいるという言い方は――あるいは三人でも一〇人でもいいが――現代の言葉遣いとしてはまったく問題ないし、変わった表現でもない。だが、かつて辞典の編纂にあたり、この言葉をめぐって激しい論争が繰り広げられたことがあるのだ。その論争によって、『オックスフォード英語大辞典』の編纂方針がどれほど独特で類のないものであるかがわかるし、ＯＥＤが権威をもって主張するときに、どれほど相手を畏縮させる威厳があるかも明らかになる。

「主役（protagonist）」という言葉そのものは――物語の筋のなかで最も重要な人物だとか、戦いにおける指導者、なんらかの主義の擁護者という一般的な意味で用いるときは――まったく普通の言葉だ。そして、普通の言葉がそうであることを期待されるとおり、一九二八年の『オックスフォード英語大辞典』第一版では、徹底的かつ厳密に定義されている。

この見出し語の最初の部分には、通常どおり綴りと発音と語の由来が示されている（「第一の」を意味するギリシア語の *πρώτος* と「俳優」を意味する *ἀγωνιστής* からきており、文字どおりの意味は「劇における最も重要な登場人物」である）。このあとにＯＥＤ独特の記述が加えられている。つまり、語義の説明を補足するために編纂者が選んだ六つの用例が載っているのだ。この用例の数は、ＯＥＤの見出し語としてはほぼ平均的なもので、なかにはもっと多くの用例が載っている見出し語もある。ここでは、用例は二つの項目に分けられている。

最初の項目には三例の引用があり、「劇の主要な登場人物」という文字どおりの意味の用例が示され、次の三例では微妙に異なる意味が示されている。それは「あらゆる戦いの指導者」または「主義……の卓越した擁護者」という意味だ。一般には、この二番目の意味は比較的新しく、最初に挙げられている意味のほうが古くて、いまではやや古風とされている。
この二つの意味のうち、第一の意味を説明するのに使われた最古の用例は、ＯＥＤの編纂者によれば、ジョン・ドライデンの一六七一年の作品にあると突きとめられた。「このために私は堕落した登場人物を描かなければならなかった……主役たち(protagonists)、つまり劇の主要な登場人物である」と引用されている。
辞典編纂の立場から見ると、これがprotagonistという言葉の起源と思われ、この語が書き言葉に取り入れられたのは一六七一年で、それ以前ではないと判断する有望な手がかりと考えられる。（しかし、ＯＥＤはその保証を与えてはいない。ドイツの学者は、しばしばＯＥＤの用例よりも古いものを発見し、まるで辞典編纂には競争があって、自分たちがそれに勝ったとでもいうように大喜びしている。最新の計算では、ＯＥＤの用例が最初ではないという三万五〇〇〇の例を見つけだした。他の国の学者も、ドイツの場合ほどあからさまではないが、ＯＥＤのいくつかの用例よりも古い例を見つけている。これらすべての指摘を、オックスフォードの編纂者は意に介さないようすで冷静に受け入れている。その態度から明らかなのは、彼らはＯＥＤに誤りはないとは言っていないし、用例を示すのがＯＥＤだけの仕事だと考えてもいないということだ）
さらに、protagonistという言葉にたいするこの用例文は、奇妙なほどうまくできている。つまり、ドライデンは新しくつくられた言葉の意味を、この文のなかで明確に述べているのだ。これはOEDの編纂者から見れば二重の利点になる。その言葉が初めて使われた年代を示すと同時に、その意味も説明し、しかもその二つを一人のイギリスの作家から引用できるからだ。

言葉の用法の例を捜しだして引用しても、語源や意味を断定する方法としては、当然ながら不充分だ。しかし一九世紀の辞典編纂者にとって、それまでに考案されたなかで最善の方法だったのであり、いまでもこれ以上の方法は見つかっていない。OEDがある言葉の最古の用例としている年代に、専門家が異議を唱え、それよりも古い用例を指摘することがあり、ときにはOEDがやむなく自説を撤回し、もっと古い用例を改めて認め、ある単語についてオックスフォードの編纂者が最初に認めたよりも長い歴史を記載しなければならないこともある。幸いなことに、protagonistという単語については、初出年代にかんして、これまでのところOEDの説は覆されていない。OEDの主張どおり、一六七一年という説がいまも有効であり、この言葉は三〇〇年あまり前から英語という巨大な語彙の一つとされている。

この言葉が新しい用例とともにふたたび収録されたのは、一九三三年版の『補遺』だった。この『補遺』は、本体の編纂中の数十年間に多くの新語が生まれ、新たな語義の用例もたくさん見つかったために、出版せざるを得なくなったのだった。この年までに、

protagonistという単語について意味の微妙な違いが見出された。それは「ゲームやスポーツにおける最も重要な選手」という意味であり、これを裏づける用例として、『コンプリート・ローン・テニス・プレーヤー』の一九〇八年版から採録されている。

だが、ここで論争が起きた。英語辞典のもう一方の雄は、ヘンリー・ファウラーの『近代英語慣用法』で、一九二六年に第一版が出て以来たいへん好評な辞典だが、その主張によれば、ドライデンの言葉としてOEDに引用されている例にそむいて、protagonistという語は単数形でしか使えないというのである。

これに反すると思われる使い方は、文法的に完全に間違っている。そして、間違っているだけでなく不合理だと、ファウラーは断言した。「最も重要」と言われる登場人物が劇のなかに二人存在できると示唆するのは、ばかげている。どちらか一人が最も重要な登場人物であって、もう一方はそうではないというのが、ファウラーの主張だった。

半世紀以上たって、OEDはやっとこの問題に決着をつけることにした。一九八一年の『補遺』で、例によってこの辞典らしい威厳をもって、激しやすい（そして残念ながらそのときは故人となっていた）ファウラー氏をなだめようとしている。つまり、新しい用例文を載せ、この言葉が必要に応じて複数形でも単数形でも使えるという見解を、説得力あるものにしたのだ。ここでは、ジョージ・バーナード・ショウが一九五〇年に執筆した文章が引用されている。「舞台俳優が学ぶべきなのは、主役たち

(protagonists) がセリフを言っているあいだ、自分たちは目立たないようにしていなければいけないということ、つまり体を動かしたり表情を変えたりしてはならないことである」。OEDは一九二八年版の定義を拡大してこのように説明している。ファウラーの重要な言語学的根拠が厳密な意味で正しいと言えるのは、この言葉が初めて使われた「ギリシア演劇の用語においてのみ」なのである。

普通に使われる近代英語の領域――つまるところその領域こそ、OEDが具体的に示し定義しようとしているもの、すなわち辞典用語で言えば「固定」しようとしているものなのだが――では、物語に主役が二人以上でてきても、まったく不合理ではない。多くの劇には二人以上の主役がおり、どの主役も同じように主役らしい。古代ギリシアの劇作家が一人の主役しか認めなかったというのなら、それはそれでよい。それ以外の世界には、二人以上の主役を登場させようとする劇作家がいくらでもいるのだ。

現在、OEDの第二版は二〇巻からなり、補遺の内容のすべてが本体に統合され、第一版の本体の出版後の長い期間に出現した新語や新しい形態が、必要に応じて挿入されている。この第二版における protagonist という語の記述が、現在は定説とみなされており、三とおりのおもな意味と一九の用例が載っている。ドライデンからの引用は依然としてこの言葉の最初の用例とされ、しかも複数形のままだ。そして、複数形が完璧に容認できる形であるという見解をさらに説得力あるものにするため、ショウに加えて

《タイムズ》と中世趣味の推理小説作家ドロシイ・セイヤーズからの例文が挙げられている。こうしていまでは、protagonist という語は辞書のなかで常に正確に記述されるようになり、OEDのほとんど有無を言わさぬ権威をもって、単数形でも複数形でも使えることが明確にされている。

それを実証するかのように、先にも述べたとおり、この物語には二人の主役が登場する。

一人は、すでに明らかなように、殺人を犯したと自ら認めた精神異常のアメリカ人、ウィリアム・チェスター・マイナー博士だ。もう一人は、マイナーとほぼ同時期に生涯を送ったが、それ以外のほとんどすべての面でマイナーとは異なっている人物、ジェームズ・オーガスタス・ヘンリー・マレーである。この二人の生涯は、長い年月のあいだにしっかりと絡み合い、非常に興味深い展開をしていく。

しかも、二人とも『オックスフォード英語大辞典』に関与することになるのだ。それは後者のジェームズ・マレーが、人生後半の四〇年間に、この辞典の最も偉大な、そして当然ながら最も有名な編纂者となったからである。

ジェームズ・マレーは、一八三七年二月にスコティッシュ・ボーダーズのホーイックで生まれた。ホーイックは定期市の開かれる小さな町で、ティーヴィオト川沿いにある。

そこで仕立て屋と織物商を営む家の長男として生まれたのだが、自分についてはこれだけ知られていればいいと、マレーは思っていた。「私は取るに足らない人間だ」と、一九世紀の末ごろ、彼はよく書いた。名前が知られはじめたころのことだ。「太陽神話か、いまだ未知数として、私を扱ってもらいたい。さもなければ、まったく無視してほしい」

だが、彼を無視するのは不可能だということは、ずっと以前からわかっていた。マレーはイギリスの学界の第一人者となる運命だったからだ。生前から名声を博し、没後は伝説的な英雄の地位を確立した。すでに子供時代から——書類の入った彼のトランクを、二〇年前に孫娘のエリザベスが開けて明らかになったのだが——興味深いことに、彼の運命は決まっていたことがうかがえる。貧しい家庭に生まれ、約束された将来もなく、高度な教育も受けなかったにもかかわらず、偉業を成しとげることを運命づけられていたのだ。

マレーは早熟でとてもまじめな少年であり、こつこつと勉強して、一〇代のころには驚くほど博学になった。長身で体格がよく、年に似合わず鮮やかな赤色の顎鬚《あごひげ》をはやし、髪も長かったせいで、いかめしい顔つきがいっそう近寄りがたい雰囲気をかもしだしていた。彼は「知は力なり」と学校のノートの余白に書き、「刻苦勉励の人生に勝るものなし」とラテン語でつけ加えた。一五歳のときにはフランス語、イタリア語、ドイツ語、ギリシア語の実用的な知識を身につけていただけでなく、教育を受けた当時の子供たちが誰でもそうであったように、ラテン語も会得していたのだ。

マレーはあらゆることを貪欲に学びとろうとする熱烈な知識欲を抱いていた。地元の地質と植物について独学で勉強し、地球儀を見つけてそこから地理学を学び、地図への愛着も育《はぐく》んだ。また教科書をたくさん捜してきては、膨大な歴史の知識を身につけ、自分のまわりのあらゆる自然現象を観察して、それを覚えようとした。弟たちの話では、マレーはある晩遅く彼らを起こし、大犬座のシリウスが空にのぼるのを見せた。軌道と地平線上にあらわれる時間も自分で計算してあって、その計算が完全に正しいことを証明し、寝ぼけまなこだった弟たちを大喜びさせたという。

マレーがとくに好んだのは、歴史の生き証人と会っていろいろ聞きだすことだった。あるとき会った古老は、一六八九年に議会がウィリアム公とメアリーの共同統治を宣言したときに出席していた人を知っている人物だった。また母親からは、ワーテルローの勝利について聞いていることを何度も話してもらった。そして自分に子供ができると、ナポレオンが降伏したときに立ち会った高齢の元海軍将校のところへ連れていき、その膝にすわらせた。

彼は一四歳で学校を卒業した。イギリスの貧しい家庭の子供は、たいていそうだった。家にはマレーをさらに進学させる資金はなく、近くのメルローズにグラマー・スクールがあったが、授業料が必要なその学校に進ませるわけにはいかなかったのだ。いずれにしても、マレーは自分で誓ったとおり「刻苦勉励」を実行することで独学できると、両親は信じていた。そして、その期待は充分に根拠があるとわかった。ジェームズはいっそう知識の蓄積につとめたからである。とはいえ（彼も認めているとおり）、知識を得ること自体が目的で、しかもしばしば変わった学び方をした。

たとえば、イングランドとの境界に近い地域に散在する多くの考古学的遺跡をがむしゃらに発掘したり（この地域はハドリアヌスの城壁に近く、古代の貴重な遺物が埋まっていた）、近所で飼っている牛にラテン語を教えて、呼びかけに応えさせようとしたり、小さな灯油ランプの明かりの下でフランスの偉大な詩人テオドール・アグリーパ・ドービニェの作品を朗読し、それを英語に訳して、自分のまわりに集まった家族を楽しませたりした。

一度は翼の形をした浮き袋をつくろうとして、水辺のアヤメを束ねて腕に縛りつけたが、彼の計算よりも浮力が大きかったためにひっくり返ってしまい、危うく溺れそうになった（彼は泳げなかった）。友達が五フィートもあるマレーのボウタイを使って湖から彼を引きあげ、助けてくれたのだった。またマレーは、漂泊民族のジプシーの言語であるロマニー語の語句をたくさん暗記し、製本のしかたも習った。自分で書いた文章を自己流に飾り書きにして品のよい小さな絵をつけたりもし、中世の修道院写本彩飾師のようだった。

一七歳になると、この「議論好きでまじめで純朴な」スコットランド人の若者は、ホーイックの学校に職を得て校長を補佐する教師となり、それまでひたむきに蓄積してきた知識を熱心に生徒に授けた。二〇歳のころには、サブスクリプション・アカデミーという地元の学校（「一〇歳～一六歳向け、授業料は一学期一ギニー」）の校長を立派につとめ、弟のアレグザンダーとともに相互向上協会のホーイック支部主要メンバーになった。いかにもヴィクトリア朝風でスコットランドらしいお堅い団体であるこの協会で、「読書、その楽しみと利益」と題して初めての講演を行ない、さらにホーイックの文学科学協会に学術論文を提出した。それらの論文の主題は、そのころ熱心に研究しはじめた音声学、発音の由来、スコットランド方言の起源などであり、また古英語の魅力にとりつかれると、それも題材にした。

だが、若いころのこうした前途への希望は、突如として打ち砕かれたようだった。恋におちたマレーは、やがて思いがけない悲劇に見舞われたのだ。まだ二四歳だった一八六一年に、彼はある女性と出会い、翌年に結婚した。相手は幼児学校の音楽教師で、名はマギー・スコットといい、ととのった顔立ちの病弱な女性だった。結婚式の写真を見ると、ジェームズは妙に背が高く、だぶだぶのフロックコートにズボンを身につけた姿はどことなく猿のようで、腕が膝まで届きそうなほど長い。鬚はもじゃもじゃで、髪はすでに薄くなりかけ、切れ長の目には緊張感が漂っている。幸せそうには見えないが、かといって不幸せにも見えず、考え込んでいるような表情は、何か不吉な予感に心をとらわれているようだ。

二年後に女の子が生まれ、二人はアンナと名づけた。ところが、不幸にも当時はよくあることだったが、その子は幼いうちに死んでしまった。そのうえマギー・マレーも重い結核を患い、スコットランドの長く厳しい冬には耐えられないだろう、とホーイックの医者から言われ、南フランスに転地して療養してはどうかと勧められたが、ジェームズが教師として稼ぐ微々たる給料では、そんなことはできるはずがなかった。

そのかわり、二人は絶望しながらもロンドンに向かい、ペッカムの質素な貸し家に落ちついた。二七歳になったジェームズ・マレーは、家庭の事情から、それまでつづけていた知的な探求をすべて断念しなければならず、苦い失望感にさいなまれた。すべての研究をやめ、言語学や音声学や語の由来について意見を表明することもあきらめなければならなかった。それらの主題については、著名な学者のアレグザンダー・メルヴィル・ベル――かの有名なアレグザンダー・グレアム・ベルの父親――とさかんに手紙をやり取りし、意見を交換していたのに、それもやめるしかなかったのだ。

生活費を稼いで妻を養っていかなければならなかったため――ジェームズはマギーに献身的に尽くし、決して不平は言わなかったが――前途を悲観しながら、やむをえず口ンドンの銀行の行員になった。袖口に糊づけしたシャツを着て、緑のまびさしをかぶり、インド特許銀行の本店で高い椅子にすわって仕事をしていると、これで自分の行く末が決まってしまったように思われた。

ところが、そうではなかった。わずか数カ月後に、彼は本来の仕事に戻ったのだ。あらためて学問に異常なほど励み、毎日の通勤列車のなかでヒンドゥスタニー語とアケメネス朝期のペルシア語表記法を学んで、ロンドンの警官たちがスコットランドのどの地方の出身であるかを、その話し方から判断しようとし、カンバーウェル組合教会（絶対禁酒を誓って生涯実行した彼は、この教会の禁酒運動の会の熱心な会員だった）では「肉体とその構造」と題して講演した。さらに、まだ病床にあった最愛のマギーが死を目前にしたとき、毎晩もうろうとした意識のなかで子供時代の田舎じみたスコットランド方言を口走り、教師時代のもっと上品な話し方をしなくなったことを、ジェームズは冷静な目で興味深そうに書きとめている。この小さな発見は、学問にはあまり役立たなかったが、やがてマギーが死んだとき、その不幸をのりこえる助けにはなった。

一年後に、彼は別の若い女性と婚約し、さらに一年後には結婚した。マギー・スコットへの愛と熱情は本物だったが、社会的・知的な面でマギーよりもはるかにふさわしい女性のいることが、まもなくはっきりわかったのだった。それはエイダ・ラスヴェンという女性で、彼女の父は大インド半島鉄道につとめ、アレクサンダー・フォン・フンボルトを尊敬しており、母は学校時代にシャーロット・ブロンテと同級だったと言っていた。ジェームズとエイダは一一人の子供に恵まれ、末永く愛しあった。上の九人の子供には、エイダの父の希望どおりラスヴェンというミドルネームがつけられた。

その後一八六七年に、三〇歳のジェームズ・マレーは、大英博物館に就職を希望する手紙を書いたが、そこには信じがたいほどの博学ぶり（と、それを公言してはばからない率直さ）があらわれている。

私は比較言語学と特定の言語の研究を、生涯を通じて好んで行なってまいりました。アーリア語族およびシリア・アラビア語族の言語と文学に、ひととおり通じております。これらのすべて、あるいはほとんどすべてに詳しいというのではなく、語彙と構文にかんする一般的な知識があり、少し勉強しさえすれば精通できるという意味です。いくつかの言語については、もっと詳しい知識をもっております。たとえばロマンス諸語のうち、イタリア語、フランス語、カタルーニャ語、スペイン語、ラテン語には詳しく、そこまではいかないものの、ポルトガル語やヴォー州方言、プロヴァンス語、その他さまざまな方言の知識もあります。チュートン語派では、オランダ語を一応身につけており（職場で扱う通信文がオランダ語、ドイツ語、フランス語、ときにはその他の諸外国語のものだからです）、フラマン語、ドイツ語、デンマーク語も心得ております。古英語およびモエシアのゴート語については、はるかに詳しい知識があり、これらの言語にかんして著書を出す準備をしております。ケルト語派の知識も多少はあり、目下スラブ語を勉強中で、ロシア語については実用に足る知識を習得しました。ペルシア語、アケメネス楔形文字、サンスクリットの語派については、比較言語学の研究に役立つだけの知識はあります。ヘブライ語とシリア語については、旧約聖書とシリア語訳聖書を辞書なしで読める程度の心得はあります。それより劣りますが、アラム・アラビア語、コプト語、フェニキア語についても、ゲゼーニウスが到達した程度の知識をもっております。

やや意外なことに、マレーの志願は却下された。最初は落胆したものの、彼はすぐに立ち直り、彼特有のやり方で自分を慰めた。語彙的な面から、メイン州のウォウェノク・インディアンの羊を数える数占いと、ヨークシャーの荒野地帯の農民のそれとを比較研究して失意をいやしたのだ。

マレーの言語学への興味が熱心なアマチュア研究者の域にとどまらなかったのは、二人の男と交友関係があったからこそだった。その一人は、ケンブリッジ大学トリニティー・カレッジの数学者、アレグザンダー・エリスであり、もう一人は、頑固者として知られる甚だ無作法な音声学者、ヘンリー・スウィートだった。スウィートは、のちにバーナード・ショウが『ピグマリオン』のヘンリー・ヒギンズ教授のモデルにした人物で、この作品を原作として、不朽の名作『マイ・フェア・レディ』が生まれたわけだ（このなかでヒギンズを演じたのは、スウィートと同様に無作法で頑固者の俳優、レックス・ハリソンだった）。

この二人の影響で、学問好きなアマチュア研究者が、たちまち本物の言語学者に変貌したのだ。マレーは彼らの紹介で言語協会の会員になった。厳粛で排他的なこの協会の会員になるのは、若者として並みはずれた手柄だった。というのも、忘れてはならないのだが、若いマレーは一四歳で学校を卒業し、それまでのところ大学では学んでいなかったからだ。一八六九年には言語協会の評議員に選ばれ、一八七三年には――すでに銀行を退職して（ミル・ヒル校で）教職に戻っていた――『スコットランド南部諸州の方言』を出版した。この著作によって、マレーの名声はゆるぎなくなり、広く称賛された（さらに、『ブリタニカ大百科事典』の第九版に英語の歴史について小論を寄稿するよう勧められた）。それだけでなく、当時のイギリスで最も驚嘆すべき人物の一人と知り合うことができた。それは変わり者で気まぐれな学者であり、言語協会の書記をつとめるフレデリック・ファーニヴァルだった。

ファーニヴァルは数学と中英語と言語学の研究に貢献したが、一部の人びとの評言によれば、まったくの道化で愚か者であるばかりか、スキャンダルにまみれたきざな男で、まぬけでもあった（ファーニヴァルを批判する大勢の人たちが重視していたのは、父親が精神病院を開業している家で彼が育ったという事実だった）。

ファーニヴァルは社会主義者で不可知論者でもあり、また菜食主義者で、そのうえ「生涯を通じて酒も煙草もたしなまなかった」。スポーツを愛好し、スカルというボートの競技に夢中で、自分の設計した細長い競技用ボートを用いて最高のスピードを出すにはどうしたらいいかを、（ニュー・オックスフォード・ストリートのＡＢＣ喫茶店の）若くてきれいなウエイトレスたちに指導するのが、とくにお気に入りだった。一九〇一年に撮られた写真が残っている。茶目っけのある笑みを浮かべているが、ハマースミス女子スカル・クラブの八人の美しいメンバーに囲まれているのが嬉しいのだろう。女性たちも満足そうな表情を浮かべ、よく鍛えられている感じだ。長いスカートをはいているが、ぴったりしたシャツをとおして豊かな胸のふくらみがわかる。後方に立っているいかめしい家政婦長は、厚手のサージの服を着て顔をしかめている。

実際に、フレデリック・ファーニヴァルは人にあきれられるくらい浮気者だった。ある婦人の家の女中と結婚し、それだけでも上流社会のしきたりからは考えられないことなのに、やがて彼女を捨てるという二重に許されない罪を犯したと、世間は非難していた。多くの編集者や出版業者も、彼といっしょに仕事をすることを拒んだ。ファーニヴァルは「気配りに欠け、思慮分別もなく……子供のようにあけすけなものの言い方をして、多くの人びとの気分を害し、無駄な論争を引き起こした……宗教や階級の区別には敵意をむきだしにするのも、分別に欠けているところで、しばしば周囲から嫌悪された」。

それでもファーニヴァルはすばらしい学者であり、ジェームズ・マレーと同様に、ひたむきな知識欲にかられていた。彼を慕ってくる者や友人たちのなかには、アルフレッド・テニソン卿、チャールズ・キングズリー、ウィリアム・モリス、ジョン・ラスキン――マイナー博士がロンドンで指導を受けた人物であることが、のちに明らかになる――、そしてヨークシャー生まれの作曲家フレデリック・ディーリアスがいた。イングランド銀行につとめていたケネス・グレアムは、スカル競技の仲間だったが、ファーニヴァルの魅力にとりつかれて『たのしい川べ』を書き、そのなかでファーニヴァルをミズネズミとして描いている。「おせえてくれるから！」とヒキガエルが言うと、「おしえてやる」とミズネズミが言い直す。ファーニヴァルは悪知恵のある困り者だったかもしれないが、しばしば正しくもあったのだ。

彼はグレアムにとってよき指導者だったと言えるだろうが、それよりはるかに大きな影響を受けたのは、ジェームズ・マレーのほうだった。マレーの伝記には、ファーニヴァルへの称賛の言葉が書かれている。彼はマレーにとって「刺激的で説得力があり、しばしばおせっかいが過ぎて腹立たしいこともあるが、いつも精力的で、強い影響を及ぼす人物であり、生きることへのひたむきさは、ジェームズさえもたじたじとなるほどだった」。

ファーニヴァルは多くの点でヴィクトリア女王時代の典型的な人間であり、イギリス人のなかのイギリス人だった。さらにイギリスの言語協会の第一人者でもあった彼が、当時製作が始まっていた新しい大辞典の編纂に重要な役割をはたすことになったのは、当然の成りゆきだった。

このファーニヴァルが友人のジェームズ・マレーを推したからこそ――マレーがスウィートとエリスの友人だったことも影響している――このうえなくすばらしい出来事が起きたのだ。それは一八七八年四月二六日の午後のことだった。ジェームズ・オーガスタス・ヘンリー・マレーは、オックスフォード大学のクライスト・チャーチ・カレッジの一室に招かれ、厳粛な雰囲気のなかで、この国で最高の知性の持ち主であるオックスフォード大学出版局の理事と、正式に面談したのである。

その席には錚々たる人びとが顔をそろえていた。学寮長のヘンリー・リデル（その娘のアリスを、クライスト・チャーチの数学者チャールズ・ラトウィッジ・ドジソンが非常にかわいがり、彼女のために書いた冒険物語が、『不思議の国のアリス』になった）。ライプツィヒ生まれの言語学者で東洋学者、サンスクリット学者のマックス・ミュラー。彼はオックスフォード大学で比較言語学教授をつとめていた。つづいて歴史学欽定講座担当教授のウィリアム・スタッブズ。彼は当時、学問としての歴史学の地位を確立したと評価されていた。そしてクライスト・チャーチの聖堂参事会員で古典学者のエドウィン・パーマー。さらにニュー・カレッジの学寮長であるジェームズ・シューエルなどだった。

高教会派に属し、高度な学問を身につけ、崇高な野心を抱いている人びと。彼らはイギリスが最も自信に満ちて傲慢だった時代に始まった、偉大な知性の構築を担う重要な人たちだった。ブルネルが橋と鉄道を建設し、バートンがアフリカを探検し、スコットがまもなく南極に到達したように、最高のメンバーである彼らは、学問の金字塔を打ちたてることになった。世界中の偉大な図書館に欠くことのできない書物をつくることになったのだ。

そして彼らは、自分たちの計画にマレー博士が大いに関心を寄せるであろうと言った。その計画によって、関係者の誰が意図したのでもなかったが、やがてジェームズ・マレーは、ある男との出会いに通じる道を歩みはじめることになった。それは、興味と信仰がマレーと奇妙なくらい一致する人物だった。

一見したところウィリアム・マイナーは、マレーとのそうした共通点よりも、異なる部分のほうが目立つ男だと思われたかもしれない。マレーは貧しかったがマイナーは裕福だった。マレーの社会的身分は、卑しくはないが望みのないほど低かったが、マイナーの地位は高かった。そのうえ、マイナーはマレーとほぼ同じ年頃だったが——わずか三歳違いだ——別の国の国民として、マレーのイギリスから何千マイルも離れた場所で生まれていた。それは当時の普通の人びとにとって、旅をするのが無謀なだけでなく、不可能だと思われる距離だった。

3

戦争という狂気

Lunatic（lⁱū nătik），形容詞．［後期ラテン語 *lūnātic-us*, f. ラテン語 *lūna* 月：-ATIC を参照．Cf. フランス語 *lunatique*, スペイン語，イタリア語 *lunatico*.］**A**　形容詞．

1　もとは，ある種の精神異常，つまり月の満ち欠けにともなって周期的に起こると考えられていた精神異常を病んでいるという意味．現代の用法では INSANE と同義；一般的な言語および法律用語で使われるが，現在は医学の専門用語としては使われていない．

セイロン。緑の生い茂るこの熱帯の島は、インドの南端からこぼれた涙のように、洋梨のようにも、また真珠のようにも、（さらに言えば）ヴァージニア・ハムのようにも見える。世界の厳格な宗教の聖職者たちは、この島を堕落したアダムとイヴが追放された場所と考えている。そこは罪人のためのエデンの園であり、誘惑に負けた者がとどまるリンボの島だ。

今日、セイロンはスリランカと呼ばれている。かつてはアラビアの海の商人にセレンディーブ（Serendib）と呼ばれ、また一八世紀にはホラス・ウォルポールの空想物語のなかで、この地を支配する三人の王が、まったくの偶然から数々のすばらしい発見をしたのである。そこから英語の serendipity（セレンディピティ、ものをうまく見つけだす能力）という言葉が生まれた。ただし、この言葉の考案者は東洋を訪れたことがなく、その言葉の本当の由来を知らぬままだった。

だが偶然ながら、由来を知っていても望めなかったと思われるほど正しかった。セイロンは堕落した者にとって、宝の島だ。熱帯のあらゆる官能的な恵みが手に入り、誘惑に負けた者が報いられ、惑わされ、魅了される。シナモンやココナツ、コーヒーや茶に加えて、マンゴーやカシューナッツも実り、サファイアやルビーを産し、象や豹もいる。あたり一面に豊潤な熱気が漂い、しっとりとした心地よい微風には、海とスパイスと花々のにおいが充満する。

そして、あの乙女たち。褐色の肌をして、いつも楽しそうに笑っている、裸の少女たち。つややかに濡れた体。薔薇のつぼみのような乳首。長い髪と、仔馬のようにすらっとした脚。耳のうしろには、緋色と紫の花びらを折り重ねて飾っている。インド洋の白く打ち寄せる波のなかで、彼女たちは恥じらうふうもなく戯れ、ひんやりと湿った砂の上を走って、帰っていく。

こうした名も知れぬ村の乙女たち、つまり何年も前にセイロンの波に打たれて裸で戯れていた乙女たち——それはいまも変わらないのだが——こそ、若いウィリアム・チェスター・マイナーが忘れようにも忘れられないものだった。のちに彼が断言したところでは、このセイロンの乙女たちが、意図せずに彼をとらえ、飽くことを知らぬ肉欲の虜にして、不治の狂気へと導き、ついには地獄に突き落としたのである。マイナーが、彼女たちの魅力に初めて性的な興奮を覚えたのは、まだ一三歳のときだった。このときから、彼は恥ずべき性の衝動にとりつかれ、夢中でエネルギーを使いはたしていった。

ウィリアム・マイナーは、一八三四年六月にセイロンで生まれた。ジェームズ・マレーの生まれる三年前に、東に五〇〇〇マイルも離れた場所で生まれたことになる。そのマレーとのあいだに、やがて解きがたい結びつきができることになる。そして、ある一つの点で——一つの点だけで——これほど遠く離れた二人の家庭の生活は、似かよっていた。マレー家もマイナー家も、非常に信仰心が篤《あつ》かったのである。

トマス・マレーと妻のメアリーは、組合派教会の信徒であり、盟約者と呼ばれるグループに属して、一七世紀のスコットランドの伝統的な生き方を頑なに守っていた。イーストマン・マイナーとその妻のルーシーも組合派教会の信徒だったが、より強力な福音主義の一派だった。アメリカの植民地では、圧倒的多数が福音主義者であり、その思想と信仰は、ピルグリム・ファーザーズの流れをくんでいた。そして、イーストマン・ストロング・マイナーは印刷の技術を身につけ、印刷所の経営者として成功していたにもかかわらず、やがてアメリカの素朴なプロテスタント主義の光明を東インドの奥地にもたらすために生涯を捧げるようになった。マイナー夫妻は、宣教師としてセイロンに赴き、ウィリアムはその布教施設の診療所で、敬虔な宣教師の家庭の子供として生まれたのである。

マレー家とは異なり、マイナー家はアメリカの最も由緒ある上流階級に属していた。最初に新大陸に移住したトマス・マイナーは、グロスターシアのチュー・マグナという村の出身だった。彼はピルグリム・ファーザーズの移住のあと一〇年もたたないうちに、「ライオンの子」という名の船で大西洋を渡り、ロングアイランド海峡に入るところのミスティクに近いストニントンという港に着いた。トマスと妻のグレースのあいだには九人の子供が生まれ、そのうち六人が男だった。六人全部がマイナー家の名を継いで、ニューイングランド中にその名を広め、一七世紀末には、敬虔かつ高潔なコネチカット州の創設者に数えられた。

イーストマン・ストロング・マイナーは、一八〇九年にミルフォードで生まれた。マイナー家がアメリカに渡ってから七代目の当主で、彼の代には、一家はおおむね裕福になり、アメリカにしっかりと根をおろして、周囲から敬われていた。イーストマンと若妻のルーシーは、一八三三年に彼女の故郷のボストンで結婚した。二人が一家の印刷所をたたみ、氷を積みこんだ蒸気船でセーレムを発ってセイロンに向かったとき、それを名誉の象徴と考えない者は、ほとんどいなかった。夫妻の敬虔さはよく知られており、二人のたっての望みを、一族は喜ばしく思ったようだった。夫妻は富も社会的な地位もかえりみず、はるかかなたに恵まれない人びとがいると考えて、長年のあいだアメリカを離れることになろうとも、福音を伝えに行こうとしたのだ。

夫妻は一八三四年三月にセイロンに到着し、島の北東部の海岸にあるマネペイという村の布教所に落ちついた。それは、トリンコマリーにある大規模なイギリス海軍基地の近くだった。ウィリアムが生まれたのは、わずかその三カ月後のことで、母は妊娠中、つわりと船酔いという二重の苦しみを味わった。二年後に二人目の子供が生まれ、母と同じくルーシーと名づけられた。

ウィリアムの傷病歴からすると、彼がいかにもインドの子供らしい活潑な少年時代を過ごしたように思われる——落馬して鎖骨を折ったり、木から落ちて意識を失ったり、当時はめずらしくなかった軽いマラリアや黒水熱にかかったりした——が、実際は普通の子供時代とはまったく違っていた。

彼が三歳のときに、母親が肺結核で死んだ。その二年後、イーストマン・ストロング・マイナーは二人の幼い子供を連れてアメリカに帰国するべきところを、そうせずに、マレー半島をめぐる旅に出発した。同地の布教区のなかで再婚の相手を見つけようとしたのだ。シンハラ族の村であるウードゥーヴィルの宣教師夫妻に幼い娘をあずけ、ウィリアム少年を連れて、彼は不定期貨物船で東に向かった。

二人はシンガポールに到着した。そこにはマイナーの友人がおり、その友人の紹介で、彼はアメリカ人の伝道団と出会った。それは北のバンコクに福音を伝えにいく人びとであり、そのなかにひとり、端正な顔立ちをした（そして都合のよいことに親をなくした）伝道者がいた。ジュディス・マンチェスター・テイラーという名で、ニューヨーク州マディソンの出身だった。まもなくマイナーとジュディスは交際しはじめたが、いつも近くにいる好奇心の強い子供にはさとられないようにした。マイナーはテイラー嬢を説き伏せて、次のジャフナ行きの船で連れ帰り、一八三九年のクリスマスの直前に、コロンボのアメリカ領事館で二人は結婚した。

ジュディス・マイナーは、印刷業者の夫にひけをとらぬ行動力の持ち主だった。地域の学校を経営し、シンハラ語を学び、それを非常に聡明なことが明らかな義理の息子に教え、やがて自分の腹をいためた六人の子供たちにも教えた。

この結婚によって生まれた息子のうち二人が死んだ。一人は一歳のとき、二人目は五歳のときだった。ウィリアムの腹違いの妹の一人は、八歳で死んだ。妹のルーシーも、二一歳のときに肺結核で死んだ。（三人目の腹違いの弟トマス・T・マイナーは、何ものちに奇妙な死に方をした。彼はアメリカ西部に渡り、まずウィネバゴ族の医師としてネブラスカに赴き、次に、獲得されたばかりの領土であるアラスカへ行って、北極地方の集落のデータを集めた。最後にポート・タウンゼンドからシアトルに移り、市長に選ばれた。まだその職にあった一八八九年に、友人のG・モリス・ハラーとともにカヌーでホイドビー島の探検にでかけた。だが、二人とも帰ってこなかった。ボートも遺体も、発見されなかった。シアトルには、彼の名を冠したマイナー・ストリートとトマス・T・マイナー・スクールがいまも残っており、その名前からはすばらしい開拓者精神といまだに解けない謎が思い起こされる）

マネペイの布教施設の図書館は、蔵書がよくそろっており、ジュディスの日記によると、家族の住居は「とてもみすぼらしい」ものだったが、学校そのものはすばらしかった。ウィリアム少年は、故郷のニューイングランドにいたらとても受けられなかったような、きわめて質の高い教育を授けられた。父親が印刷業を営んでいたおかげで、文献や新聞に接することもできた。また、両親はしばしば軽装二輪馬車での旅行に同行し、各地の言葉をできるだけ多く習得するように彼を励ました。一二歳のころには、ウィリアムはシンハラ語をあやつるようになり、ビルマ語の基礎知識もかなり身につけ、ヒンディー語とタミール語もかなり覚えて、中国語のさまざまな方言も多少は知っていた。さらに、シンガポールやバンコクやラングーンばかりでなく、当時イギリス領だったマレーシア沖のペナン島の地理にも通じるようになった。

ウィリアムはまだ一三歳のとき、近くの砂浜で戯れる先住民の少女たちを見て「淫らな考え」を抱くようになったと、のちに医師に語っている。気紛れに移ろいやすい人生のなかで、彼女たちだけはいつも変わらぬ貴重な存在と思えたのにちがいない。だが一四歳のときに、両親が（思春期の彼の渇望に気づいていたのだろう）彼をアメリカに返すことに決め、熱帯の誘惑から遠ざけた。ウィリアムは、ニューヘヴンの中心部で大きな陶磁器店を営む叔父のアルフレッドのもとで暮らすことになった。それで、コロンボの港で見送られてP&O汽船の定期船に乗り、うんざりするほど長い時間をかけ、ボンベイから喜望峰まわりで（これは一八四八年のことであり、スエズ運河の完成のはるか以前だった）ロンドンに渡ったのだ。

のちに彼は、この船旅のエロチックな思い出を生々しく語っている。とりわけ忘れがたいのは、船上で出会った若いイギリス人の女性に「強く惹きつけられた」ことだった。彼は船旅について何も注意されないまま、熱帯をまわる長い航海に出たようだ。昼も夜も、大海のうねりにまかせて揺れる船の上で、女たちはたいてい薄い木綿の短いドレスを身につけ、バーテンダーはエキゾチックな飲物を供する。こうした条件がそろえば、ロマンスが生まれやすいのは、当時もいまも同じであり、二人のうちどちらかの両親、あるいは双方の両親が同行していない場合は、なおさらそうだった。

四週間の船旅のあいだに多くの出来事が起こったようだが、決定的な結果にならなかったらしい。いかに長い時間を二人きりで過ごしたにせよ、二人の仲は成就されなかったようである。何年もたってマイナーは医師に指摘することになるのだが、インドの少女たちを夢想の対象としたときと同じように、「不自然な方法で自分を満足させる」ことは決してしなかったし、船で乗り合わせた相手への性的な感情にも流されなかった。もしそうしていたら、結果はかなり違ったことになっていたかもしれない。

罪の意識は、とくに信心深い人がしばしば抱くものだが、一〇代の少年の羞恥心や自然な警戒心よりも強く、彼の邪魔をしたようだ。このときから、ウィリアム・マイナーの長く苦しい人生において、性と罪悪感が強固に、そして致命的に結びついたのだった。彼は、のちに取り調べの係官にたいして弁明しつづけている——自分の考えは「淫ら」であり、自分はそれを「恥じて」、そうした考えに「屈する」ことがないように最善を尽くしたという。ウィリアムは常にうしろを振り返って、両親が——幼少のころに亡くした母か、あるいは少年にとってたびたび悩みの種となった継母のことかもしれない——ますます乱れていく彼の心の「淫らなたくらみ」に、決して気づかないことを確かめているようだった。

だが、一〇代のころにはまだこうした感覚を抱きはじめたばかりで、ウィリアム・マイナーはあまり気に病みはしなかった。これから熱心に学問の道を歩むことになっていたのだ。ロンドンで別の船に乗り換えたウィリアムは、ボストンに向かい、そこから故郷のニューヘヴンに帰って、イェール大学で医学を学びはじめた。両親とずいぶん少なくなってしまった弟妹が帰国するのは、まだ六年も先であり、ウィリアムが二〇歳になってからのことだった。彼はその六年間と、それにつづく九年の研修期間を、黙々と勉学に励み、一つの面に専念したが、まもなくそれがもっと重大な悩みの種になったのだ。

彼はたいした困難もなくすべての試験に合格し、一八六三年二月にイェール大学医学部を卒業し、二九歳になった。専攻は比較解剖学だった。在学中、記録に残るような劇的な出来事が一度だけ起こった。敗血症で死んだ男の検死をしていたとき、つい自分の手に傷をつけてしまい、重い感染症にかかったのだ。彼はすばやく処置をし、ヨウ素を手に塗ったのだが、間に合わなかった。のちに医師が語ったところによると、彼は重体に陥り、危うく命を落とすところだった。

やがて、ウィリアムは一人前になった。東部の生活のおかげで人柄が穏やかになり、すでにアメリカで最高峰の学校の一つに数えられている大学で学んだことによって、洗練された大人に成長した。しかし、本人はまったく気づいていなかったが、彼の精神は危険なほど壊れやすい状態にあった。ウィリアムの行く手には、青年時代のなかで最も忘れがたい精神的な痛手を負う一時期が待ち受けていることは、ほぼ間違いなかった。彼は軍医としての入隊を志願したが、軍には当時、医療に携わる要員が著しく不足していた。というのも、これはただの軍ではなく、そのころ連邦軍と自称していた軍だったからだ。アメリカもまだ若く、国家として最も苦悩に満ちた時期にあった。南北戦争のさなかだったのである。

マイナーが軍との最初の契約書に署名したとき――この契約によって最初に研修を受けることになったのは、好都合なことに故郷に近いニューヘヴンのナイト・ホスピタルだった――戦争は半ば終わっていたが、もちろん当時は誰もそれに気づいていなかった。それまでに八〇〇日間の戦いが繰り広げられていたのだ。それはフォート・サムターをはじめクラーク、ハッテラス、ヘンリーの各要塞における戦いであり、ブルラン川における二度の戦闘でもあった。チャンセラーズヴィル、フレデリックスバーグ、ヴィックスバーグ、アンティータムなどでは、小さな土地をめぐって両軍が戦い、ミシシッピのビッグ・ブラック・リバー・ブリッジ、ミズーリのアイランド・ナンバー・テン、ケンタッキーのグリージー・クリークなど、この戦争がなければ人に知られず記憶にも残らないはずの数々の場所を勝ち取るために戦闘がつづけられた。これまでのところ、南部が多くの勝利をおさめており、連邦軍のほうは、八〇〇日間の過酷な戦いであまりにも多大な敗北を喫し、甚だ困難な状況にあった。そのため、一人でも多くの兵士を必要としていた。連邦軍が喉から手が出るほど欲しがっていたのは、能力が期待できるうえ正真正銘の北部生まれである、イェール大学出身のウィリアム・チェスター・マイナーのような人物だった。

マイナーが入隊して四日後の一八六三年六月二九日に、ゲティスバーグの戦いが起こった。これは、南北戦争全体のなかで最も血なまぐさい激戦であり、これを転機に、南部連合の軍事的な野望は衰えはじめた。マイナーが毎晩ニューヘヴンで読む新聞は、戦況を報告する記事で埋めつくされていた。連邦側の戦死者は二万人にのぼり、コネチカットのような小さな州でも、その大きな割合を占めていた。ペンシルヴェニアにおけるこの戦いでは、七月の三日間に、同州が送りこんだ兵士の四分の一以上が失われた。その後リンカーン大統領が、戦死者のためにゲティスバーグに国立墓地を設けたときに述べたとおり、世界はここで行なわれたことを忘れられないはずだった。

この戦いの話に、若い軍医の心は奮い立ったにちがいない。そこには多くの負傷兵がおり、野心を抱いた精力的な若い医師にとって、なすべき仕事が山ほどあるのだ。そのうえ、いまや自分が勝者側になりそうだった。マイナーは、八月には軍の命令に従うことを正式に宣誓し、一一月には正式な契約を交わして軍医補佐代理となり、軍医総監部の指示に従って任務を遂行することになった。彼は早く戦場に送られたくてうずうずしていたと、のちに弟が証言している。

だが、ついに軍の承認がおりて、砲声の響く南の戦場の近くに送られるまでには、あと六カ月待たなければならなかった。ニューヘヴンでの任務は比較的のんびりしたもので、マイナーの患者は、戦いによる精神的な衝撃から順調に立ち直りつつあり、肉体的にも精神的にも回復中の者ばかりだった。だが、最初に送られたヴァージニア州北部では、すべてがまったく異なっていた。

　そこでは、残酷で激しいこの血みどろの戦いの恐ろしさを、なんの前触れもなくいきなり、いやというほど目のあたりにしたのだ。そこには南北戦争の避けがたい皮肉——人間同士の戦いには決して見られぬ現実——があった。この戦争では高性能の新兵器が使われ、人間が大量殺戮されながら、医学のほうは原始的でお粗末な段階がやっと終わろうとしているにすぎなかったのだ。臼砲《きゅうほう》やマスケット銃やミニエ式銃弾が戦闘に使われる一方で、治療にはまだ麻酔やスルホンアミドやペニシリンも使われなかった。したがって普通の兵士が置かれた状況は、あとにも先にもないほどひどいものだった。新兵器によって徹底的に痛めつけられながら、初歩的な医学によるわずかな手当てしか受けられなかったのだ。

　そのため、野戦病院には壊疽《えそ》にかかった者や手足を切断された者があふれ、不潔な環境のなかで傷の痛みや病気に苦しんでいた。傷口が膿《う》んだと見られれば回復しつつある「健全」なしるしだとされた。応急処置のテントの物音は、いつまでも耳について離れなかった。悲鳴と、低くすすり泣く声。それは、絶え間なくつづくむごい戦いのなかで、残酷な新兵器に命を脅かされた男たちのものだった。この戦争で、北軍の兵士はおよそ三六万人が戦死し、南軍は二五万八〇〇〇人が戦死した。そして、新兵器による負傷で死んだ者はみな、副次的な感染や病気や劣悪な衛生状態のために死んだのである。

マイナーにとって、これはやはりまったく異質な世界だった。故郷の友人がのちに語ったところでは、マイナーは繊細な男だった。あまりにも礼儀正しく、学究肌の一面もあり、軍務に服するには紳士的にすぎた。本を読んだり水彩画を描いたりするのが好きな男だったのだ。だが、一八六四年のヴァージニアは上品でおとなしくてはやっていけないところだった。人間が発狂する原因を特定することは不可能だが、少なくともこの場合の状況からわかるのは、一八六四年に起こった一つの、または同時に発生したいくつかの出来事が、とうとうマイナー博士の精神を混乱させ、その非情な時代には十把ひとからげに精神異常と判断された状態へと、彼を追いやったのだ。

マイナーが初めて戦争で直面した状況や事情について、いまわかっていることから考えると、少なくとも理にかなって信頼できると思われるのは、表面に出ないまま潜伏していた彼の狂気が、まさしくここで誘発されたと推測することだ。一八六四年五月上旬に、ヴァージニアのオレンジ郡で何かが起こった。のちに「ウィルダーネスの戦い」と呼ばれるようになった二日間にわたる激しい血みどろの遭遇戦で、何かが起こったのだ。これはきわめて正常な神経の持ち主にも試練となる戦いだった。この二日間に起こった出来事は、人間の想像をはるかに超えるものだった。

なぜマイナーがウィルダーネスへ行ったのか、正確にはわからない。実際は、命令書はニューヘヴンからワシントンに向かうことを命じており、マイナーは医療指揮官のもとに赴いて、アレクサンドリアの師団病院で働いているアボットという医師と交代することになっていた。彼は最終的に命令どおりにしたのだが、最初は、おそらく医療指揮官の特別な命令によって、連邦の首都から八〇マイル南西の戦場へと赴いた。そこで生まれて初めて、そして生涯に一度だけ、本当の戦いを目撃することになったのだ。

ウィルダーネスの戦いは、一八六三年七月のゲティスバーグの戦いによって、南北戦争の形勢が本当に変わったのかどうかを実際に試す最初の試金石だった。一八六四年三月に、リンカーン大統領が北軍全体をユリシーズ・S・グラント将軍の指揮下に置くと、グラントはただちにマスター・プランを立案し、南軍を完全に滅ぼすことだけを目指した。数週間前ないし数カ月前の散発的で無計画な軍事行動――各地の小競り合いや、町や要塞の争奪戦――は、首尾一貫した戦略から見ればまったく意味をなさなかった。南軍が無傷でいつでも戦える状態にあるかぎり、ジェファソン・デイヴィスの南部連合も存続する。連邦脱退論者の軍をつぶせ、そうすれば彼らの主張も葬れる、とグラントは論じた。

この壮大な戦略は一八六四年五月に正式に開始され、グラントは大規模な軍隊を編成して、南軍を打破するべくポトマック川から南へ進軍しはじめた。こうして始まった戦闘で、やがて北軍は南部諸州を大鎌で刈るようにして突き進み、シャーマン将軍はテネシーからジョージアに攻めこんでサヴァナを攻略して、南軍の主要部隊はわずか一一カ月後にアポマトックスで降伏することになる。そして、五年におよぶ戦争の最後の戦いがシュリーヴポートで起こるのだが、それはグラントが進軍を始めてほぼ一年後のことだった。

しかし、この戦略の遂行にあたっては緒戦《ちょせん》が最大の難関だった。敵軍はまだ衰弱していないし、断固として戦おうとしていた。そして最初の数週間に、この戦いの最初の日よりもさらに激しい戦闘が繰り広げられた場所は、わずかしかなかった。グラント将軍の部隊はブルーリッジ山脈の丘陵地帯に沿って行軍し、五月四日の午後にラピダン川を渡ってオレンジ郡に入った。そこでロバート・E・リーの北ヴァージニア軍と遭遇し、戦闘が開始された。グラントの部隊が渡河してから始まったその戦いは、部隊が迂回してスポットシルヴェニアに向かったとき、ようやく終わった。わずか五〇時間のあいだに、猛烈な砲火でおよそ二万七〇〇〇人が戦死した。

この大きな戦いでウィリアム・マイナー博士の経歴にとくに重要な意味をもつと思われる点が、三つある。

まず第一は、この戦闘の徹底的な残忍さと、戦場の無情な環境だ。何万という兵士が戦いを交えた場所は、歩兵の戦術にはまったく適さない地形だった。そこは——いまもそうだが——なだらかな傾斜地で、再生林の樹木がうっそうと茂り、下草が密生して分け入るのも困難だった。ところどころに沼地が広がり、悪臭のただようぬかるみには、無数の蚊が飛びまわっていた。五月にはひどく暑くなり、水がにじみ出て流れているところや沼地から離れた木々の葉は、すぐに燃えあがるほど乾燥していた。

　したがって、この戦闘は砲兵隊も騎兵隊も使わずに遂行された。視界が開けていないために大砲は使えず、馬を乗りまわせる場所でもなかったからだ。歩兵がマスケット銃で戦うしかなかったが、その銃には、肉体を引き裂く恐ろしいミニエ式銃弾が込められていた。これは当時さかんに使われはじめた銃弾で、発射時の圧力で銃弾の基部が火薬で膨張し、見るに堪えない大きな傷を負わせるものだった。あるいは、歩兵は銃剣と軍刀で白兵戦を展開するしかなかった。そのうえ、戦闘で発生する熱と煙によってさらなる恐怖が生まれた――火災である。

　下草の茂みが燃えあがり、炎が荒野を引き裂いて、熱風が吹き荒れた。負傷した者も無傷の者も含めて何百人という兵士が、いやおそらく何千人もの兵士が、もがき苦しみながら焼け死んだ。

　ある医師はこう記録している。兵士の負傷は「考えうるありとあらゆる状態を呈した。手足をもぎ取られた死体。散乱する手足や砕けた頭。傷の痛みに静かに堪える兵士もいれば、苦痛に堪えきれず叫ぶ兵士もいる。無表情に沈黙する兵士もいるし、『脚一本なくしただけだ！』と言って喜ぶ勇ましい兵士もいる」。道のあるところでは、粗雑なつくりの荷馬車が押し合いながら血まみれの負傷兵を応急手当ての場所に運び、医師は疲れて汗だくになりながらも、最善を尽くして無残な傷の手当てをしようとしていた。

メイン州出身のある兵士が、火災の驚異を書き記している。「炎が音をたてて火花を散らしながら、松の木の幹をかけあがり、根元から一番上の小枝まで届く火柱になった。それが揺れたかと思うと倒れ、火の粉が光りながら雨のように降ってきて、黒い煙がもうもうとたちこめ、足元は炎で真っ赤になった」

「炎がものすごい勢いで森を焼いた」と、ウィルダーネスで戦った別の兵士が書いている。

弾薬の運搬車が爆発し、大火災で死者は焼かれた。負傷者は熱気にあおられ、ずたずたに引き裂かれた手足を使って這い、気も狂わんばかりになり、力をふりしぼって炎から逃れようとした。茂みという茂みに、血染めの衣服の切れ端がたれさがっているように見えた。まるでキリスト教徒の兵士たちが悪魔に変わり、地獄そのものが地球を乗っとったかのようだった。

この戦いのなかで、マイナーの不可解な病状を理解するのに重要だと思われる第二の点は、戦闘に参加した一つのグループに関係する。それはアイルランド人だ。マイナーが異様に恐れているようだったと、のちにロンドンで家主が証言したのと同じアイルランド人である。

この戦いでは、北軍側におよそ一五万人のアイルランド人兵士がおり、その多くは、住んでいた地域でたまたま徴募されて北軍の部隊に組みこまれた無名の兵士だった。だが、一つのグループとしてともに戦った誇り高いアイルランド人たちもいた。それは第二旅団、つまりアイルランド旅団の兵士であり、彼らは北軍全体のなかで最も勇ましく荒っぽかった。「不合理なことや、絶望的なこと、破れかぶれなことをする場合は」と、イギリス人のある従軍記者は書いた。「アイルランド旅団が呼びだされた」

アイルランド旅団はウィルダーネスでの戦いに参加した。第二八マサチューセッツ連隊と第一一六ペンシルヴェニア連隊に加え、ニューヨークの第六三、八八、六九という伝説的な各連隊のアイルランド人が戦った。この連隊は、いまでも毎年三月に聖パトリックの日のパレードを先導し、緑一色に染まった広い五番街を行進する。

しかし、一八六四年に北軍で戦ったアイルランド人の士気は、それより一、二年前に戦った者たちと微妙に異なっていた。戦争の初期の段階、つまり奴隷解放宣言の前は、アイルランド人は揺るぎない忠誠心をもって北軍を支持し、それと同じ強さで南部には反感を抱いていた。少なくとも初期のころ、南部はアイルランド人が嫌悪するイングランドに支援されていると思われたからだ。戦うアイルランド人の動機は複雑だった。だが、その複雑さが、やはりこの物語にとって重要な意味をもつのである。彼らは飢饉に苦しむアイルランドから来た新しい移民だった。だが、彼らがアメリカで戦っているのは、自分を助けてくれた国にたいする感謝の念からだけではなく、戦闘の訓練を受けて、いつの日か祖国に戻って戦い、憎むべきイングランド人をアイルランドから追い払うためでもあった。当時のアイルランド系アメリカ人の詩に、その感情があらわれている。

平和と秩序がこの地に復活し、
連邦が永久に確立されても、
アイルランドの勇敢な息子たちよ、剣を鞘におさめるな。
これから分離するべき連邦がある。

アイルランド人は、連邦主義者側がかかげる目的のすべてに共感しつづけたのではなかった。彼らはアメリカの黒人と激しくせりあっており、社会的階層の一番下で、与えられるさまざまな機会——とくに仕事——をめぐって争っていた。そして、一八六三年にリンカーンが正式に奴隷を解放すると、アイルランド人が皮膚の色ゆえに自分たちにあると信じてきた生得の利点が消え、それにともなって、この戦争における連邦側の主張に抱いていた共感の多くも失われた。戦う目的が失われたのだ。そのうえ、彼らは戦う意味を考えてもいた。「われわれがこの戦争を引き起こしたのではない」と、アイルランド人の指導者の一人は言った。「それなのに、われわれアイルランド人が大勢この戦争のために死んでいる」

その結果、アイルランド人部隊が砲弾の餌食に利用されていると思われる戦いではとくに、戦場を去るアイルランド兵が出てきた。彼らは脱走し、逃亡するようになったのだ。そしてウィルダーネスの戦いでも、間違いなく多数のアイルランド兵が激しく燃えさかる炎と殺戮から逃げだした。それは脱走であり、その罪をとがめられた者にしばしば科されたある罰の一つが、ウィリアム・マイナーがやがて精神に異常をきたすことになる第三の、そしておそらくは最も重要な原因となった。

脱走は、無規律や酩酊と同じく南北戦争についてまわった問題であり、事態は深刻だった。指揮官は一人でも多くの兵士を必要としているにもかかわらず、部下を失う結果になるからだった。これは、戦争そのものが長引くにつれて大きな問題となっていった。何カ月、何年と戦争がつづくにつれて、両軍のかかげる理想への熱意は衰え、戦死者の数が増えつづけた。北軍の総兵力はおそらく二九〇万人であり、南軍は一三〇万人だった。そして、すでに述べたとおり両軍とも莫大な戦死者を出しており、その数は北軍が三六万人、南軍が二五万八〇〇〇人だった。あっさりと銃を置いて森に逃げこんだ兵士の数も同じくらい膨大で、北軍が二八万七〇〇〇人、南軍が一〇万三〇〇〇人だった。

当然ながらこの数字はいくぶん不正確だ。このなかには、逃亡し、捕らえられてふたたび戦わされ、また逃亡するということを何度も繰り返した者が含まれている。だが、それでもたいへんな数字であることに変わりはない。それは北軍の一〇人に一人、南軍の一二人に一人に相当するのである。

戦争の半ばには、毎月五〇〇〇人の兵士が脱走していた。はてしない行軍の途中で落伍した者もいれば、戦闘のさなかに逃げだす者もいた。一八六四年五月、つまりグラント将軍が南進を開始し、ウィルダーネスの戦いが始まった月には、五三七一人もの北軍兵士が逃亡した。一日に一七〇人以上が戦場から去ったことになる。そのなかには徴募兵と志願兵の両方が含まれ、逃亡の理由はさまざまだった。意気消沈、ホームシック、憂鬱。戦争にうんざりした者も、幻滅した者もいたし、無給に堪えられなくなった者や、単に怖くなって逃げだした者もいた。ウィリアム・マイナーは、単に平穏なコネチカットから殺戮と恐怖の場に出てたじろいだのではなかった。まったく尊敬に値しない姿で恐れおののく人間、絶望した卑怯者を目撃することになったのだ。

当時の軍の規則では、飲酒にたいする罰はかなり柔軟に定められ、丸太を肩にかつがせて数日間箱の上に立たせるという罰が一般的だった。だが、脱走は厳罰に処せられた。捕らえられて「この世でも来世でも許されないであろう一つの罪」を犯したと宣告された者は、銃殺刑に処されるのだった。少なくとも書類上はそうなっていた。「脱走は死刑に値する犯罪である」と書かれていたのだ。
　しかし、自分の部隊の兵士を銃殺することは、兵士がどんな罪を犯したのだとしても、実際的に見ると不都合だった。兵士の数を減らし、自らの戦力を弱めることになるからだ。こうした容赦のない現実を計算して、南北戦争の指揮官の大半は、どちらの軍の場合も、脱走兵にたいして銃殺刑にかわる罰を考えだすしかなかった。銃殺されたのは、わずか二、三〇〇人に過ぎなかった――とはいえ、見せしめにしようとする無駄な努力から、その死は広く公表された。脱走兵の多くは投獄されたり、独房監禁や鞭打ちの刑を科されたり、多額の罰金を払わされたりした。
　それ以外の者は、初犯の者の大半がそうだったが、さまざまな形で公然と辱めを受けた。丸坊主にされたり、頭の片側だけ剃られたりして、「卑怯者」と書いた板を身につけさせられる者もいた。臨時軍法会議によって「バッキング」という痛ましい刑に処される者もいた。これは、両手首をきつく縛って両膝を腕のあいだに引きあげ、膝と腕の下に棒を通す刑で、脱走兵をこの姿勢のまま数日間放置して痛めつけるものだ。（これはあまりにも過酷な罰だったため、しばしば逆効果であることが明らかになった。ある将軍が落伍者にこの刑を命じると、部下の半数が抗議の脱走をしたのだ）
　また銃剣で猿ぐつわをはめるという刑もあった。口を開けさせて、より紐で銃剣を縛りつけるのだ。あるいは、両手の親指を縛ってつりさげられたり、一ヤードの鉄道レールをかついで運ばされたり、町から追放されたり、木馬に乗せられたり、裸で樽に入って歩きまわらせられたりした。テネシー州の恐ろしい刑のように、木に釘づけされ、苦しめられることさえあった。

あるいはまた――苦痛と屈辱の完璧な組み合わせのように思えるが――焼き印を押されることもあった。「D」という文字を、尻や腰や頬に焼きつけられるのだ。これは縦が一・五インチの文字で――この点は厳密に定められていた――焼きごてで焼きつけるか、かみそりで切り裂いて黒色火薬が詰められるのだ。どちらも痛く、消すことはできなかった。

どういうわけか、黒色火薬を塗りつける役はしばしば連隊の鼓手の兵士が負わされ、焼きごてを使う場合は、軍医が命じられた。そしてこれが、ロンドンの裁判における証言によれば、ウィリアム・マイナーがさせられたことだった。

あるアイルランド人の兵士が、ウィルダーネスの戦いで恐怖にかられて脱走した罪で、臨時軍法会議によって焼き印の刑を宣告された。判決を下した士官たち――一人の大佐と四人の大尉と三人の中尉だったと思われる――は、彼らの部隊に新しく配属された若い軍医補佐代理、この若々しい顔をした育ちのよさそうな上流階級の人物、ニューイングランドの丘陵地帯からやってきたばかりのこのイェール大学出身者に、刑の執行を命じることを、この裁判で要求した。それがマイナー博士に戦争の過酷さを教える最善の方法であると、長い戦いで疲れきった老練な士官はほのめかした。こうして、アイルランド兵は両腕をうしろに縛りあげられ、マイナーのもとに連れてこられた。

その兵士は二〇代前半の男で、服装は乱れ、汚れていた。黒っぽい軍服がずたずたに引き裂かれているのは、茨のなかを死にもの狂いで逃げまわったからだった。彼は疲れはて、脅えていた。獣のようなその姿は、三年前にマンハッタンのウエストサイドにやってきた若者とは似ても似つかなかった。あのころの彼は自信に満ちあふれ、ダブリン出身者らしく茶目っ気たっぷりだったのだ。彼はあまりにも多くの戦闘と、あまりにも多くの死を見てきた。ところが、彼が大義に掲げて戦ってきたものは、本当はもう彼の理想ではなかった。奴隷解放宣言以後、それがはっきりした。いずれにせよ、いまは彼の軍が優勢だった。もう自分は必要ないだろう、脱走してもなんとも思われないだろう、と彼は考えた。

自分にとっては外国人であるアメリカ人のために戦うのは、もういやだった。故国アイルランドに帰りたかった。もう一度家族に会いたかったし、このよくわからない異国の紛争とは縁を切りたかった。実のところ、この戦争では彼は傭兵以上の何者でもなかったのだ。ペンシルヴェニアとメリーランドのあらゆる戦いで身につけた兵士としての技能によって、故国を占領する憎むべきイングランドと戦いたかった。

だが、脱走をはかったのは間違いだった。憲兵隊の五人の兵士が捜索を始め、丘陵地帯の農場で納屋の陰に隠れていた彼を捕らえた。軍法会議がただちに召集され、臨時軍法会議の裁判はすべてそうだったが、判決は即刻言い渡された。彼は鞭打ちの刑を宣告され、棒で三〇回打たれることになったが、その前に焼きごてで、永久に消えない脱走兵の印を顔に焼きつけられることになった。

彼は判事に懇願し、自分を押さえている兵士にも懇願した。泣き叫んで抵抗した。だが兵士らは彼を押さえつけ、マイナー博士が真っ赤に燃えた石炭のなかから焼きごてを取りだした。石炭は、旅団の蹄鉄工から急いで借りてきたものだった。マイナー博士は一瞬ためらった。そのためらいは、彼自身の迷いをあらわしていた。これは医者の義務と責任を誓うヒポクラテスの誓詞のもとで、本当に許される行為なのだろうか。彼は一瞬考えた。士官がためらう彼をとがめ、先を促した。マイナーは赤熱した焼きごてをアイルランド兵の頬に押しつけた。頬の肉がいやな音をたてて焼け、血があふれて蒸気をあげ、脱走兵は叫びつづけた。

そして、刑は終わった。哀れな脱走兵は連れ去られた。アルコールに浸したぼろ切れをマイナーから渡されて、傷ついた頬に押しあてていた。傷口は化膿し、他の医師が治癒をほのめかして言う「健全な膿《うみ》」でいっぱいになるかもしれない。化膿して固まり、腫れものになるかもしれない。火ぶくれになって破裂し、数週間も出血しつづけるかもしれない。マイナーにはわからなかった。

ただ、アイルランド兵があの焼き印から生涯逃れられないことだけは、はっきりしていた。アメリカにいるあいだ、それは卑怯者の烙印となり、軍法会議で宣告された恥ずべき罰の印となるが、アイルランドに帰れば、まったく別の印になるだろう。アメリカに渡って軍の訓練を受けた者という印、アイルランドに帰国し、イングランド当局と戦おうと決意している者の印となるのだ。彼は今後、アイルランド民族独立主義の反乱グループのメンバーとして、はっきりと識別されるだろう。そして、イングランドとアイルランドのすべての兵士や警官がそれを認知し、彼を幽閉して街に出てこさせないようにするか、生きているあいだずっと彼を苦しめ、責めたてるだろう。

言い換えれば、アイルランドの革命家としての彼の将来は終わったのだ。アメリカでの社会的地位を台無しにされたことは、ほとんど気にしないですむかもしれないが、アイルランドでの将来や、現在のアイルランドの非常に弱い立場を考えると、戦場で一つの罰を受けたという事実によって永久に烙印を押され、挫折させられたことに、彼は激しい憤りを感じたにちがいない。アイルランドの愛国者として、革命家として、自分はあらゆる点で無益で役立たずで価値のない人間になってしまったと、彼は悟ったのだ。

怒りにかられた彼が、正しかろうが正しくなかろうが、ますますつのる憤りを向ける相手だと感じたのは、医師という職業に背いて、異議も唱えずに自分の顔に残酷な不治の焼き印を押した男だったにちがいない。彼はウィリアム・チェスター・マイナーを永

遠に恨みつづけようと決意したことだろう。
それゆえ彼は、この戦争が終わりしだい故国に帰ることを誓い、帰ったなら、コーブ（すなわちコークの外港クイーンズタウン）かダンレアレ（ダブリンの外港キングズタウン）で船からおりたつやいなや、アイルランドのすべての愛国者にこう言うのだ――ウィリアム・チェスター・マイナーというアメリカ人は、フェニアン・ブラザーフッドの善良な戦士の敵であり、いずれ適当な時期に復讐すべきだ、と。

これが自分に焼き印を押された男が心に抱いていることだと、マイナー博士がほとんど確信に近い気持ちで考えたことは間違いない。確かに、戦場に投げこまれたことでマイナーは恐怖に取りつかれたという説ものちに主張され、何人かの医師は「戦場の過酷な現実を体験したこと」が彼の病気の原因であるとほのめかした。マイナーはある男の処刑に立ち会ったとも言われていた。いつどこで行なわれたかはわからないが、イェール大学の同級生が処刑されたということだった。そして、処刑を目撃したことで、彼は激しい衝撃を受けたと言われた。だが、最も有力な説は――マイナーの言葉を借りれば――彼はアイルランド人に虐待され辱められることを恐れているのであり、それはアメリカで命じられるままにアイルランド人の一人に残酷な罰を与えたからだ、というものだった。

それは法廷で明らかにされた話であり、ランベスのテニソン街の家主であるフィッシャー夫人がそのように述べたと、《タイムズ》で公式の訴訟手続が報じられた。その後の何十年にもわたり、この話は何度も持ちだされた。彼がまだ精神病院に入れられたままであることを人びとが思いだしたとき、その病気の原因として話題にされたのだ。そして一九一五年になり、年老いたマイナーがワシントンDCでジャーナリストのインタビューに応じ、まったく別の説明をするまで、これが精神に異常をきたした主な原因の一つと考えられていた。「彼はアメリカの南北戦争のときアイルランド人に焼き印を押した」と人びとは言った。「それで精神異常になったのだ」と。

一週間ほどたって、マイナーは——焼き印の件による短期的な影響は見られなかった——前線の野戦病院の赤旗のもとから(アメリカが赤十字を採用したのは、一八六〇年代の終わりにジュネーヴ協定を批准したあとだった)異動になり、最初に配属されるはずだったアレクサンドリア市に送られた。

五月一七日に到着した彼は、まずローヴァーチュア病院で働くことになった。当時その病院は、おもに黒人といわゆる「不法取引の」患者、つまり南部から逃亡した奴隷のために使われていた。記録によれば、マイナーは連邦側の病院を転々とし、アレクサンドリア総合病院やスラウ病院でも働いた。またかつて勤務したニューヘヴンの軍病院からの書簡では、そのすばらしい仕事ぶりのために復帰を求められている。

このような要求は異例だった。マイナーはまだ、戦争の医療要員としては最下級の軍医補佐代理だったからだ。南北戦争中に、五五〇〇人がこの階級章をつけて北軍と契約し、そこには無資格の者もいるというお粗末な状況だった。植物学や同種療法を学んだにすぎない卒業生もいたし、開業医として失敗した大酒飲みや、患者を食いものにする詐欺師も含まれ、そもそも医学など学んだことのない者までいるありさまだった。その大半は戦闘が終わると軍隊から姿を消し、昇進を望む者や正規の任務につこうとする者は、ほとんどいなかった。

だがウィリアムはそれを望んだ。自分の任務に身を捧げたかのようだった。彼が作成した検死報告書が一部残っているが、それらは几帳面な文字で書かれ、自信に満ちた文体で死因を明確に断定している。報告書の大半は哀れなものだった。ミシガン第一騎兵隊の軍曹は肺癌で死に、ある兵士は腸チフスで、またある兵士は肺炎で死んでいる。これらはすべて、南北戦争の時代の医療の対象としてはごくありふれた病気で、高度な知識がなかった当時の治療は、アヘンと甘汞《かんこう》を鎮痛剤と下剤として使ったにすぎなかった。

それよりも興味深い一つの報告書がある。一八六六年九月、つまりウィルダーネスの戦いの二年後に書かれたもので、「筋骨たくましい」新兵のマーティン・クスターの検死報告書である。クスターは歩哨勤務中に落雷のために死んだのだが、雷雨のなかで、うかつにもポプラの木の下に立っていたのだった。彼は悲惨な状態だった。「帽子の左側が裂け……金属ボタンの表面がはがれ……左のこめかみの髪が焼けこげ……長靴下と右の編みあげ靴が裂け……ぼやけた黄褐色の線が胴体を走り……恥骨と陰嚢にいたるまで焼けている……」

しかし、この報告書はヴァージニアで書かれたものではなく、軍医補佐代理が書いたものでもなかった。それはニューヨークのガヴァナーズ・アイランドで書かれ、マイナーは軍医補佐という新たな地位に就いて署名した。アメリカ合衆国陸軍の正規の軍人になっていたのだ。一八六六年の秋に、マイナーはもはや契約による兵士ではなく、大尉という正式な地位についていた。彼は同僚の大半ができなかったことを成しとげた。学識とひたむきな努力により、またコネチカットの人脈を最大限に利用して、アメリカの正規軍の将校という地位への昇進をはたしたのだ。

コネチカットをはじめ各地で彼を支援した人びとは、精神異常の初期段階に気づいていなかった。ジェームズ・デイナ教授——イェール大学の地質学者で鉱物学者でもあった彼が執筆した権威ある教科書は、今日も世界中で使われている——は、マイナーを「アメリカで五本の指に入る」と評し、彼を軍医に任命することは「軍の利益になると同時に国家の名誉にもなる」と述べた。別の教授はマイナーを「腕のいい医師であり、優れた外科医であり、有能な学者である」と書いた。ただし、のちには警告と解釈されたであろう言葉もつけ加えている。道徳的な面では「普通」だというのだ。

正式な試験を受ける直前に、マイナーは文書に署名し、「精神または肉体のどんな種類の疾患であっても、あらゆる状況下で最大限に効率的な仕事をする妨げとなりうるため」、そのような疾患にかかっている場合は仕事はしないことを宣言している。試験官は承諾し、一八六六年二月に彼を将校に任命した。そして、マイナーは夏にはガヴァナーズ・アイランドに配属され、戦後の重大な緊急事態の一つに対処していた。それは、東部における四度目で最後のコレラの流行だった。

この病気は、当時エリス島に押し寄せていたアイルランド移民がもたらしたものだと言われていた。その夏の流行でおよそ一二〇〇人が死に、ガヴァナーズ・アイランドの病院や診療所は病人と隔離患者であふれていた。マイナーはこの伝染病が流行している数カ月のあいだ、疲れの色も見せずに働きとおし、その仕事ぶりを認められた。その年の末には、名目上はまだ中尉だったが、貢献への報いとして大尉の地位に名誉昇進していた。

だが、ちょうどそのころ、マイナーの言動に不穏な徴候があらわれた。いまとなってみれば、妄想症の初期症状に違いないと思われる徴候だった。勤務時間外に銃を携行するようになったのだ。まったく違法であるにもかかわらず、彼が持ち歩いたのは、軍用の三八口径コルト・リボルバーで、その六連発の弾倉は、しきたりによって輪胴の仕切りの一つが常に空洞になっていた。その銃を持ち歩くのは、同僚の将校の一人が南マンハッタンのバーから帰る途中で強盗に殺されたからだ、と彼は説明した。自分も無法者にあとをつけられて襲われるかもしれないというのである。

マイナーはイーストサイドの南の地区やブルックリンのバーや売春宿の常連になりはじめた。相手かまわず女と関係する驚くべき生活を始め、夜ごとに売春婦と寝ては、翌朝早くガヴァナーズ・アイランドのフォート・ジェイの病院にボートで戻った。同僚たちは心配しはじめ、育ちのよいまじめな将校である彼のような人には、まったく似つかわしくないことだと思った。さまざまな性病の治療やそれにかかわる可能な処置を彼が頻繁に必要としていることが明らかになると、なおさらそう考えた。

一八六七年に父のイーストマンがニューヘヴンで死んだが、その年にマイナーはマンハッタンに住む若い女との婚約を突然発表して、同僚を驚かせた。その女の素性や職業はわからなかったが、ダンサーか何かで、マイナーが歓楽地へ出かけたときに出会ったらしかった。だが、彼女の母親はコネチカットのマイナーの友人たちほど彼によい印象を持たなかった。この若い大尉に何か芳しくないところを感じとって、婚約を破棄するよう娘に迫り、結局は娘もそのとおりにした。のちにマイナーはこの件について話すことを断固として拒み、婚約を破棄されてどう感じたかも決して語ろうとしなかった。だが、この出来事を苦々しく思っていたようだと、彼の医師は語っている。

一方、軍のほうは大尉の突然の変貌を見て動揺した。彼の常軌を逸した行動を知ってから数週間のうちに、軍医総監部はニューヨークの誘惑から彼を遠ざけることに決め、安全な田舎に彼を送りこんだ。実を言うと、これは事実上の降格処分であり、フロリダのフォート・バランカスという辺鄙《へんぴ》な場所に彼を隔離したと言うことができる。その要塞はメキシコ湾岸のペンサコラ湾を守るもので、すでにすたれかけていた。古い石づくりの建造物は、ペンサコラ湾とその港を外国の侵略者から守るために建てられたが、いまでは小規模な分遣隊が駐屯しているだけで、マイナーはその連隊の軍医となったのだった。彼ほど生まれがよく、高い教育を受け、前途有望だった者にとって、これは本当に屈辱的な状況だった。

マイナーは軍にたいして激しい怒りを覚えた。そして明らかに放蕩時代を恋しがった。軍隊の食事仲間は、彼がむら気になり、ときどき非常に攻撃的になることに気づいた。比較的穏やかなときは水彩画の絵筆を取り、フロリダの夕暮れを描くと気持ちが落ち着いたと、マイナーは言っている。同僚の将校たちによると、当時も絵の腕はすばらしかった。芸術家気質の男だったと言った者さえいる。芸術家魂をもつ人間に見えたのだ。

だが、やがて彼は仲間の兵士に不信感を抱きはじめた。いつも自分のことを噂し、うさん臭そうに見ていると思ったらしい。ある一人の将校がとくにマイナーを悩ませ、からかったり煽ったり虐げたりしはじめた。だが、具体的にどうしたのかを、マイナーは決して言おうとしなかった。マイナーは彼に決闘を申し込み、指揮官に叱責された。指揮官は、相手の将校はマイナーの親友の一人だと言った。そしてのちに、明らかな理由もなく二人がそれほどひどく仲たがいしたとは信じられないと、指揮官もその将校も言った。誰にもなすすべがなかった――親友が彼にたいして陰謀を企てたり、悪だくみをしたり、彼を傷つけたいと思ったりしていないと説明しても、わかってもらえなかったようだ。何を言っても通じないように見えた。マイナーは気がふれたようだった。まったく不可解なことであり、友人や家族にとっては大きな悩みとなった。

これが最悪の状態に達したのは、一八六八年の夏のことだった。フロリダの日差しを長く浴びすぎたせいらしいが、マイナーはひどい頭痛とめまいを訴えはじめた。看護婦に付き添われてニューヨークに送られ、かつて所属していた部隊に戻ってその軍医に症状を報告した。彼は問診や診察を受け、さまざまな質問をされた。九月には、彼が重症であることが明白になった。疑いが紛れもない事実となり、彼の精神がおかされはじめていることが、初めて正式に認められた。

一八六八年九月三日に軍医のハモンドが署名した文書には、マイナーは「モノマニー」を患っているようだと書かれている。モノマニーとは、ただ一つの問題に異常にとりつかれる一種の精神異常である。その問題が何かは、ハモンド軍医は報告していないが、マイナーは重症であり、「妄想を抱いている」と判断すべきだという所見が述べられている。マイナーはまだ三四歳だった。それなのに、人生も精神も制御できなくなりはじめたのだ。

病状の記録が週を追うごとに積みあげられていった。「私見では彼は任務に適さず、旅行も不可能である」と、どの記録にも書かれていた。一一月には、医師たちはさらに思いきった措置をとるよう促した。軍の見解として、マイナーをただちに病院に収容するべきだとしたのだ。しかも、ワシントンDCの国立精神病院の院長である有名なチャールズ・ニコルズ博士の管理下に置くべきだと勧告した。

「モノマニーは」と、診察にあたった医師はこの場にふさわしい見事な書体で手紙を書いている。「自殺や他殺を犯す恐れのあることが、現在では明らかになっています。マイナー博士は精神病院に入る意思を表明しており、護衛なしで行く許可を求めています。いままでは、まったく問題なくそうできると思われます」

できるけれども、恥ずかしくてしたくなかった。マイナーが周囲に知られないで精神病院に行けるよう、彼のために願いでた書簡が残っている。「彼は精神病院の治療を恥辱と考え、たじろいでいます。私がこの手紙を書いていることを、彼は知りません。周囲に知られないまま彼が精神病院で治療を受けられるよう、おとりはからいいただけないでしょうか」

この手紙が功を奏した。かつての同僚、そしてかつて通った学校の力だった。翌日、マイナー博士は護衛なしで密かに急行列車に乗りこみ、フィラデルフィア、ウィルミントン、ボルティモアを経由してワシントンのユニオン・ステーションに着いた。そこから二輪馬車に乗ってワシントン南東部に向かい、よく整備された病院の敷地に到着した。そして、石づくりの門を通り、生涯にわたって縁の切れないことになる精神病院の内部に入った。

ワシントンのこの病院はのちにセント・エリザベス病院と改称され、世間に広く知られるようになる。詩人のエズラ・パウンドや、レーガン大統領の暗殺をはかったジョン・ヒンクリーが収容されたからだ。だが、一九世紀のあいだはこの病院が有名になることはなく、精神病と認定された陸海軍人が収容され、治療をうけ、幽閉される唯一の国立施設として知られているだけだった。ウィリアム・マイナーはそれから一八カ月間、この病院に入っていた。とはいえ、彼は信頼されており、構内を自由に歩きまわることを院長から許可され、付き添いなしで近くの田園地帯に出かけることも許された。一世紀半前のワシントンは、いまとはまったく異なり、現在のスラム街が当時は野原だった。マイナーは町にも足を運び、ホワイトハウスの前を通って給与支払い事務所を毎月訪れ、給料を現金で受け取った。

だが妄想からくる恐怖にはあいかわらず悩まされていた。翌年の九月に軍医のチームが彼を訪ね、軍医総監にこう報告した。「診察の結果、マイナー博士の病状は非常に思わしくないと考えられます。彼が健康を回復できるとしても、たいへん長い時間を要すると思われます」。別の医師も同意見だった。「大脳の機能障害がいっそう顕著になっています」

翌年四月には、指揮官たちはさらに悲観的な結論に達した。マイナーは決して治癒しそうもないため、正式に退役軍人名簿に載せるべきだというのである。ヒューストン通りとグリーン通りの交差点にある陸軍の建物で、聴聞会が開かれた。現在、ニューヨークのソーホーがあるしゃれた一等地だが、そこでマイナーの退役が承認され、状況によってその正当性が認められることが確認された。

聴聞会は長々とつづく痛ましいものだった。一人の准将、二人の大佐、一人の少佐と軍医大尉が席につき、黙って耳を傾ける前で、何人もの医師が次々に証拠をあげ、かつてあれほど前途有望だったこの若い男の零落ぶりについて語った。彼が病んでいる精神状態は、フロリダの太陽にさらされたためだと言う医師もいたし、それは病状を悪化させたにすぎないと主張する医師もいた。戦争の現実にさらされたことがすべての原因であり、惨事を目撃した結果だと言う者もいた。

精神異常が厳密に見てどのようにして引き起こされたにせよ、委員会は結局、管理者としてこの件に対処する唯一の適切な結論に達した。軍の正式見解として、名誉昇進した大尉補佐のウィリアム・C・マイナーは「職務遂行中に生じた原因によって完全に能力を奪われたため」――この決定の重要な部分である――ただちに退役させるべきである、とされた。

言い換えれば、彼は歩行可能な負傷兵の一人だった。国家のために尽くし、それによって傷つけられたのだから、国家は彼に恩義があるはずだった。セイロンのエロチシズムの誘惑や、家族の悲劇的な事情、娼婦への異常な執着や「退廃願望」――これらの要因のいずれか、またはそのすべてによって、彼の精神が着実に堕落していったのだとしても、それはそれでよい。職務が彼を傷つけたのだ。アメリカ合衆国陸軍が、今後は彼の世話をする。彼はアメリカ合衆国政府の保護を受ける。彼はその名のあとに、「アメリカ合衆国陸軍退役軍人」という名誉ある肩書きをつけて呼ばれる。彼の給料と年金はなんら変更されずに支給される――そして実際、彼の生涯にわたって政府はそのとおりにした。

一八七一年二月に、マイナーが精神病院から解放され、マンハッタンに向かい、西二〇丁目の医師仲間のところに滞在することになっていると、ニューヨークの友人が書いている。数週間後には、ニューヘヴンの家に帰り、弟のアルフレッドとともに夏を過ごして、イェール大学の旧友たちと会い、亡き父の商店で忙しく働いたとも言われている。

その店は陶磁器とガラス製品を扱うマイナー・アンド・カンパニーで、アルフレッドとその兄のジョージがチャペル通り二六一番地で経営していた。一八七一年の夏から秋にかけての日々は、マイナー博士にとってアメリカで過ごす自由で安らかな最後の数日間だった。

一〇月になり、ニューイングランドの木々が赤や黄色に色づいた葉を落としはじめるころ、ウィリアム・マイナーはボストンから蒸気船に乗り、片道切符でロンドン港に向かった。一年ほどヨーロッパで過ごすつもりだと、彼は友人に話している。休養し、本を読み、絵を描くつもりだ。一、二カ所の高級保養地にも足を運び、パリやローマやヴェネチアにも行き、乱れたと自覚される心に活力を取り戻すつもりだったかもしれない。イェール大学の友人の一人が、ラスキン氏への紹介状を書いてくれた。芸術好きなイギリスの首都の売春婦たちを魅了できるのも間違いなかった。彼はやはり――軍の聴聞会で、この言葉を何度耳にしたことだろう――「キリスト教徒の上品さと分別と学識をもつ紳士」だったのだ。彼はロンドン中を魅了するだろう。そして回復するだろう。新しい人間に生まれ変わって、アメリカに帰るのだ。

マイナーは一一月初めの霧の朝に下船した。税関小屋の役人に、アメリカ合衆国陸軍の将校であると名乗り、四輪客馬車でヴィクトリア駅の近くのラドリーズ・ホテルに向かった。お金は持っていた。本もイーゼルも、水彩絵具も絵筆も持っていた。

そして、漆塗りの箱にしまって、銃も所持していた。

4

大地の娘たちを集める

Sesquipedalian（se:skwipĭdēi·liăn），形容詞，名詞．［f. ラテン語 *sesquipedālis*: SESQUIPEDAL および -IAN を参照］

A　形容詞．**1**　言葉と表現の（ホラティウスの *sesquipedalia verba* 1フィート半の言葉，A. P. 97 より）：多くの音節の．

B　名詞．**1**　身長が1フィート半の人間，高さや長さが1フィート半のもの．

1615 *Curry-Combe for Coxe-Combe* iii. 113 そのまむしのような1フィート半の体（Sesquipedalian）という種類によって，あらゆる海岸で知れわたると考えた．**1656** Blount *Glossogr*

2　長い語．

1830 *Fraser's Mag*. I. 350　難解な名前や長い語（sesquipedalians）が以下の節に含まれないとは，なんという驚くべき文章力だろう！　**1894** *Nat. Observer* 6 Jan. 194/2　彼の長い言葉（sesquipedalians）は，別の医師の話し方を思い起こさせる．

派生語 **Se:squipeda·lianism** 長い語を使う特徴をもつ文体；非常に長いこと．

四半世紀近く前のやはり一一月の霧深い日に、マイナーとマレーの不思議な結びつきのもう一つの面で、重要な意味をもつ出来事が正式に始まった。しかし、マイナー博士は一一月の寒々とした朝、ロンドンに到着し、ヴィクトリアのみすぼらしい下宿屋に向かったのだが、まったく異なるこの一連の出来事が起こったのは、一一月の寒々とした夕刻、場所は非常に高級な住宅街のメイフェアだった。

日付は一八五七年一一月五日、火薬陰謀事件の首謀者ガイ・フォークスの逮捕を祝う記念日であり、時刻は六時過ぎ、場所はロンドンで最も高級で貴族的なオアシスの一つであるセント・ジェームズ・スクエアの北西の角に建つ狭いテラスハウスだった。周囲には堂々たる邸宅や会員制のクラブが建ち並び、この地域に住む多くの司教や貴族や国会議員が利用していた。ロンドン随一の高級商店街も近く、美しい教会や立派なオフィスビルも周辺に集まり、いかめしい外国大使館も立ち並んでいた。セント・ジェームズ・スクエアの角の建物には、周辺に住む高貴な人びとの知的生活にとって重要な施設が入っていた（いまでもその役割をはたしているが、幸いなことにもっと一般大衆向けになっている）。その建物のなかの施設は、一般に公開されているプライベート・コレクションの書籍としては世界最高の水準であると、当時もいまも称賛されている。すなわち、ロンドン図書館である。

ロンドン図書館は、ペルメル街の狭苦しい建物から一二年前にここに移転した。新しく入ったのは広々として高い建物で、現在は一〇〇万冊を優に越える書籍であふれているが、一八五七年には二、三〇〇〇冊を所蔵するだけだったため、使わない部屋がたくさんあった。そのために、委員会は間貸しをして資金をつくることをただちに決定した。ただし貸し出す対象を限定して、学問という高尚な目的を図書館そのものと共有すると思われる人びとと、そして図書館自体のメンバーである貴族的で往々にしてあきれるほど紳士気取りの男たちとうまく交際していける人びととの団体とした。

そして二つの団体が選ばれた。一つは統計学会であり、もう一つは言語協会だった。後者の二週間に一度の会合が、冷え冷えとした木曜日の夕方に上階の部屋で開かれたとき、そこで話されたことが、のちに一連のすばらしい出来事を引き起こす運命となった。

話し手はウェストミンスター聖堂参事会長をつとめる偉大な聖職者、リチャード・シ

エネヴィクス・トレンチだった。おそらくトレンチ博士は、実在する他の誰よりも言語協会の崇高な野心を体現していた。彼が二〇〇人にのぼる他の会員の大半と同様に確信していたのは、英語が世界中に絶え間なく普及していくかに見える当時の状況の背後に、ある種の神の定めがあるということだった。

神――ロンドンのこの階級の人びとには、当然ながらイギリス人であると固く信じられていた――は、英語の普及を大英帝国の支配に不可欠な手段として認めていたのはもちろんだが、そこから議論の余地のない必然的な結果が生じることも認めていた。つまり、キリスト教が世界中に発展していくことである。英語が普及すればキリスト教も広まるという考え方は、きわめて単純であり、全世界のためになると信じて疑われない信条だった。世界に英語が普及すれば、人びとはそれだけ神を崇拝するようになるというのだ。（そして、プロテスタントの牧師にとって有用な意味も含まれていた。英語がローマ・カトリック教会の言語的な影響力をしのぐことができれば、それによって二つの教会がある種の――英国国教会が優位に立つ――再統合をはたせるかもしれないというのである）

したがって、言語協会が明言する役割は学問的なものだったとしても、トレンチ博士をはじめとする聖職者が目指す非公式の目的は、極端に愛国主義的だった。たしかに言語学上の問題が真剣に討論され、「パプアおよびネグリートの諸言語における音韻推移」や「高地ドイツ語における破裂摩擦音の役割」などの難解なテーマにかんする研究によって、言語協会の学問的な面が強調されたことは否定できない。だが実際のところ、協会の第一の目的は、世界の支配的な言語としてふさわしいと全会員が考える言語の理解を促進することだったのであり、その言語とは彼ら自身の母国語を意味した。

六〇人の会員が集まったのは、その一一月の夕刻六時だった。ロンドンは五時半を過ぎるとすぐに暗くなった。ガス灯が音をたてともり、ピカディリーやジャーミン街の角では、少年たちが最後の瞬間まで小銭を稼ごうと、花火やぼろ切れでつくったガイ・フォークスの人形を売っていた。彼らの前に立ててあるその人形は、まもなく焚き火で焼かれるのである。遠くのほうでは打ち上げ花火やローマ花火が炸裂して火花を散らす音が聞こえ、お祭り騒ぎがすでに始まっていた。

付近の邸宅の女中たちが花火に驚いて召使用の出入り口に駆け戻るように、年老いた言語学者たちは外套で寒さから身を守りながら、暗闇のなかを急ぎ足で歩いていった。彼らは、そのように元気旺盛な気晴らしからはとっくに卒業していた。花火の炸裂音やお祭り騒ぎから逃れて、学者同士の静かな会話の輪に入りたいと思っていた。

それに、その夜の話題は充分楽しめるものであり、まったく厄介な問題ではないと思われていた。トレンチ博士がきわめて重要なものと位置づけた講演で、二度にわたって論じようとしていたのは、辞書の問題だった。その講演の題名からは、大胆な意見が述べられることがわかった。博士が聴衆に向かって言おうとしていたのは、当時存在していた数種類の辞書には多くの重大な欠陥があるということだった。彼は、その深刻な欠陥がやがては言語そのものの問題になると主張しようとしていたのであり、それは大英帝国とその教会にも影響が及ぶことを意味していた。言語協会の自信に満ちた教えを受け入れるヴィクトリア女王時代の人びとにとって、これはまさに好ましい議題だった。

「英語辞書」は、今日の一般的な意味、つまり英語をアルファベット順に並べてその語義を記したものという意味においては、比較的新しくつくられたものだ。四〇〇年前には、そのような便利な書物は英語については存在しなかった。

たとえば、ウィリアム・シェークスピアが戯曲を書いたときも、英語辞書はなかった。めずらしい言葉を使ったり、ある言葉を普通は使われないような文脈のなかで使ったりするとき――シェークスピアの戯曲にはそういう例が非常に多いのだが――自分のしようとしていることが適切かどうかを確かめる手段はほとんどなかったのだ。自分の書棚に手を伸ばして役に立つ一冊を選ぶことはできなかった。自分の選んだ言葉の綴りが正しいか、適切な言葉を選んだか、適切なところで正しく言葉を使っているかどうか、教えてくれそうな書物を見つけることはできなかった。

今日われわれがまったくありふれていると思う、辞書を手にするといった行為さえ、シェークスピアにはできなかった。つまり、よく使われる言い方をすれば、「何かを引いて調べる」ことができなかったのだ。まさにこの言い回しが、「辞書や百科事典などの参考書で何かを調べる」という意味で使われることは、文字どおり存在しなかった。実際のところ、この言い方が英語で使われるようになったのは一六九二年のことであり、オックスフォードの歴史学者アンソニー・ウッドが使ったのが最初だった。

この表現は一七世紀の末まで存在しなかったため、何かを辞書で調べるという概念も、当然ながらシェークスピアが作品を書いていた時代には存在しなかった。それは作家ががむしゃらに書き、思想家がかつてなかったほど深く考えた時代だった。この時代には知的活動がさかんになっていたにもかかわらず、英語を調べられる案内書、言語の手引きはなく、シェークスピアをはじめマーティン・フロビッシャーにもフランシス・ドレイクにもウォルター・ローリーにも、フランシス・ベーコンやエドマンド・スペンサーにも、クリストファー・マーロウ、トマス・ナッシュ、ジョン・ダン、アイザック・ウォルトンなど、この時代のどんな博学な人間にも、参考にできる書物は一冊もなかったのである。

たとえば、シェークスピアが『十二夜』を書いたときのことを考えてみよう。これは一七世紀の初めに完成された作品である。おそらく一六〇一年の夏のことだと思われるが、彼が第三幕のある場面を書こうとしているところを想像してみよう。その場面では、難破船の水夫セバスチャンと彼を救ったアントーニオが港に着き、その晩どこに泊まろうかと考えている。セバスチャンは少し考えると、当時の『優良ホテル・ガイド』を読んでよく暗記している者のような言い方で、しごくあっさりと言う。

「この町の南の郊外に、エレファント亭といういい宿屋があります」

シェークスピアは、エレファント（象）について、いったいどれだけのことを知っていたのだろう？　さらに言うなら、ホテルの名としてのエレファントについて、どれだけ知っていたのだろうか？　エレファントという名は、ヨーロッパ中に点在するさまざまな都市で、多くの宿泊施設につけられていた。ここで例にあげたエレファントは、『十二夜』に出てくるのだから、たまたまイリュリアのホテルをさしていた。だが、この名のホテルは他にもたくさんあり、ロンドンにも少なくとも二軒あった。しかし、どれほどたくさんあったとしても、なぜそうだったのだろうか？　なぜホテルにそのような動物の名前をつけたのだろうか？　そもそも、それはどんな動物なのだろうか？　これらすべての問いに、作家は少なくとも答えることはできたはずだと思われるだろう。だが、そうではなかった。あいにく、シェークスピアがエレファントについてあまり知らなかった——本当に知らなかったらしいのだが——としても、またホテルにエレファントという名前をつける奇妙な習慣に疎かったとしても、その疑問を何で調べたらよかったというのか？　さらに、セバスチャンに正確なセリフを言わせているか、シェークスピアには確信できなかったとしても——そのホテルは本当にエレファントと名づけるのが適当だったのか、それともラクダやサイやヌーのような他の動物の名にしたほうがよかったのか？——何で調べて確かめればよかったというのだろう？　実際、シェークスピアの時代には、劇中の言葉を何で調べればよかったのだろうか？

シェークスピアは始終ものを調べたいと思っていたかもしれない。"Am not I consanguineous?"（「おれは身内でないのか？」）——これも『十二夜』のなかの言葉である。数行あとでは、"thy doublet of changeable taffeta."（「さまざまに光るタフタの上着」）について語っている。さらにこう言う。"Now is the woodcock near the gin."（「そら、やましぎが罠にかかるぞ」）シェークスピアの語彙は明らかに奇異だ。だが、使いなれない言葉を使うすべての場合に、文法と事実に照らし合わせて正しいかどうかを、どうやって確かめられたというのか？　一、二世紀あとの時代をシェークスピアに見せて、彼がときどきマラプロップ夫人のように言葉を誤用するのを防ぐ方法があっただろうか？

この問いかけの価値は、一度も辞書で調べられなかったということが、いまのわれわれから見てどれほど不便に感じられるかがわかることだ。シェークスピアが作品を書いていた時代には、地図帳は豊富にあり、祈禱書やミサ典書も、年代記や伝記も、そして空想物語や教養書もあった。シェークスピアは古典の引用をするとき、トマス・クーパーという人物が編纂した専門的な『シソーラス』を頻繁に利用したと考えられている。『シソーラス』の間違いがそのままシェークスピアの戯曲にもたくさん見られ、とても偶然とは思えないからだ。また彼はトマス・ウィルソンの『修辞学』を利用したらしい。しかし、それだけだった。この他には、文学や言語や語彙について調べられる参考書はまったく存在しなかった。

一六世紀のイギリスには、今日われわれが辞書とみなすものはまったく存在しなかった。シェークスピアに霊感をあたえた言語に制限があったとしても、つまりその言葉の語源や綴りや発音や「意味」がはっきり規定できるものだったとしても、それを明確に定めて記述した書物は一冊もなかったのだ。優れた作品を数多く生みだしたシェークスピアほどの人物が、クーパー氏の虎の巻（クーパーは、それを妻に焼き捨てられ、もう一度最初からつくり直さなければならなかった）とウィルソン氏の小さな手引書以外は、一冊の辞書も座右に置かずに仕事をしたなどとは、なかなか想像もつかないことだろう。だが、シェークスピアはその非凡な才能をこういう状況で発揮するしかなかったのだ。英語は話し言葉としても書き言葉としても使われていた。しかし、シェークスピアの時代には定義はなく、こういう言語であると、「固定」されてはいなかった。英語は空気のようなものだった。そこにあるのが当然とみなされ、すべてのイギリス人を包みこむ特徴となっていた。だが正確に言うとどんなものなのか、どういう要素で構成されているのかは、誰にもわからなかった。

それは、辞書がまったくなかったという意味ではない。すでに一二二五年にはラテン語を集めた『Dictionarius（辞書）』という辞書が出版され、それより一世紀ほどあとに、やはりラテン語だけの辞書がつくられた。これは、聖ヒエロニムスが翻訳した難解なラテン語訳聖書を学ぶときの助けとなるものだった。一五三八年には、一連の羅英辞典の最初の版がロンドンで出版された。トマス・エリオットによるアルファベット順の単語集であり、これは英語の「dictionary（辞典）」という語を書名に使った最初の書物となった。その二〇年後にウィトゥルズという人物が『年少初心者用小辞典』をつくった。この羅英辞典は、アルファベット順ではなくテーマ別に配列されており、たとえば「鳥、水鳥、雄鳥や雌鳥などの家禽、ハチ、ハエなどの名」と分類されていた。

しかし、本当の意味での英語辞典、つまり英語がどういう言語であるかを充分に説明した辞典はまだなかった。一つの例外を除き――シェークスピアはおそらくその存在を知らないまま一六一六年に死んだのだが――彼の必要はあくまで満たされないままだった。他の人びとも、英語辞典が明らかに必要だと言うようになった。シェークスピアの死後まもなく、彼の友人のジョン・ウェブスターは『モルフィ公爵夫人』を書いたが、そのなかのある場面で、公爵夫人の兄のファーディナンドは自分が狼に変わりつつあると思いこみ、「狼狂という厄介な病気」にかかる。「何です、それは?」と登場人物の一人が叫ぶ。「辞典がいりますな!」

だが、実はこの切実な要求を聞いていた者がいたようだ。それはラトランドの教師で、のちにコヴェントリーに移って教えるようになったロバート・コードリーである。彼は当時の参考図書の全部に目を通しておびただしいメモを取り、片手間ながら初めて待望の単語集をつくって、一六〇四年に出版した(シェークスピアが『尺には尺を』を書いたと推定される年のことである)。

八つ折りで一二〇ページのその小冊子を、コードリーは『英語常用難解語の……アルファベット順一覧』と名づけた。収録語数はおよそ二五〇〇だった。編纂の目的は、コードリーによれば「貴婦人や淑女など、難解語に不慣れな人びとの便宜をはかること」であり、「これによって聖書や説教、その他で見聞きする多くの難解な英語の理解がいっそう容易になり、それらの言葉を適切に使うことも可能になる」と記されている。この単語集には多くの欠点があるが、本当に英語だけで書かれた辞典として最初のものであることは間違いなく、その出版は英語辞典の編纂史上きわめて重要な位置を占めている。

その後の一五〇年間に、この種の英語辞典が次から次へとすさまじい勢いで出版され、商業的なブームになった。新しいものが出るたびに大型化し、無学の人びと（このなかには、男性ほど学校教育を受けられなかった当時の女性たちが含まれた）を教育する面で既刊の辞書よりも優れていることがうたい文句にされた。

一七世紀をとおして、英語辞典はコードリーによる最初の辞典がそうであったように、もっぱら「難解語」と呼ばれる言葉を収録する傾向があった。日常普通には使われない言葉や、人を感服させるためだけにつくりだされた言葉、つまり一六世紀から一七世紀の書物にあふれていたと思われる、いわゆる「衒学的用語」を扱っていたのだ。『修辞学』でシェークスピアに協力したトマス・ウィルソンは、おおげさな言いまわしの例を集めて出版した。そのなかに、リンカーンシアの聖職者が昇進を求めて政府の役人に送った書簡がある。

私の故郷に聖職者の位があり、いま私はそれについて熟慮いたしております。閣下のご厚情を賜りたいと存じます。大法官あるいはArchgrammacian of Englande（英語文法の大権威）に私をご推薦いただけるよう、なにとぞお取りはからいください。

当時の英語辞典は国民の語彙のほんの一部だけを収録したもので、右記のような無意味な言葉を網羅しているというのが実情だった。そのため、今日ではまったく不完全な辞書と見られるかもしれない。しかし当時はこのような収録語の選び方が正しいと思われていた。こうした難解語を使って話したり書いたりすることが、イギリス社交界の名士にもてはやされたのである。この種の辞書のある編纂者が、利用者に向かって豪語している。「本書は選びぬかれた最高の言葉を紹介するものである」

こうして奇妙な言葉がつくりだされ、abequitate（乗っていく）、sullevation（反乱）などがarchgrammacianやcontiguate（と接触している）などとともに辞書に収録されて、非常に長い定義がつけられた。necessitude（必需品）、commotrix（女中）、parentate（親や親戚の葬儀を執り行なう）などの言葉も載っていたが、これらはみないまの辞書に載っているとすれば、廃語またはまれな用法として、あるいはその両方としてである。仰々しい新語で英語は飾りたてられたが、それは驚くべきことではなかっただろう。この時代は華やかに飾ることが流行したからだ。男性がかつらをかぶって髪粉をかけ、幅広のレースのついたラバという立て襟やダブレットという腰のくびれた胴衣、襞襟、リボン、緋色のビロードのラングラーブという男性用半ズボンなどで着飾る時代だった。それでadminiculation（援助を与えること）、cautionate（用心深い）、deruncinate（余分なものを除外する）、attemptate（試み）などの言葉も語彙に加えられ、それぞれが当時の革装の小さな書籍に正式に掲載された。だが、それらはおおげさな表現を好む人びとのための言葉で、コードリーが意図した貴婦人や淑女や「不慣れな人びと」には感銘を与えそうもなかった。

この種の辞書は、おおむね定義も不充分だった。ただ一語で説明したものや、同義語を記しただけでほとんど意味をなさない定義もあった。たとえば magnitude: greatness（大きいこと＝大きいこと）、ruminate: to chew over again, to studie earnestly upon（反芻する＝噛みなおす、真剣に考える）などである。また、なかにはただおもしろいだけの定義もあり、ヘンリー・コカラムによる一六二三年の『英語辞典』では、commotrix が「女主人を世話したりしなかったりする女中」、parentate が「親の葬儀を執り行なうこと」と定義されている。そうでなければ、これら難解語辞典の編纂者たちは堪えがたいほど複雑な説明を載せた。たとえば、トマス・ブラントの『要語注解』における shrew の定義はこうだ。「一種の野ネズミで、他の動物の背中にのって背骨を折り、噛みついて心臓まで膨れあがらせ、その動物を殺す……ここから不幸を願うときの I beshrew thee（おまえを呪う）という英語の言いまわしが生まれ、いまいましい女を Shrew（じゃじゃ馬）と呼ぶようになった」

辞書の編纂がこのようにすさまじい勢いで進められても――一七世紀のイギリスでは大きい辞典が七種類つくられ、最後に出版されたものは見出し語数が三万八〇〇〇語にものぼった——だが、二つの問題が無視されたままだった。

その第一は、英語全体を網羅する優れた辞書の必要性だった。難しくてわかりにくい言葉だけでなく一般に使われている簡単な言葉も収録した辞書、学者や貴族やエリート学生の語彙だけでなく普通の人が使う言葉も載せた辞書が必要とされていた。辞書にはあらゆる語が含まれなければならなかった。理想的な単語集では、二文字からなる小さな前置詞も、多音節からなる長い語と同じ地位を保つべきだった。

辞書編纂者が無視していた第二の問題は、他のいたるところで認識されつつあったこと、つまりイギリスが繁栄しその影響力が世界に及びはじめるにつれて——ドレイクやローリーやフロビッシャーのような勇敢な航海者が世界の海に進出し、ヨーロッパの敵国がイギリスの強大な力の前に屈し、アメリカとインドに新しい植民地が確立されたことによって、イギリスの言語と思想が国境をはるかに越えて広まりつつあった——英語がいまにも世界の言語になろうとしているということだった。英語は国際間の貿易や戦いや法を実施するための重要な手段になりはじめていた。フランス語やスペイン語やイタリア語、そして諸外国の宮廷の言葉に取ってかわりつつあった英語は、はるかによく理解される必要があり、正しい学び方ができなければならなかった。話され、書かれ、読まれている英語の目録をつくる必要があったのだ。

イタリア人やフランス人やドイツ人は、自分たちの言語の遺産を守るうえで、すでに先んじており、それぞれの言語をよい状態に保つための機関を制定してもいた。フィレンツェでは一五八二年にクルスカ学会が設立され、「イタリア」文化の維持につとめていた。これは、イタリアという国名をもつ政治的な存在が生まれるより三世紀も前のことだ。一六一二年には、クルスカ学会からイタリア語の辞書が出版された。国家はできていなくても、言語文化は存在していたのだ。パリでは、一六三四年にリシュリュー枢機卿がアカデミー・フランセーズを創設した。「不死の四〇人」という名の会員――「四〇人」というさらに不気味な呼び方をされる――は、フランス語を完全な状態に保ち、その無類の神秘性を守りつづけて今日にいたっている。

しかし、イギリス人はそのような手段をとらなかった。自分たちの言語がどんなものか、何を意味するかをもっと詳しく知るべきだと、彼らが考えるようになったのは、一八世紀になってからだった。イギリス人は一七世紀の末に「自国の言語の研究で遅れをとっていることに気づいて不快になった」という。それ以来、英語をよりよい言語にし、国の内外における英語の威信を高めようとする気運が高まった。

一八世紀の前半に辞書は改善され、目ざましく進歩した。最も注目すべきものは、収録語を難解語だけにとどめず、広く英語の語彙全体に広げた辞書で、編纂者はステップニーで寄宿学校を経営していたナサニエル・ベイリーという人物だった。ベイリーについては、セブンスデー・バプティスト派の信徒だったこと以外はほとんど知られていない。だが、その学識と関心の広さは、彼が編纂した辞書の第一版の扉にはっきり示されている（この辞書は一七二一年から一七八二年のあいだに二五版を重ね、各版がベストセラーになった）。扉のページには、本当の意味で包括的な英語辞書をつくろうとする者には、どれほど困難な仕事が待ちうけているかも暗示されている。ベイリーの辞書の緒言は以下のとおりである。

『万有英語語源辞典』は、英語の一般的な単語の語源を記載している。語源は古代の言語と近代の言語とを問わず載せてあり、古英語、サクソン語、デンマーク語、ノルマンフランス語、近代フランス語、チュートン語、オランダ語、スペイン語、イタリア語、ラテン語、ギリシア語、ヘブライ語を、それぞれ正確な文字で記してある。またすべての難解語に簡潔で明快な説明を付し……植物学や解剖学、医学にかんする専門用語も収録し……わが国の古い法律や宣言書、令状、古い法の記録や召喚令状などで使われている単語や句も多数載せて説明してある。さらに、イギリスの人名やおもな地名の語源と解説、そしてわが国のさまざまな州の方言も網羅している。現存するこれまでのどの英語辞典よりもはるかに多くの言葉を収録してある。また代表的な諺も加え、解説と挿し絵を付した。本書は、知識に欠ける人びとのためになるだけでなく、好事家《こうずか》の楽しみにもなるように編集され、若い学生や職人や商人、そして外国人にも役立つよう整理されている……

これは優れた辞書であり、ベイリーの努力も立派なものだったが、これでもまだ充分ではなかった。ナサニエル・ベイリーも彼に倣おうとした一八世紀前半の人びとも、ひたすら仕事に励んだ。英語のすべてを収録しようとする仕事は、そのとおりにしようとするほど膨大なものになっていったが、彼らは努力した。しかし、まだ誰一人として、この仕事をこなせるだけの知性を持っていないようだった。あるいは勇敢さに欠けるか、熱意に欠けるか、単に時間が足りなくて、真の意味で英語全体の完全な記録をつくることができなかったようだ。だが、そのような記録こそが――誰もそう言うことさえできなかったと見えるが――本当に求められているものだった。おどおどと小心に振舞うのは、やめなければならなかった。言語学上の不確かさを、決定的な辞典の編纂で一掃しなければならなかった。

そこに登場したのが、トバイアス・スモレットに文壇の大御所と呼ばれ、あらゆる時代をとおして最も傑出した文学者の一人に数えられるサミュエル・ジョンソンだった。ジョンソンは多くの者がしりごみした困難な仕事に立ち向かう決心をした。そして、二世紀以上を経たいまでも、彼が編纂した辞典は比類のない偉業という評価に値する。ジヨンソンの『英語辞典』は、当時の英語の威厳と美しさと他に類のないあいまいさを正確に描きだしたものだったのであり、その位置づけはいまも変わらない。

この辞典ほど見て楽しく、持つのも調べるのも読むのも楽しい書物はめったにない。いまでも実物を見ることができるが、たいてい茶色のモロッコ革でできた箱に入っている。非常に重く、手に持つより机上に置いて使うようにつくられている。高級な茶色の革で装丁され、クリーム色の厚い紙には、文字がくいこむようにしっかりと印刷されている。今日、この辞書を読んだ者はほぼ例外なく、ユニークで洗練された定義に魅了されるはずであり、それこそがジョンソンの得意とするところだった。たとえば、シェークスピアなら捜し求めたであろう elephant（象）という言葉について、ジョンソンはこう説明している。

すべての四足動物のなかで最大のもの。賢く、忠実で、用心深く、分別さえある動物として、驚くべき話がたくさん伝わっている。肉食性ではなく、干し草や草本やあらゆる種類の豆類を餌とし、非常に寿命が長いらしい。生来きわめておとなしいが、怒るとこれほど手に負えない動物もない。鼻は大きなトランペットのような空洞の長い軟骨組織で、牙のあいだから垂れさがっており、手の役割をはたす。鼻の一撃でラクダや馬を殺すことができるし、鼻を使って非常に重いものを持ちあげることもできるのである。牙はヨーロッパで有名な象牙であり、人間の大腿部ほどの大きさで六フィートの長さに達したものもある。野生の象を捕まえるときは、雄を受け入れる準備のできた雌を利用する。雌の象を狭い場所に閉じこめてまわりに穴を掘り、穴に柵をかぶせ、その上に少量の土をまいて隠しておくと、雄の象は簡単にその落とし穴に落ちるのである。交尾のときは、雄が雌の背中に乗る。雄は非常に慎み深く、何者かが視界に入っているかぎり、決して雌の上には乗らない。

だが、ジョンソンの辞典はただユニークな魅力にあふれているというだけではなく、それよりはるかに大きな意味を持っていた。この辞典の出版は、英語辞典の歴史においてきわめて重要な節目となったのだ。そして、これよりもさらに重要な出来事はただ一つしかなく、それはちょうどこれより一世紀ほどあとに始まるのだった。

サミュエル・ジョンソンは自分で辞書をつくることを何年も前から考え、その構想を練っていた。それは名声を得るためでもあった。教師から三文文士になり、《ジェントルマンズ・マガジン》に議会関係の記事を書いて、ロンドンの一部の人びとに知られているだけだったジョンソンは、なんとかしてもっと世の中に認められたいと思っていた。だが、辞書編纂を始めたのは文壇の巨匠たちの要求に応えるためでもあった。すなわち、英語をなんとかしなければならないという要求である。

ほとんど誰もが、こうした不満を訴えていた。ジョゼフ・アディソン、アレグザンダー・ポープ、ダニエル・デフォー、ジョン・ドライデン、ジョナサン・スウィフトというイギリス文学界の有力者たちが、それぞれ声を大にして英語を固定する必要を訴えた。それ以来、「固定」という言葉は辞典編纂の専門語となったのだが、その意味するところは、英語の制限を定め、語彙の目録をつくって体系化し、「英語とは何かを厳密に決める」ことだった。英語の本質にたいする彼らの考え方は、きわめて独断的だった。彼らの主張によれば、英語は一七世紀の初めまでに充分に改良され純化されたため、今後はそのまま固定するしかなく、そうしなければ英語の質は悪化するというのであった。

彼らはイギリス海峡の向こうのアカデミー・フランセーズの会員とおおむね意見を同じくしていた（ただしそうとは認めたがらなかっただろうが）。国家の標準言語を定め、規則をつくって、銀に彫りつけ石に刻んだように確定するべきだと考えたのだ。そのうえで変更が許されるかどうかを、偉大なイギリス版アカデミー会員、つまり英語の権威が決めるべきだと彼らは主張した。

最も積極的な提唱者はスウィフトだった。彼はオックスフォード伯爵にあてた書簡のなかで、bamboozle（だます）、uppish（横柄な）のような言葉、そしてこともあろうにcouldn'tまでが活字になっていることにたいして、怒りをあらわにした。そして、厳格な規則を確立し、良識に反するこのような言葉を禁止することを望んだ。また、将来はすべての綴り字を確定し、厳格な綴り字法によって英語が正しく書かれるようにし、さらに発音も規定して、正しい発音法によって話されるようにしたいと考えた。規則、規則、規則だった。ガリヴァーの作者はそれが不可欠だと主張したのである。

英語にも基準を設けて、それを尊重するべきだった。それはちょうど、当時の科学がさまざまな基準を定めていたのと同じことだった。青とは何か、黄色とは何か？　当時、物理学者は考えていた。沸騰している水はどれくらい熱いのだろうか？　一ヤードはどれくらいの長さだろうか？　音楽家が中央ハ音として知っている音は、どう定義するべきか？　船乗りにとって決定的に重要な経度の測定は、どうすれば正確にできるのだろうか？　国家の言語についてさかんに論議されていたそのときに、科学の分野でも多大な努力がはらわれていた。政府が経度委員会を設立して資金をばらまき、懸賞をつけて、クロノメーターの発明を促した。航海のあいだにわずかな誤差しか生じないクロノメーターが必要だったのだ。経度はきわめて重要だった。イギリスのような貿易大国は、船長たちに自分のいる位置を正確に把握させなければならなかったのである。

それゆえ、文壇の巨匠たちも考えた。経度が重要だと言うのなら、色や長さや大きさや音の定義が重要だと言うのなら、国家の言語も同じように重要なはずではないのか？　ある時事評論家がいみじくも慨嘆しているように、「イギリスには広大な言葉の海で導いてくれる海図も羅針盤も、つまり文法も辞書もない」のだった。

これまでのところ満足な辞書は存在しないというのが、スウィフトらの考えだった。しかし英語がいまや高度な完成の域に達したことを考えれば、それにふさわしい辞書が必要であり、非凡な能力を持つ献身的な人物を捜しだして、辞書をつくる仕事に励んでもらわなければならなかった。そうすることで、二つの偉業が達成できる。つまり英語を固定し、その純粋さを保つことである。

サミュエル・ジョンソンの考えは、まったく異なっていた。少なくとも、英語を純粋に保とうとするつもりはなかった。そうしたかったかもしれないが、不可能だとわかっていたのだ。彼が英語を固定することは可能だと考えていたか、あるいはそれが望ましいと考えていたかについては、近年さまざまな説が学術書に掲載され、ジョンソンはそれを望んでいたという主張もあれば、望んでいなかったというものもある。いま大勢を占めている説は、ジョンソンは最初のうち英語の固定を目指したものの、六年間におよぶ仕事の途中で、それは不可能であり望ましくもないことを悟ったというものだ。

ジョンソンの先輩の一人であるベンジャミン・マーティンが、その理由を説明している。「恣意的な使用と慣習しだいの言語は、永遠に同じ状態であるわけにはいかず、絶えず変化する。そして、ある時代には上品で洗練されていると思われた言葉が、別の時代には粗野で品位に欠けると見なされることもある……」。これはある辞典の序文のなかの文章である。マーティンはジョンソンの辞典が出るちょうど一年前に、本格的な辞典をつくろうとしてはたせなかったのだが、文壇の大御所ジョンソンは、この文章に導かれて彼の辞典を完成できたと言ってもいいだろう。

ロンドンの知識人たちが辞書の必要をさかんに説いていたとはいえ、実のところジョンソンに辞書の編纂を始めさせたのは、お金の力だった。一七四六年にロンドンの五人の書籍商（有名なロングマン氏も含まれていた）のグループが、まったく新しい辞書をつくれば飛ぶように売れるはずだと思いつき、お気に入りの議会記者に話をもちかけた。その記者が熱心なうえに無一文であることを知っていた彼らは、とても断われないような条件を提示した。報酬一五〇〇ギニー、その半分を前払いする、と申しでたのだ。ジョンソンは二つ返事で承諾した。ただ一つ問題だったのは、彼がパトロンとしての援助を求めることになる相手が、当時イギリスの文芸批評の権威だったチェスターフィールド四代伯爵のフィリップ・ドーマー・スタナップだったことである。

チェスターフィールド卿はイギリス屈指の著名人だった。大使やアイルランド総督を歴任し、ポープをはじめスウィフト、ヴォルテール、ジョン・ゲイと交友関係にあった。イギリスにグレゴリオ暦を採用させたのはチェスターフィールドであり、礼儀作法に必須の手引書を書いたのもチェスターフィールドだった。庶子の息子フィリップにあてた手紙で、素行にかんする助言をしたものが出版されたのである。辞書の出版に彼の許可がおりれば、それは貴重なことであり、出版事業のパトロンになってもらえれば、はかり知れない効果が期待できた。

チェスターフィールドは出版許可は約束したが、パトロンになることは断わった（わずか一〇ポンドの手形をジョンソンに渡しただけだった）。ところが、ジョンソンの辞典が成功をおさめそうだと見るや、自分がパトロンであると吹聴しはじめた。そのためにジョンソンが激怒したのは、有名な話だ。チェスターフィールド卿は、のちのジョンソンの言葉によれば「娼婦の道徳とダンス教師の礼儀」を教えてくれた。本物の貴族らしい分厚い面の皮をもっていたチェスターフィールドは、この批判を鼻であしらって悪気のないものと思いこんでいたが、実はそうではなかった。

それはともかく、当初チェスターフィールドに辞書の編纂を支持され、書籍商から七五〇ギニーを受けとったことから、三七歳のジョンソンは編纂の仕事に手をつけはじめた。彼はフリート街のはずれに部屋を借り、六人の使用人を写字生として雇って（そのうち五人がスコットランド人だったことは、ホーイック出身のジェームズ・マレーにとって少しは慰めになったことだろう）、六年間にわたって絶え間なくつづく単調な仕事にとりかかった。それはどうしてもやりとげなくてはならない仕事だった。ジョンソンが決意していたのは、一世紀後にマレーが決意することと同じだった。すなわち、完全な辞典を編纂する最善の方法——さらに言うなら唯一の方法——は、読むことであり、すべての文献を調べて、膨大なページにあらわれた単語を列挙することであると考えたのだ。

当然ながら、単語の一覧表をつくるには、部分的に重なりあう三つの選択肢がある。一つは、耳で聞く言葉を記録する方法。第二は、既存の他の辞書から単語を転記する方法。そして第三は、文献を読み、そのあとで——たいへん骨の折れる仕事になるが——読んだすべての単語を記録し、分類し、一覧表をつくる方法である。

ジョンソンは、第一の選択肢はあまりにも煩雑で役に立たないとして退けた。第二の選択肢にはもちろん同意した。辞典編纂者は誰でも既存の辞書を出発点とし、一つの単語も見落とさないようにするものだ。そして、これがとりわけ重要なのだが、ジョンソンは第三の選択肢、つまり読むことを最も重視した。だからこそフリート街のはずれに部屋を借り、大量の書籍を買ったり借りたりし、六人の写字生を雇ったのだ。七人のチームをつくった目的は、既存のあらゆる文献に目を通し、それぞれが拾いあげたすべての言葉の一覧表を作成することだった。

あらゆる文献に目を通すのは不可能であることがすぐにわかったため、ジョンソンは制限を設けた。英語はおそらくシェークスピアとベーコンとスペンサーの作品で頂点をきわめたのだから、彼らの時代より前にさかのぼる必要はまずないだろうと考えたのだ。それで、一五八六年に三二歳の若さで死んだサー・フィリップ・シドニーの作品を調査の出発点とすればよいと定め、最近死んだ著者の最後の作品で調査を終えることにした。

したがって、ジョンソンの辞典はわずか一世紀半の文献から言葉を集めてつくることが決められ、例外としてチョーサーの作品も加えられることになった。ジョンソンはこれらの書籍を手にとって読み、必要な単語に下線を引いたり丸をつけたりし、選んだページに注釈をつけた。それを写字生にまわして、選んだ単語が使われている文全体を紙片に転記させ、その紙片をファイルした。そして、必要に応じてそのファイルから例を引き、単語の意味の説明に利用した。

このように例をあげて語義を説明し、多様で微妙な意味の相異を、文字グループの単純な配列によって具体的に示した点が、ジョンソンの辞典の偉大な業績だった。たしかに彼の定義には、一笑に付されるごとき珍妙なものもある。たとえばelephant（象）の定義がそうだし、oats（カラス麦）（「穀物の一種で、イングランドでは馬に与えるのが普通だが、スコットランドでは人が食べる」）やlexicographer（辞典編纂者）（「辞書の執筆者。あくせくと語源をたどり、言葉の意味を詳述する人畜無害の単純労働者」）もそうだ。だが、たとえば動詞takeの扱い方などには、われわれはただ舌を巻くばかりである。ジョンソンがこの動詞の項で用例とともに収録した語義の数は、他動詞が一一三、自動詞が二一にのぼる。「捕らえる、つかむ、捕まえる。釣り鉤で釣る。罪を犯した者を捕らえる。人気を博す。効果がある。何かをすると主張する。権利を奪う……馬に乗る、逃げる、衣服を脱いでいることを行なう……」という具合だ。

このリストはほとんど無限につづくと言えるほどだ。ここにはサミュエル・ジョンソンの非凡な才能があらわれている。一五〇年間の英語の文献を参照したことにより、当時のほとんどすべての単語のあらゆる用法を、もっぱら独力で見つけて書きとめることができたのだ。take だけでなく、set や do や go などをはじめとする他の多くの一般的な語についても同様だった。この仕事ぶりを考えれば無理もないと思われる逸話がある。編纂作業が進みだして、集金人の応対などのくだらない用事にかまけていられなくなったジョンソンは、ドアにベッドを押しつけて牛乳屋をしめだし、ドアの陰からこう叫んだことがあった。「この小さな砦は最後まで守りぬくぞ！」

ジョンソンが単語の収集を終えたのは一七五〇年のことだった。それにつづく四年間を費やして引用文を編集し、一一万八〇〇〇の用例を選んだ（気に入らない用例を変えるという極端なこともやった）。ついに定義を完成し、四万三五〇〇の見出し語が決まった。これらの定義のなかには、最初から自分で書いたものもあったし、自身が称賛する作家から借用したものもあった（たとえば elephant については、カルメという人物の作品から一部を引用している）。

しかし、完成した辞典をジョンソンが出版したのは、一七五五年になってからだった。彼はオックスフォード大学から学位を授与されたかったのだ。辞典の扉に記す自分の名に学位をつけられれば、オックスフォードにとっても、辞典の売れ行きにとっても、自分自身にとっても——必ずしもこの順番とはかぎらなかったが——非常に有利になる、とジョンソンは考えていた。大学側もそれに同意し、一七五五年四月一五日に出版された辞典には、以下のように記された。

この英語辞典は、単語の由来を起源までたどり、さまざまな語義を一流作家の作品から引用した例文によって説明している。これによって、英語の変遷と文法が定められる。文学修士サミュエル・ジョンソン編、全二巻。

この辞典はジョンソンの生存中に四版を重ね、一〇〇年のあいだ英語の規範でありつづけ、英語の宝庫として最高の地位を占めた。商業的にも成功をおさめ、ほぼ例外なしに称賛された。なかでも、かの有名なチェスターフィールド卿は、自分がこの辞典の編纂に実際よりも多くの援助をしたようにほのめかした。そのためにジョンソンは激怒し、娼婦やダンス教師うんぬんの悪口を言っただけでなく、ひそかに痛烈なしっぺ返しをした。彼は当初、チェスターフィールドにパトロンとしての援助を求めたのだが、そのパトロンという言葉の定義に、「横柄な態度で援助し、その見返りにちやほやされる鼻持ちならない人間」と書いたのだ。だが鷹揚な卿はこれも無視した。貴族とはそういうものだった。

ジョンソンの辞典にたいして批判的な者もいた。ジョンソンが定義のなかに自分の人となりをあらわにしている点は、今日なら奇抜でおもしろいと思われるだろうが、この辞典に最高の権威を期待した人びとにとって、それは専門家にあるまじき所行と映った。多くの文筆家が、ジョンソンの引用した一部の作家は権威に欠けるとけなした。とはいえ、こういう批判はジョンソン自身も予期し、序文で触れている。また、定義にむらがあると批判する者もいた。陳腐な定義や、やたらに複雑な定義があるというのである（たとえばnetwork（網）は「交差する点のあいだに隙間があって等間隔になるように網目状に交差させたもの」となっている）。出版の一世紀後には、トマス・バビントン・マコーリーがジョンソンを「お粗末な語源学者」とこきおろしている。

しかし、マコーリーはさておき、批判者の多くはねたんでいただけで、自分のできないことをジョンソンが成しとげたために嫉妬したのだと思われる。「ジョンソンのしたことは、どんな教師でもできただろう」と書いた者もいる。「ジョンソンの『辞典』は彼自身の教養のない作品の用語解説になるだけだ」。これは匿名の批判なので、ジョンソンの偉業を目のあたりにして気落ちしたライバルが書いたのではないかと思われる。ジョンあるいは過激なホイッグ党員かもしれない。ジョンソンは有名なトーリー党員で、彼の文章にはトーリー党の偏見と見なされる面もあったからだ。そのため、この辞典は「スチュアート王家の復活を願うジャコバイトのだいそれた主張の媒体」にすぎず、頑固な保守主義に凝りかたまっていると、あるホイッグ党員は書いた。また、ある女性は淫らな言葉を収録していないとしてジョンソンを非難しさえした。「いいえ、マダム、私は自分の手を汚したくはないのです」と、ジョンソンはいたずらっぽく答えた。「しかし、マダムはそれを望んでいらっしゃるようですね」

とはいえ、彼の辞典は多くの人びとに称賛された。ヴォルテールはフランス人がジョンソンの辞典を手本にして新しいフランス語辞典をつくることを提案し、フィレンツェの由緒あるクルスカ学会も、ジョンソンの作品は「著者の名声を永久に伝える記念碑となり、とりわけ彼の祖国に名誉をもたらし、全ヨーロッパの文壇に共通の利益となる」だろう、と書いた。また、現代の評価には「あらゆる種類の辞典がつくられた時代に、ジョンソンはまさに最大の貢献をした……」というものもある。さらに、一九七〇年代に『オックスフォード英語大辞典』の補遺四巻を編纂したロバート・バーチフィールドは、ジョンソンが辞典編纂者であることと優れた文学者であることを両立させたと確信し、「英語および英文学のすべての伝統にしたがって、第一級の作家が編纂した唯一の辞書は、ジョンソン博士の辞典である」と述べた。

こうして矢玉の雨のような非難と賛辞を一身に受けながら、サミュエル・ジョンソンは穏やかで控え目な態度をとりつづけた。それももっともなことだった。彼は自分の作品を誇りにしており、それと同時に、自分が向こう見ずにも取り組んだ言語の壮大さに畏怖の念を抱いてもいたからだ。この辞典はジョンソンの記念碑的な名作となった。「聖書」や「祈禱書」と言えば何をさすか決まっているように、人が「辞典」という言葉を使うときには、必ずジョンソン博士の辞典をさしている、とジェームズ・マレーはのちに語っている。

それは違う、と文壇の大御所は言っただろう。実際は、辞典のなかの言葉が真の記念碑だったのであり、さらに厳密に言えば、それらの言葉に定義された実体が記念碑だったのだ。ジョンソンは『辞典』の有名な序文で次のように言っている。「私は、言葉が大地の娘であり、ものが天の息子であることを忘れるほど、辞典編纂の道に迷いこんではいない」。彼の生涯はその娘たちを集めることに捧げられた。だが、娘たちをつくることを命じたのは、天だったのである。

5

大辞典の計画

Elephant（e·lĭfănt）．　語 形：a. 4 - 6 oli-, olyfaunte,（4 複 数 形 olifauns, -fauntz）, 4 olyfont, -funt, 5 - 6 olifant（e, 4 olephaunte, 5 - 6 olyphaunt, 4 - 7 oli-, olyphant（e. β. 4 elifans, 4 - 5 ele-, elyphaunt（e, 5 elefaunte, 6 eliphant, 5 - 6 elephante, 6 - elephant.

［中英語 *olifaunt*, a. 古期フランス語 *olifant*, 俗ラテン語 **olifantu-m*（プロヴァンス語 *olifan*; cf. 中期オランダ語 *olfant*, ブルトン語 *olifant*, ウェールズ語 *oliffant*, コーンウォール語 *oliphans* はすべて中英語または古期フランス語からの派生と見られる）．ラテン語 *elephantum*, *elephantem*（主格 *elephantus*, *-phas*, *-phans*）またはギリシア語 *ἐλέφας*（属格 *ἐλέφαντος*）の変形より．ラテン語以後の語形の変化は英語のほうがフランス語より早く発生したと思われ，フランス語で *el-* のついた形は15世紀以後にあらわれるだけである．

究極的な語源については，実際には何もわかっていない．インドが起源だとする説もあるが，ギリシア語がホメロスとヘシオドスの作品に見られる（もっとも「象牙」という意味だけに限るが）ことから，それはありえないと思われる．ヘブライ語の אלף *eleph*（雄牛）に発音が似ているため，フェニキア語か古代カルタゴ語の *eleph* を含む複合語から派生したという説もある；また，アフリカに起源があると推測する者もいる．ユールの『ホブソン＝ジョブソン』補遺を参照のこと．チュートン語およびスラブ語派の「らくだ」を意味する名称と関係があると考えられる点については，OLFEND（らくだ）の項を参照．ロマンス諸語の *ol-* のついた形の起源は不明だが，ギリシア語の *ἐλαιον*, *ἐλοία* からできたラテン語の *oleum*, *olīva* と比較できるかもしれない］

1　厚皮動物に属する巨大な四足動物で，湾曲した長い牙をもち，長い鼻でものをつかむことができる．かつてはいくつかの種がイギリスを含む世界中に分布していたが，現存するのはインド象とアフリカ象の二種のみである；現存する陸生動物のなかで最大の動物であり，前者はしばしば荷物の運搬や戦争に使われる．

一七世紀と一八世紀のイギリスで偉大な辞典編纂者たちが成しとげた仕事は、真に驚異的な偉業だった。彼らは比類のない学識を身につけ、非凡な専門的知識をもち、文献史に多大な貢献をした。これらはすべて議論の余地のないことだが、それでも、あえてこう尋ねようとすることさえ残酷に思われる——いま、誰が彼らの辞典を本当に覚えているだろうか？　現在、誰が彼らのつくった辞典を使っているだろうか？

この問いからは、痛烈な現実が否応なく明らかにされ、辞典とは関係のない別の分野における多くの先駆的な功績まで影が薄くなってしまうほどだ。その現実とは、今日から見れば、以下のことにほかならない。すなわち、トマス・エリオットやロバート・コードリー、ヘンリー・コカラム、ナサニエル・ベイリーの編纂した辞典がどれほど優れたものだったとしても、また文壇の大御所サミュエル・ジョンソンの作品がどれほど重要ですばらしいものだったとしても、彼らの功績はいまや進歩の途中の足がかりにすぎず、堂々たる作品もほとんど稀覯《きこう》書としての価値しかもたず、買って書棚に飾って忘れるたぐいの存在になっているということだ。

　そして、その第一の原因は、ジョンソンの『英語辞典』の第一版が出版されてちょうど一世紀後の一八五七年に、まったく新しい辞典の編纂が正式に提案されたことだった。それは真に輝かしい野心に満ちた計画であり、それまでに行なわれたどの辞典編纂よりもはるかに大規模で複雑なものとなるはずだった。

　この計画の目標は、きわめて単純明快かつ大胆だった。ジョンソンは一定の言葉を選んで収録した——しかも膨大な数の言葉を選び、みごとな辞典をつくったのだ——が、この新たな計画では、すべての言葉を収録することを目標としたのである。つまり、あらゆる言葉、あらゆるニュアンス、意味や綴りや発音のあらゆる微妙な相異、語源のあらゆる変化を明らかにし、あらゆる英語文献から可能なかぎりの用例を引くことを目指したのだ。

　それは単純に「大辞典」と呼ばれた。計画の段階から、ほとんど考えられないほど大胆かつ無謀であり、大きな困難と不遜のそしりを覚悟でのぞまなければならなかった。だが、ヴィクトリア女王時代のイギリスには、この仕事にふさわしい大胆さと無謀さをもちあわせた男たちがおり、彼らは予測される危険に立ち向かうだけでなく、それ以上の大きな仕事を成しとげた。つまるところ、この時代は偉大な人びとの時代だったのであり、壮大なビジョンと偉大な業績の時代だったのだ。近代において、このように壮大な計画に着手するのにこれ以上ふさわしい時代はなかったと思われる。だからこそ、正式に、しかも格式が薄れぬうちにこの計画が着手されたのだろう。重大な難問や対処できそうもない危機によって、計画は一度ならずつぶれそうになった。議論が起きて計画が遅れたこともしばしばあった。だが、ついに——最初にこの構想を描いた偉大で容易には理解しがたい人びとの多くは、亡くなって久しかったが——ジョンソン自身も夢に描いていたかもしれない目標が充分に達成されたのだ。

そして、サミュエル・ジョンソン以下のチームが六年がかりで偉業を達成したのにたいし、最高の英語辞典となるべきもの——そしていまもその地位を保っている辞典——をつくるには、ちょうど七〇年ほどかかった。

大辞典の編纂は、一八五七年のガイ・フォークスの記念日に、ロンドン図書館における講演によって始まった。

リチャード・シェネヴィクス・トレンチは、当時の死亡記事で公式に「聖人（a divine）」と称された。この言葉は現在ほとんど使われないが、ヴィクトリア女王時代には高潔で立派に振舞う人びとをさして使われた。「聖人」はどんな職業についていてもよかったが、聖職者としての行ないが立派でなければならなかった。一八八六年に死亡したとき、トレンチはまだ他の誰よりも聖人であると見なされていた。聖職者として華々しく出世し、ウェストミンスター聖堂参事会長の地位にのぼりつめ、のちにダブリン大主教もつとめたのだ。また、トレンチは脚が不自由だった。両膝を骨折したためだが、それは信心が過ぎたからではなく、アイルランドに渡る船に乗りこむとき、道板から落ちたのが原因だった。

辞典編纂史上有名なその夜にトレンチがかかげたテーマは、興味をそそるものだった。ウェストエンド一帯に張りだされたポスターやビラによれば、「わが国の英語辞典の欠陥について」がテーマだった。今日の基準で見れば、このタイトルは控え目に感じられる。だが当時の大英帝国の風潮を考慮すれば、また英語は大英帝国の本質をあらわす言語であり、その英語を扱う書物は帝国の維持に重要な手段だという固い信念があったことを思えば、このタイトルからトレンチ博士がどれほどの衝撃をもたらすことになったかは充分に理解できる。

彼は従来の辞典の欠陥と考えられる点を大きく七項目に分けて指摘した。そのほとんどは専門的で、ここでとりあげるべき事柄ではない。しかし、その基本にあるテーマはきわめて単純だった。今後辞典の編纂をする者が不可欠の信条とするべきなのは、辞典とは単に「言語の目録」であると自覚することだ、と彼は述べた。決して正しい用法を教える手引きではない。辞典編纂者には、良いか悪いかという基準で単語を選んで収録する権利はない。だがサミュエル・ジョンソンを含む従来のすべての編纂者たちは、まさにその罪を犯している。トレンチによれば、辞典編纂者は「歴史家であって……批評家ではない」のである。一人の独裁者の――「または四〇人の」と言い添えて、トレンチはパリのアカデミー・フランセーズにわざとらしく配慮してみせた――自らの権限で、使うべき言葉と使ってならぬ言葉を決めてはならない、と彼は主張した。辞典は標準言語のなかで一定の期間使われているすべての言葉の記録であるべきだというのだ。

そのような辞典の中心は、それぞれの単語が使われた期間の歴史でなければならない、とトレンチはつづけた。古い言葉でありながら、いまも使われているものもある。新しい言葉なのに、かげろうのように消えてしまうものもある。また、ある時期に生まれて次の時代にも存在しつづけ、永久に残ると思われる単語もある。一方、それほど楽観的な予想のできない単語もある。だが、これらの単語はすべて英語には違いなく、たとえ古い廃語であっても、あるいは将来も使われつづけるかどうかわからない新語でも、すべて英語の一部なのだ。重要な問題を考えてみよう、とトレンチは言った。誰かがある単語を調べようとしたとき、どんな単語でもそこに載っていなければならない。そうでなければ、辞典と称されるその書物は参考にできない無意味なものになってしまう、と。

ここで、トレンチは自分のテーマを説明するために熱弁をふるいはじめた。それぞれの単語の誕生から死までを示し、言わば単語の一代記をつくるためには、その単語がいつ生まれたかを知り、出生の記録をつけることが重要である。もちろん、それは単語が初めて話されたときという意味ではなく――テープレコーダーが出現するまでは、それはわからないからだ――初めて書かれたときを意味する。歴史的原理が唯一の真に有効な原理であるとトレンチは主張し、その原理にもとづいた辞書は、あらゆる単語についての用例を文献から引用し、その単語が初めて使われたときを示さなければならないとした。

そして、その用例のあとに、やはりあらゆる単語について、意味の変遷を示す文を載せなければならない。ほとんどすべての単語は、銀色に輝く魚がくねりながら動きまわるように意味が変化して、微妙に異なる意味が加わり、世間の風潮に従って大々的にその意味で使われるようになるのだ。「辞典は史的記念物である」と、トレンチは述べた。「一つの観点から見た国家の歴史であり、言語がさまよいこんだ間違った道は……正しい道とほとんど同じくらい有益かもしれない」

ジョンソンの『辞典』は、用例を載せている点で先駆的な作品に数えられるかもしれない（たとえば、あるイタリア人がすでに一五九八年に用例を載せた辞書を編纂したと主張している）が、その用例は「意味」を説明するためだけに掲げられていた。トレンチがいま提案している新しい冒険は、単に意味を示すだけでなく、意味の歴史を示すこと、つまりそれぞれの単語の一代記を記すことだった。そして、そのためにはあらゆる文献を読み、その単語のなんらかの歴史を示すあらゆる用例を引くことを意味した。それは膨大な時間と労力を要する途方もなく大きな仕事であり、当時の普通の考え方からすれば、不可能だった。

ただ、ここではリチャード・シェネヴィクス・トレンチが自分の意見を述べたのだ。霧に湿ったその夕刻、フロックコートを着てロンドン図書館のなかで静かにすわっていた保守的な男たちにとって、それは危険をはらんだ革命的な提案だった。だが、結局はトレンチのこの考えによって、冒険的な企画がすべて可能になったのである。

この計画に着手するには、一人の力では足りない、とトレンチは言った。英語のあらゆる文献を丹念に読み、ロンドンとニューヨークの新聞にくまなく目を通し、雑誌や定期刊行物のうち文学的なものを綿密に調べるためには、「多くの人びとの協力」が必要だ。そのためにはチームをつくらなければならない。何百人もの人びとで構成される巨大なチームをつくり、アマチュアの人たちに「篤志協力者として」無給で仕事をしてもらわなければならない、とトレンチは述べた。

聴衆はどよめいた。そのようなアイデアは、いまなら自明のことと聞こえるかもしれないが、それまで提案されたことがなかったのだ。しかし、会合が終わるころになると、この提案には間違いなくメリットがあると言う者も出てきた。このアイデアには、粗野で民主的とも言える魅力があった。それはトレンチの基本的な考え方と一致していた。

つまり、新しい大辞典はそれ自体が民主的な作品でなければならず、個人の自由を最優先することを実証する書物でなければならない。誰もが、辞典に管理された厳格な規則に従うことなく、好きな言葉を自由に使えるのだという考え方を、身をもって示すものでなければならないのである。

そういう辞典は、フランス人が考えているような絶対主義的で独裁的な作品であってはならなかった。イギリス人は変わったものや体系化されていないものを純粋芸術にまで高め、注意力の散漫な人間を理想化してきた国民であり、規則やしきたりや専制主義など中世ヨーロッパ的なものを忌み嫌っていた。彼らは一方的な命令という概念を憎悪していた。彼らから見れば、アカデミー・フランセーズは不可解な会員たちからなるあやしげな組織であり、その組織が言語にかんする命令を発していると思われたのだ。そうだ、と言語協会の多くの会員たちはうなずきあいながら、毛皮のコートと白い絹のスカーフとシルクハットを身につけ、一一月の夜の不透明な霧のなかへ出ていった。篤志協力者を募るというトレンチ参事会長の意見は、いい考えだ。なかなか高尚で立派なアイデアだ、と彼らは考えた。

そして、トレンチのこの提案によって、学問好きだが問題の多い一人の自称辞典編纂者が、やがてこの計画に関与することになる。それがアメリカ合衆国陸軍軍医補佐（退役軍人）、名誉昇進大尉のウィリアム・チェスター・マイナーだった。

だが、これはアイデアにすぎなかった。新しい辞典の編纂が実際に開始されたのは、それから二二年後のことで、それまでは思い出したように気まぐれな動きがあっただけだった。言語協会は、これ以前に解決すべき複雑な問題をかかえていた。トレンチの有名な講演の半年前に、現行の英語辞典に収録されていない単語を調査する委員会を設け、トレンチとともに陽気なフレデリック・ファーニヴァルと詩人の孫のハーバート・コールリッジを委員として、すでに出版されている辞書に載っていない単語をすべて収録した補遺を作成しようと計画していたのである。

このプロジェクトを支える熱意は、何カ月もたつあいだに衰えていった。未収録語が膨大な数にのぼるため、補遺は既存のどの辞典よりもずっと大規模なものになり、ジョンソンの辞典さえ超えてしまうであろうことは、調査が始まってまもなく明らかになっていた。そして、補遺の計画が過去のものになるとすぐ、言語協会はまったく新しい辞典をつくるという案を正式に採用した。それは一八五八年一月七日のことであり、少なくとも書類上はこの日が正式な出発点と見なされている。

その後、ファーニヴァルはちらしを配って篤志文献閲読者を募った。閲読者たちはどの時代の文献を読むか、自分で選ぶことができた。すなわち、一二五〇年からティンダル訳の新約聖書の出た一五二六年まで、それからミルトンが死んだ一六七四年まで、そしてそれ以後のどれかを選べたのである。このそれぞれの時代に、英語の発展における異なる傾向が見られると考えられていたのだ。

篤志文献閲読者たちの仕事は、面倒ではあってもすこぶる単純だった。言語協会に手紙を送って一定の書籍を読むことを申し出ると、読んだのちにそのすべての単語のリストをつくることを要請される。つづいて、そのときどきに辞典編纂チームが関心をもっている単語が指定され、その語を捜しだすことを求められる。篤志閲読者たちは紙片の左上に対象とすべき単語を書き、左下に年代と書籍や新聞のタイトル、巻、ページを順番に書き、その下に当の単語の用法を示す文を省略せずに記すのである。これは、現在まで辞典編纂者が踏襲している方法である。

ハーバート・コールリッジが初代の編纂主幹に就任し、『歴史的原理にもとづく新英語辞典』と呼ばれることになる辞典の作成にあたった。彼が最初にやったのは、きわめて無味乾燥だと思われる仕事、つまりオーク材の小さな仕切り棚の設計だった。その棚は横が九列、縦が六列あり、篤志文献閲読者から送られてくるはずの六万枚から一〇万枚の単語カードが入るようにつくられた。コールリッジは辞典の第一巻を二年以内に出版できると見積もった。「そして、多くの篤志文献閲読者の仕事が遅れないかぎり」と、明らかに戒めとして、彼は書いた。「もっと早い時期を指定するにやぶさかでない」

こうした予測のすべてが、途方もなく間違っていた。最終的に六〇〇〇万枚を越えるカードが篤志閲読者から送られてきた。そして、二年後に辞典の第一巻を完成できるというコールリッジの夢のような見積もりには——この辞典は分冊で発売し、収入の維持に役立てることになっていた——一〇倍の誤差があった。このように、労力と時間と金銭の面でひどく単純な過小評価をしたために、最初のうち辞典編纂は遅々として進まなかった。自分がどんなことをしようとしているのか、わかっている者はいなかった。まるで目隠しされたまま糖蜜のなかを進んでいくようなものだった。

そのうえ、ハーバート・コールリッジが若くして死んだために、編纂事業はさらに遅れた。彼が死んだのはこの仕事についてわずか二年後の三一歳のときで、Aで始まる単語の引用例をまだ半分も見ていなかった。言語協会の講演会に向かう途中で雨に濡れたのに、そのままセント・ジェームズ・スクエアの寒々とした二階の部屋にすわりとおし、風邪をひいて死んだのだ。彼の最後の言葉は「明日からサンスクリットを勉強しなくては」だったという。

ファーニヴァルがあとを引き継ぎ、ひたむきな決意をもって全精力を仕事につぎこんだ。だが、大勢の敵をつくってきた彼の軽率で無責任な態度は変わらなかった。ファーニヴァルはある案を思いついたが、それはのちのちまで残る名案だった。すなわち、編纂補佐のチームを設けて、必要な用例を書いたカードをさかんに送ってくる篤志文献閲読者と編纂主幹である自分とのあいだにたって仕事をさせることにしたのだ。

編纂補佐は送られてきたカードが正確で価値あるものかどうかを調べ、それを分類して仕切り棚に入れる。どの単語を「取りあげる」かは編纂主幹が決め、その単語の用例の書かれたカードの束をアルファベット順に並んだ仕切り棚から取り出して、どの用例が最も適しているかを決める。どれが一番古い用例か——もちろんこれがきわめて重要だった——その後はどの用例が単語のゆっくりとした発展を示しているかを、編纂主幹が判断するのである。そのようにして、単語の意味が何世紀にもわたって変化し、現在のおもな意味にいたった経緯を明らかにしようとしたのだ。

しかし、ファーニヴァルが主幹をつとめたプロジェクトは、彼が精力と熱意を傾けたにもかかわらず、徐々に、だが明らかに消滅しはじめた。永遠に解きがたいなんらかの理由で、ファーニヴァルは多数の篤志閲読者に熱意を持続させることができず、そのため閲読者たちはしだいに文献を読むのをやめていき、カードを送ってこなくなった。多くの者にとって、それは克服できない困難な仕事と思われた。実際、多数の閲読者がファーニヴァルから閲読用に送られた書籍や新聞を送り返してきた。一八七九年だけでも、返送された資料は二トンにのぼった。辞典の編纂は本当に行き詰まったが、それはあまりにも高度な目標を掲げすぎたせいかもしれない。言語協会へのファーニヴァルの報告はどんどん短くなり、ＡＢＣ喫茶店のウエイトレスたちとでかけるスカル遊びに費やす時間はどんどん長くなった。一八六八年になると、辞典編纂の進捗状況を綿密に取材してきたロンドンの《アシニアム》誌は、「この計画は達成されないだろうというのが、一般の見方である」と報じた。

しかし、計画は消滅しなかった。すでに述べたとおり、一八六九年以来ジェームズ・マレーが言語協会の会員になっていた。マレーは著作（スコットランド方言にかんするもの）や、大部な書籍の編集の仕事（スコットランドの詩集）や、壮大だが未完のプロジェクト（ドイツ語の名詞の語形変化について計画していた著作など）によって、すでに名を成していた。彼はインド特許銀行を辞めて好きな教師の仕事をふたたび始め、今回は有名なロンドンのパブリック・スクール、ミル・ヒル校で教えていた。

ファーニヴァル――辞典の編纂にうちこんでいたことはたしかなのだが、ただその仕事を指揮するのに必要な個人的資質に欠けていた――は、マレーを編纂者として完璧な人物と考えた。彼はマレーに話をもちかけ、言語協会の他の会員にも働きかけた。この驚くべき若者（当時マレーは四〇歳を過ぎたばかりだった）は、理想的な編纂者になるのではないか？　また、オックスフォード大学出版局は高度な学問のレベルを誇り、財力も比較的豊かで、文芸の時代にたいして柔軟な考え方をもっているため、この辞典の出版元として理想的ではないか？

マレーは説得されて数ページの見本を作成し、どのような作品ができるかを提示することになった。彼はarrow、carouse、castle、persuadeという単語を選び、期日どおり一八七七年の晩秋に見本をオックスフォードに送った。送り先のオックスフォード大学出版局の代表、つまり理事会は気難しいことで有名であり、高尚ぶって威圧的に振舞い、腹立たしいほど杓子定規で、財布の紐がかたいという評判だった。ファーニヴァルは他の出版社とも交渉をつづけ——一度はマクミラン社が深くかかわったが、ファーニヴァルと口論の末、この仕事から撤退した——だが、大辞典の計画を誰にも忘れさせないようにとつとめた。

一八七〇年代末のイギリスで辞典を商業的に出版しようとする言語協会は、辞典の編纂と出版を実現するために、適切な編纂者と出版社を選ぶという二つの問題に悩まされつづけていた。オックスフォードの理事会の決定に、最初は誰もが落胆した。マレーが作成した見本はあまり気に入らないと言ってきたのだ。マレーが自分の選んだ四つの単語について、用例を熱心に捜したという証拠がもっと必要だと彼らは言い、単語の発音を表記する方法も気に入らないと言った。また、語源を記した部分は削除するべきかどうか迷っているとも述べた（すでにまったく別の専門的な『語源辞典』の出版を進めていたからにほかならない）。

憤慨したマレーとファーニヴァルは、望みをかけてケンブリッジ大学出版局に働きかけたが、同大学出版局の理事会はにべもなく拒絶しただけだった。二人はさらに何週間ものあいだ、大学の談話室やロンドンのクラブで働きかけつづけた。ときがたつにつれ、オックスフォードは徐々に折れて、変更を認めると言いだした。理事会当局はついに、提案されている辞典のページ数を受け入れ、マレーを編纂主幹とすることを認めて、大辞典がいつの日か必ず、オックスフォードの望む商業的および知的魅力を備えた辞典になるだろうと言った。

一八七八年四月二六日、ついにジェームズ・マレーはオックスフォードに招かれ、理事会メンバーとの初めての面談にのぞんだ。マレーは理事会に威圧されると思っていた。周囲の者も、マレーは面目を失するだろうと思っていた。だが、誰もが驚き、喜んだことに、偉大なオックスフォードの会議室にすわっていた威厳ある老人たちにたいし、マレーは少なからぬ好意を抱いた。さらに喜ばしいことに、理事会側もただちにマレーがたいへん気に入ったのである。結局、この面談で理事会は決定を下し、いかにもオックスフォード大学らしい抑制の効いたやり方で、つまり一、二杯の粗悪な辛口シェリー酒で決定を祝い、出版に着手することになった。

契約の詳細を詰めるための話し合い――しばしば苦々しい議論になり、世俗をまったく超越したジェームズ・マレーが自らそうした交渉をすることはめったになかった（しっかり者の妻のエイダには言いたいことがあったにちがいないが）――には、さらにまる一年を要した。そしてついに、リチャード・シェネヴィクス・トレンチの講演から四半世紀近くたった一八七九年三月一日、文書による正式な合意が成立した。ジェームズ・マレーがロンドン言語協会を代表して編纂主幹をつとめ、『歴史的原理にもとづく新英語辞典』の作成にあたり、四つ折り約七〇〇〇ページ、全四巻の大きな辞典を一〇年間で仕上げるという内容だった。これでもまだ甚だしい見込みちがいだった。だが、とうとう編纂が正式に始まったのであり、今度は中断することもなかった。

数日のうちに、マレーは二つの決心をした。第一に、ミル・ヒル校の敷地に波形鉄板製の小屋を建て、写字室（二つの独特な編纂室のうち最初のもの）と名づけて、そこで編纂作業を行なうことにした。第二に、「英語を話し、読む人びとへ」の四ページにわたる「訴え」を書いて発行させ、多数の篤志文献閲読者を新たに募ることにした。委員会の要請を、マレーは以下のように表明している――イギリス、アメリカおよびイギリス植民地における文献閲読者の協力を求めます。二〇年前にたいへんな熱意をもって開始された篤志協力者の仕事を完成するために、まだ調べられていない書籍を読んで引用する仕事をしていただきたいのです。

四枚の紙に書かれた八ページにおよぶこの「訴え」が当時の雑誌や新聞に送られると、これをプレスリリースと見なした各社は、読者が関心をもちそうな部分を掲載した。また、この「訴え」は書店や新聞・雑誌販売所にも送られ、店員から客に手渡された。図書館員はしおりとして配った。書店や図書館では小さな木箱に「訴え」を入れておき、人びとが自由に手に取って読めるようにした。まもなく、それはイギリス本土をはじめ新旧の多くの領土に広く行きわたった。

一八八〇年代初めのある時期に、少なくともその一部が、書籍にはさまって、あるいは学術雑誌のページのあいだにすべりこんで、バークシャー、クローソンにあるブロードムア刑事犯精神病院（Asylum）に運ばれ、第二病棟最上階に設けられた二つの広い独房のうちの一つにたどりついた。それを熱心に読んだのが、ウィリアム・マイナーだった。彼の二部屋の独房のうち一部屋の壁が、床から天井まで書籍で埋まっているほど、書物は彼にとって第二の人生になっていた。

マイナー博士は八年前からブロードムアに収容されていた。精神が乱れていたことはたしかだが、繊細で知的な人間であり、イェール大学卒の博識で好奇心の強い人物だった。そんな彼が、何か有益なことをしたいと異常なまでに望んでいたのも無理からぬことだった。何週間、何カ月、何年、何十年と、「女王陛下の思し召しのあるまで」無限につづく日々に、自分が打ちこめるものを求めていたのだ。

ミドルセックス州ミル・ヒルのジェームズ・マレー博士からの誘いは、知的な刺激を受ける機会を約束するものと思えた。それに、いくらかは個人的な償いにもなるかもしれないと思われ、ほかに考えられるどんな方法よりもはるかにすばらしいことと感じられた。マイナーはさっそく手紙を書くことにした。

紙とペンを取り、しっかりした筆跡で自分の住所を書いた。バークシャー、クローソン、ブロードムア。まったく普通の住所だ。少しも事情を知らない人にとっては、ロンドン近郊の美しい田舎の州にある普通の村の普通の家をさすにすぎなかった。

そして、もし外部の誰かがasylum（収容施設）という言葉を知っていたとしても、当時の唯一の定義は、まったく無害な説明になっていた。もちろん、その意味はジョンソンの『辞典』に載っており、「そこに逃げこんだ者が捕らえられないところ」と定義されている。ジョンソン博士にとって、asylumとは聖域、避難所に過ぎなかったのだ。ウィリアム・チェスター・マイナーは、そのような場所から書いていると思われることに、とても満足していた——ヴィクトリア朝という過酷な時代のイギリスで、その言葉に集まりつつあったもっと深い不吉な意味を、誰かが詳しく調べないかぎりは。

6

第二独房棟の学者

Bedlam (be·dləm).　語　形 : 1 - 3 betleem, 3 beþþleæm, 3 - 6 beth(e)leem, 4 bedleem, 4 - 8 bethlem, 6 - -lehem, 3 - 7 bedlem, 5 bedelem, 6 bedleme, 6 - 7 -lame, 6 - bedlam. [中英語 *Bedlem* = *Bethlem, Bethlehem*; ロンドンのベスレヘム・セント・メアリー病院をさす. この病院は1247年に小修道院として設立され, 母教会であるベスレヘムのセント・メアリー教会の主教や司教座聖堂参事会員などがイギリスを訪れたときに, 彼らを歓待する役割を担っていた. 1330年には「病院」と呼ばれ, 1402年には精神異常者のための病院として言及されている (ティムズ) ; 1346年にロンドン市の保護下に置かれ, 修道院の解散によって市長および市民に譲渡された. 1547年には王立財団として精神病患者を収容するようになった. そこから現代の意味になり, その用例は16世紀の初頭に見られる]

2　ベスレヘム・セント・メアリー病院. この病院は, 精神が錯乱した人びとを受け入れて治療にあたる収容施設である ; もとはビショップスゲイトにあったが, 1676年にロンドン・ウォール付近に再建され, 1815年にランベスに移った.
狂った人 (Jack or Tom o' Bedlam).

3　広く : 精神病院.

ウィリアム・チェスター・マイナー。やせ型で血色が悪く、鋭角的な顔立ちの男である。髪は薄茶色で、目は深く落ちくぼみ、頬骨が高い。年齢は三八歳、学歴が高く、外科医の資格をもっているが、信仰する宗教については不明である。体重は一〇ストーン一ポンド。他人に危害を加える危険があると、正式に判断された。ランベスのジョージ・メリットを故意に殺害した罪に問われたが、精神異常と判断されて無罪を宣告された。彼は自分が長年にわたって虐待されてきたと述べている。虐待は下層階級の者から受けているということだったが、それは彼がまったく信用していない人びとである。何者かが毒物で自分に危害を加えようとしている、と彼は主張している。

こういう書き出しで、ブロードムア第七四二号患者の診断書は始まっている。これは、彼が入所した一八七二年四月一七日水曜日の午後に行なわれた診察の結果である。

彼は手錠をかけられて、もう一人の殺人者とともに看守に連れられてきた。その殺人者も精神異常のために裁判にかけられないと判断された男で、エドマンド・ディンティという名だった。二人ともサリー州ニューイントンの拘置所で、ロンドンから必要な書類が送られてくるのを待っていた。彼らはまず汽車に乗り、赤煉瓦でできたゴシック様式の小さな駅についた。その駅を建てたのは、イギリス南部の有名校の一つに数えられる近隣のウェリントン校であり、学校名が駅名になっていた。そこから、ブロードムアの黒い四輪馬車が幌を前後からぴったり閉めてマイナーと護送官を乗せ、小さな村を囲む青葉の茂った小道を進んでいった。馬はわずかに汗をかきながら四輪馬車と乗客を運び、低い砂岩の丘をのぼった。その頂上に建っているのがブロードムアだった。

現在は「特別病院」と呼ばれるその病院は、いまだに近よりがたい場所に見える。ヴィクトリア女王時代には、不気味な建物が外からよく見えてそのため人びとに恐れられたにちがいないが、いまやその多くが高い塀――上部が滑らかな丸みを帯びた近代的で厳重な防御壁――のなかに慎重に隠されている。一八七二年にマイナー博士は当時の正門に到着した。両側にそびえる三階建ての塔は、窓に頑丈な鉄格子がはめられ、塔のあいだの堂々としたアーチの上には、黒い文字盤の大時計が据えてあった。アーチの扉は閉まっており、そのどっしりとした両開きの扉は緑色の厚板でつくられていた。馬のひづめの音で片側の扉ののぞき穴が開き、扉が内側に向かって勢いよく開かれると、一〇ヤード奥にもう一つの門扉が重々しく構えているのが見えた。

馬車がすばやく門のなかに入ると、扉を閉めてかんぬきをしっかりとかける音が後方に響き、照明がついて薄暗い洞穴のような受付が照らしだされた。マイナー博士は馬車からおりるよう命じられ、ボディーチェックを受けた。はずされた手錠は、サリー州に戻されるのである。護送官（ブロードムアのスタッフ）は書類を差し出した。その長文の証明書は手書きの優雅な書体で書かれ、イギリス内務大臣ヘンリー・オースティン・ブルースの署名が付されていた。病院の院長は思いやりのある情け深い人物で、ウィリアム・オレンジという名だった。彼は代理の者に受け入れ書の署名をさせた。

マイナー博士は二番目の門を通って、入院手続きをする第四病棟に連れていかれた。彼の耳に、馬車が向きを変え、護送官が革張りの座席に戻って、駅に引き返すよう御者に命じる声が聞こえてきた。外側の門が開いて馬車が出ていき、また門が閉まる音も聞こえた。金属製の内側の門も大きな音を響かせて閉じられ、かんぬきと鎖がかけられた。これで、彼は正式にブロードムアの入院患者となり、おそらく死ぬまでここに監禁されて過ごすことになったのである。

だが、そこは彼の新しい住居としてふさわしくもあった。ブロードムアは開設されてまだ九年しかたっていなかったのだ。ブロードムアが建設されたのは、精神病患者を収容する主要な国立施設であるベスレヘム・セント・メアリー病院——ここから精神病院を意味するbedlamという言葉が生まれた——が満室になったためだった（偶然にもこの病院はランベスの殺人現場から一マイルと離れていない場所にあった）。犯罪者の精神異常を認定する法律が一八〇〇年に議会によって定められ、その後の半世紀のあいだに、裁判官は以前なら普通の刑務所に送られていたはずの多くの人びとを精神病院に送りこみ、君主の「思し召しのある」まで入院していることという判決を下していた。

ヴィクトリア女王時代の人びとは、いかにもその時代の人間らしい厳格な啓蒙精神により、人びとに危害を加える恐れのある者は精神病院で安全に隔離できると信じ、適切に治療できるとも考えていた。だが啓蒙精神もそこまでだった。今日ではブロードムアに収容されている者は患者と呼ばれ、ブロードムアそのものも特別病院と呼ばれるが、一世紀前にはそのように遠まわしな言い方はされなかった。収容されている者は精神異常者であると同時に犯罪者であり、「精神科医」の治療を受けているのだった。そして、ブロードムアは疑いもなく収容施設であり、そこに入れられた者は厳重に監禁されていた。

ブロードムアはたしかに刑務所のような外観と雰囲気をもっていたし、そうであるようにつくられていた。設計者は軍の建築設計者のサー・ジョシュア・ジェブであり、イギリスで最も厳重に管理されている陰鬱なペントンヴィルとダートムアの二つの刑務所をつくった人物だった。ブロードムアの長い独房棟は陰気で厳粛で恐ろしい雰囲気の漂う場所だった。すべての建物が黒みがかった赤煉瓦でつくられ、窓という窓には鉄格子がはめられており、高い塀の上には鉄の忍び返しがついていて、ガラスの破片が埋められていた。

丘の上から迫ってくるように見えるブロードムアは、不気味で近よりがたい建物だった。村人は丘を見上げては身震いした。毎週月曜日の朝に脱走警報のテストがあり、叫び声のようなもの悲しい音が丘に響きわたると、村人は背筋をぞくっとさせた。鳥さえもおびえて、テストのあと何分間も鳴き声が聞こえなかったという。

だが、殺人を犯したアメリカ人のマイナー博士はどこに収容するべきだろうか？　通常の慣例――診断書から判断すれば、マイナー博士の場合もこれに従うことになるのはほぼ間違いなかった――では、最初の数日間を費やして、新しく収容された者に自身のことを尋ね、その後、本人が望めば、ここに送りこまれる原因となった犯罪について尋問することになっていた。（ある新しい入院患者は、妻と子供を殺した理由を聞かれ、院長にこう答えた。「なんでそんなことを話さなくちゃいけないんだ。あんたには関係ないだろう。本当は裁判官にも関係のないことなんだ。純粋に家庭の問題だったのだか

ら［傍点は著者］）

これが完了すると――当時のブロードムアでは、それ以後は犯罪について二度と聞かれない習わしになっていた――院長が六棟ある男性用の病棟（女性の病棟も二棟あり、男性の病棟からは塀で厳重に隔てられていた）のどれが最適かを決めるのだった。患者に自殺の恐れがあると判断された場合は（それ以後、患者の記録は白いカードではなくピンクのカードに記されることになり）、第六病棟の独房に入れて、通常より多い職員が絶えず監視した。また、癲癇性と診断された場合は、同じ第六病棟の別の独房に入れたが、それは特殊な独房であり、壁にはクッションが張られ、枕は楔形で、発作のとき窒息死しないようになっていた。

患者が危険で暴力的だと判断されると、同じく第六病棟か、それよりもわずかに職員の数が少ない第一病棟に監禁された。この二つの病棟にはさまざまな呼び方があり、「強力病棟」、「神経症病棟」などと呼ばれ、もっと最近になると「難病病棟」とも呼ばれていた。当時もいまと同様、この二棟は他の病棟よりも暗くて不気味であり、患者のあいだでは「裏病棟」として知られていた。この二棟からは外の景色が見わたせなかったからだ。厳重で厳格で悲惨な病棟だった。

最初の二、三日間の質問で、ブロードムアの医師たちは、新しい患者が――彼自身も医師だったが――癲癇性でもなければ自殺の恐れもなく、人に危害を加えるほど暴力的でもないことを知った。そのため、彼は第二病棟に送られた。それは比較的快適な翼棟で、通常は仮釈放の患者のために使われていた。この病棟は「独身貴族病棟」と呼ばれていたが、この言葉はイギリス英語の意味で使われ、独身貴族に使用されやすいことを意味した。かつて第二病棟を訪れた人が書いているところによれば、そこには「双方に詳しい人の言葉によると、アシニアム・クラブと同じ」雰囲気が漂っていたらしい。ロンドンの紳士クラブのなかでもとりわけ上品ぶったクラブがアシニアムであり、しかもこの地方の主教や学識者の大半がそこの名簿に名を連ねていることを思えば、ブロードムアと比較されてメンバーの多くが喜んだとは想像しにくい。

だが、マイナー博士は堪えられる程度の快適さを許されただけではなく、それ以上の待遇を受けた。それは、まさに生まれがよく、高度な教育を受け、収入もあったからだった。ブロードムアの当局者はみな、彼が退役軍人であることを知っており、アメリカ合衆国から定期的に軍人年金が支払われることを承知していたのだ。それゆえ、彼は一室の独房だけでなく二室を与えられた。それは第二病棟最上階の南側の端にあるひとつづきの部屋だった。昼間は部屋の錠を開けたままにしてあり、夜は薬や食べ物が必要になると、縦長の投入口から渡された。投入口は腕を差しこめないほど狭く、外側から鍵をかけられる扉がついていた。

窓の内側には鉄格子がはめられていたが、その埋め合わせのように眺めがすばらしかった。長く浅い谷の牧草地には多くの家畜が放牧され、大きな樫の木の陰には牛がいた。片側にはブロードムアのテニスコートとクリケットの小さなピッチがあり、遠くに低く連なる青い丘の頂には、ブナの木が茂っていた。その初春の日に、晴れた空の下に咲くリラやリンゴの花を眺め、ヒバリやツグミの歌を聞いていると、彼は自分の受けた判決もまったくの悪夢とは思えなかったことだろう。

廊下の北の端にすわっている看守――この病院では看護人と呼ばれていた――は、最上階の二〇人の収容者を監視していた。鍵は彼が管理し、この階に通じるドアには常に錠をおろしてあった。患者は彼の許可を得て部屋を出入りし、トイレに行くのだった。また、看護人は昼間かたわらの小さなガスバーナーを点火しておき、真鍮の噴射口に炎をともしていた。患者はマッチの使用を禁止されていたため、週ごとに配給される煙草やパイプに火をつけるには、ここまで足を運ぶ必要があった。（煙草はすべて、国の関税機関をとおして入ってきた。密輸品として港で没収されたあらゆるものが内務省に引きわたされ、刑務所や国立精神病院での配給にまわされたのだ）

数日のうちにアメリカ副領事が書簡を送り、自国の不運な陸軍将校が充分な世話を受けているかどうかを確認した。「不幸なわが友人」に彼の所持品の一部を送ってもよろしいでしょうか、と副領事は懇願している（所持品は領事館に残され、副領事が裁判のために支払う費用の足しにされていた）。仮定の話ですが、見舞うことはできるのでしょうか？　彼を元気づけるために、デニス・コーヒーとフレンチ・プラムを送ってもよろしいでしょうか？　オレンジ氏はプラムについてはとくに言及しなかったが、マイナー博士の身の安全や病院の規律を害するものでないかぎり、博士は望むものをなんでも手に入れることができると副領事に答えた。

こうして、副領事は一週間後に鉄道便で革製の旅行用トランクを送ってきた。そのなかにはフロックコート一着とベスト三着、ズボン下三枚とアンダーシャツ四枚、ワイシャツ四枚、替え襟四枚、ハンカチ六枚、祈禱書一冊、写真一箱分、パイプ四本、紙巻き煙草の巻き紙、煙草一袋、ロンドンの地図一枚、日記帳一冊、そして金の鎖のついた懐中時計が入っていた。この時計はマイナー家の世襲財産であることが、裁判の過程で明らかにされていた。

なかでも重要だったのは、のちに院長が報告したところによれば、博士が画材を返してもらったことだった。それはモミ板製の箱に入ったデッサン用具、絵具箱と一そろいのペン、画板、スケッチブックなどだった。これで彼は、自分の時間を有用に使えるようになった。すべての患者が、そうするようにすすめられていたのだ。

その後の数カ月間に、マイナーは自分の独房に家具を備えて快適に過ごせるようにした。それは実際、アシニアム・クラブのメンバーがやりそうなことだった。マイナーにはお金があった。年に一二〇〇ドルほどの年金が、コネチカットに住む弟のアルフレッドに支払われたのだ。ウィリアムが国家によって「無能力者」と判断されたため、アルフレッドが彼の代理をつとめ、電信為替で定期的にイギリスに送金して、病気の兄の当座勘定を管理していた。定期的に入ってくるこの預金を利用して、マイナー博士はどうしてもほしいものを手に入れていた。それは本だった。

彼はまず自分の本をニューヘヴンの自宅から送ってもらうことを要請した。それが届くと、今度はロンドンの大きな書店に注文し、何冊もの新刊本や古書を次々に取りよせた。初めのうち、彼はそれらの本を独房のなかに危なっかしく積みあげておいたが、やがて書棚を求め、自費でつくらせた。最後には二部屋のうち西向きの部屋のほうを書斎にして、書きもの机と二脚の椅子と床から天井まで届くチーク材の書棚を備えつけた。マイナーはイーゼルと絵具を東側のもう一つの部屋に置き、領事から送られてくるワインやバーボン・ウィスキーも数本ずつそろえていた。フルートを吹くことも再開し、数人の患者に教えたりした。また、許可を受けて一人の患者仲間に賃金を払い、部屋の整頓や本の整理、絵を描いたあとの掃除などの仕事をさせた。充分にそれができる余裕があったのだ。最初の数カ月間の生活はともかく堪えられるという程度だったが、やがては本当に快適になりつつあった。ウィリアム・マイナーは非常に安定した気楽な生活を送ることができた。衣食に不自由はなく、健康にも留意してもらえた。「テラス」と呼ばれる長い砂利道を散歩することもでき、芝生のそばのベンチでくつろぎながら低木の植え込みを眺めることも、心ゆくまで本を読んだり絵を描いたりすることもできた。

彼の独房はいまも残っている。ブロードムアは一世紀を経てもあまり変わらず、第二病棟は現在ではエセックス・ハウスと呼ばれているが、長期の入院患者に適していることに変わりはない。二部屋のうちの一つに収容された——マイナー博士が書斎にしていた西側の部屋——患者は乱暴者であることが一見してわかる。部屋にはボディービルの雑誌が散乱し、壁には映画のランボー風の人物を賛美するポスターが貼ってある。アメリカ製の大型オートバイの設計図も見え、独房の扉には漫画から破いたスローガンが貼りつけてある。そこには「狂った殺人者」と書かれている。

マイナーが絵を描いたもう一方の部屋は、対照的に非常によく整頓されており、まるで誰も住んでいないかのように見えた。ベッドもきちんと整えてあり、ぴんと張った毛布は硬貨を落とせば弾みそうなほどだ。革靴もきれいに磨いて並べられ、衣類もタンスにきちんとかけてある。本は一冊もなく、壁には何もかかっていない。暖炉はずいぶん前から板でふさがれたままだが、マントルピースは残っており、その上に小さな卓上カレンダーが置いてある。聞くところによると、その部屋の患者はエジプト人だった。

マイナー博士の精神の健全さは、言い換えればその欠如は、疑いようもなかった。とはいえ、症状が悪化しすぎて第二病棟の快適な環境から移され、もっと管理の厳しい裏病棟に移されたことは一度もなかった（ただ、一九〇二年の異様で悲惨な事件のときは、何週間も自分の部屋に戻れなかった)。しかし、監視記録によれば、何年ものあいだに、彼の妄想は動かしがたいものになり、言動はますます突飛になって、彼は二度と理性を取り戻せないと思われた。たしかに彼はブロードムアで快適に過ごしていたかもしれない。だが、そこ以外に住むことは許されなかったのである。

最初の一〇年間の監視記録によると、マイナー博士の症状は痛々しい経過をたどって容赦なく進行していった。入院したときすでに、夜になるといつも奇妙な出来事に悩まされる、と彼はその詳細を語っていた。彼の話では、小さな少年たちが自分のベッドの上の屋根裏に隠されており、自分が熟睡するとおりてきてクロロホルムで麻酔をかけ、むりやり淫らな行為をさせるのだった。そのような行為をさせられる相手が少年たちなのか、あるいは彼が絶えず夢に見る女たちなのかは、この話を記録した者にはわからなかった。目覚めると鼻と口のまわりに擦り傷があるのは、麻酔ガスの瓶を押しつけられたためで、パジャマのズボンの裾がいつも濡れているのは、夜間に知覚麻痺の状態で歩かされたからだ、と彼は言った。

一八七三年四月の記録。「マイナー博士は痩せて貧血であり、興奮しやすい。ただ、日中は正気に見え、一心に絵を描いたりフルートを吹いたりしている。しかし夜になると、自室のドアに家具でバリケードを築き、ドアの取っ手と家具を紐でつないで、誰かが寝室に入ろうとすれば目が覚めるようにしている……」

一八七五年六月の記録。「博士は、侵入者が床下や窓から入ってきて、自分の口に漏斗《じょうご》で毒を流しこむと思いこんでいる。いまでは毎朝体重をはかるよう強く要求し、毒のせいで体重が増えていないかどうかを確かめようとする」

一八七五年八月の記録。「彼の朝の表情は憔悴して狂気じみており、あまり眠っていないように見える。夜間に冷たい鉄を歯に押しつけられている気がすると言い、ポンプで何かを注入されていると訴えている。その他には変化は見られない」

一年後、彼は悪霊のために意気消沈しているように見えた。一八七六年二月に医師は記している。「今日マイナー博士の患者仲間が述べたところによれば、ブーツルームに彼が来て、彼の、つまりマイナー博士の喉を切りさえすればなんでもやると言ったらしい。看護人が彼の監視を命じられた」

翌年も変わらなかった。彼が一八七七年五月に看護人に説明した内容が報告されている。「社会のあらゆる制度は堕落と悪行の陰謀にもとづいており、彼はそうした陰謀の対象である。このために、彼は夜ごと残酷な拷問を受ける。拷問の道具で脊髄を貫通され、心臓を手術されている。加害者は床を通り抜けてくる……」

一八七八年には、拷問に科学技術も加わった。「目に見えない電源から自分の体に電流が流される、と彼は主張する。電流のボタンを額につけられ、荷馬車に乗せられて田舎道を運ばれていくらしい」。遠くコンスタンチノープルまで運ばれ、人前で淫らな行為をさせられる、と彼は看護人に語ったことがある。「やつらは俺を食いものにしようとしているんだ！」と、彼は言い張った。

しかし、ブロードムアでの最初の数年間に妄想が持続し、悪化したのはたしかだったが、病院の記録から明らかにわかるのは——この物語にとって決定的に重要なのだが——マイナーは苦しみながらも、思索や学問の面では進歩していたことである。「夜間に襲われると思いこんでいることを除けば」と、一八七〇年代末の記録には書かれている。「彼はほとんどの事柄を非常に明晰かつ知的に語る。自分の小さな庭の手入れもし、現在のところはかなり元気である。しかし、日によっては不機嫌にふさぎこむこともある」。その一年後に、医師は簡単に記録している。「彼はおおむね理性的かつ知的である」

また、マイナーはブロードムアの生活に慣れはじめ、この大病院を自分の家と見なし、看護人を家族と考えるようになってきた。「彼はかつてのように、アメリカに帰りたいとはとくに意識していない」と、別の医師が書いている。「彼の望みは、もう少し自由がほしいということだけである。ロンドンに出かけて観光したり、ちょうど招待状を受け取ったばかりのランの展示会に行ったりしたいのであろう」。だが、この面接をした医師は患者の病状を正確に把握していた。その医師が記した文には鋭い洞察力があり、ウィリアム・マイナーの永遠の運命をほぼ決定しているように見える。

マイナー博士は非常に静かで落ち着いているときもあるが、一般的に言えば正気でないときのほうが多いのは疑いようもなく、数年前よりもその傾向が増しているのもたしかである。ほとんど毎晩のように拷問やいやがらせを受けていると彼は冷静に確信しており、看護人や極悪非道の犯罪組織に関係するその他の人間が加害者だと信じている。

このころ、事態に二つの進展があり、そのうちの一つが偶然にももう一方の進展へと間接的につながっていった。第一の進展が生じたのは、恐ろしい犯罪を犯した者には決してめずらしくない要因からだった。マイナーは自分のしたことを心から後悔し、なんらかの償いをしようと決意したのだ。この決意を胸に、彼は思いきって被害者の未亡人に手紙を書いた。その手紙はアメリカ大使館をとおして送ったのだが、それはあの悲劇の直後の数カ月間に大使館が未亡人のために資金を募ったことを知っていたからだった。

彼はイライザ・メリットにたいし、自分のしたことを言葉にできないほど悔やんでいると伝え、できるかぎりの方法で援助をしたいと申し出た。未亡人かその子供たちにお金を支払うつもりだったのだろう。すでにマイナーの継母のジュディスがそうしていたが、彼はもしいま未亡人が寛大にも申し出を受けてくれるなら、もっと多くのことをしたいと思ったのだ。

手紙は小さな奇跡をもたらしたようだ。メリット夫人はマイナーから金銭的な援助を受けることに同意しただけでなく、彼を訪問できないかと尋ねたのだ。それは前例のない要請だった。許可すれば、幽閉されている殺人犯に、被害者の家族とともに過ごす許可を与えることになるのだ。だが、内務省はオレンジ博士とこの問題を協議し、試みに監視つきの訪問を一度許すことに同意した。こうして、一八七九年の末頃にイライザ・メリット夫人はランベスからブロードムアを訪れ、七年前に夫の人生を終わらせ、自分と七人の子供の人生を一変させた男と初めて対面した。

オレンジ博士の記録によれば、面談は初めのうちは張りつめた雰囲気だったが、順調に進み、終了したときにはイライザはまた訪問することに同意していた。まもなく彼女は毎月クローソンにやってくるようになり、いまでは無害に見えるこのアメリカ人に関心と同情を寄せながら、熱心に語りあった。そして、二人の会話は真の友情に発展するところまではいかなかったようだが、イライザはマイナーにある申し出をし、それが彼の人生のこの時期における二番目の重要な展開につながっていったと考えられる。彼女はロンドンの古本屋から本を買ってくることに同意したらしいのである。

イライザ・メリットは本についてはほとんど知識がなかった。実のところ、かろうじて読み書きができる程度だった。だが、マイナー博士が古い書籍を非常に熱心に収集して大切にしているのを目にし、ロンドンからクローソンまでの郵便が遅れがちで料金も高いという彼の不満を聞いたとき、彼女はある提案をした。彼の求める本を買い集めて、訪問するときに持参しようと言ったのだ。こうして、毎月メリット夫人は本の包みを運んでくるようになった。褐色の包装紙で包み、蠟を塗ったより紐で縛ってあるそれらの書籍は、ウェストエンドのマッグズやバーナード・クォーリッチやハチャーズなどの大型書店で買ったものだった。

この配達制度は――まさに配達制度だった――二、三カ月しかつづかなかったようだ。メリット夫人はやがて飲酒にふけるようになり、不幸な境遇におかれたこの風変わりな人物への関心をすっかり失ってしまったらしい。だが、この制度がつづいていた短い期間に、ある出来事が導かれたと思われる。これは、それ以外は憂鬱なものだったウィリアム・マイナーの人生のなかで、最大の幸運であることが否定できない出来事だった。

というのも、彼は一八八〇年代の初めに、篤志協力者を求めるジェームズ・マレーの最初の有名な「訴え」を偶然見つけたからだ。それは、新しい辞典のために仕事をしようと考える関係者に、その意思を知らせてもらいたいと要請するものだった。ジェームズ・マレーは一八七九年四月に初めてその「訴え」を発行し、二〇〇〇部印刷させて書店で配布してもらった。そのうちの一部が、おそらく発行後まもない時期に、イライザの手でブロードムアのマイナーのもとに運ばれた一つかそれ以上の包みのなかに入っていたことは、ほぼ間違いない。

八ページからなる「訴え」には、必要になりそうな事柄がきわめて率直な言葉で説明されていた。まず、読まなければならない本の種類についてマレー自身の考えが述べられている。

印刷が発明されるまでの初期の英語についてはかなり仕事が進んでおり、現在も進行中で、外部の協力はほとんど必要ありません。しかし、印刷された書籍の最も初期のものの一部は――キャクストンとその後継者のものですが――まだ読まれていません。そのため、これらのうち一冊かそれ以上を原典か正確な復刻版で読む機会と時間のある方に、そうしていただければ貴重な助けとなります。一六世紀後半の文献についてはかなりはかどっていますが、まだ読まれていない書籍が数冊あります。一七世紀は作家が非常に多いため、当然ながら調査されていない部分が多く残っています。一九世紀の書籍は誰でも手に入れられるため、多くが読まれていません。しかし、まだすんでいないものも多数残っています。そのなかには、辞典の編纂が中断していたこの一〇年間のものだけでなく、もっと早い時期のものもあります。とはいえ、とりわけ緊急に協力を必要としているのは一八世紀の文献です。アメリカの学者が同国内で一八世紀の文献に取りかかることを約束しましたが、その約束はまだ、まったくはたされていないようです。そのため、ここでイギリスの読者にこの仕事の分担をお願いしなければならなくなりました。一八世紀の書籍のほとんどすべてが対象ですが、現在調査中のバークの著作は除きます。

このあとにマレーは二〇〇人を越える著者の名をあげ、その著作を必ず読まなければならないという考えを示している。そのリストはまさにすさまじいもので、ほとんどが稀覯《きこう》本であり、きわめて限られた収集家しか所有していないと思われた。その一方で、一部の書籍はミル・ヒルに新設したマレーの辞典資料室にすでに備えられており、その書籍を読むことを約束した閲読者に送られるようになっていた。（閲読者は書籍を返すことも約束しなければならなかった。ヘンリー・ファーニヴァルが編纂主幹だったとき、不満を抱いた多くの閲読者が貸与された文献を自分の書斎のコレクションを増やすのに使い、要請された引用カードを送ってもこなければ、書籍を返しもしなかったからだ）

マイナー博士は学問と思索を好む積極的な気分のときにこのパンフレットを読んだにちがいない。さっそく意気ごんで応募しているからだ。彼は「訴え」を読むとその場でジェームズ・マレーに返事を書き、閲読者として奉仕することを正式に申し出た。

しかし、これがいつのことだったかは正確にはわからず、マイナーがその伝説的な仕事をいつ開始したかは、厳密につきとめることができない。マレーはのちに回想し、マイナーの手紙を受け取ったのは「私が辞典に着手してまもなく」だったと述べている。だが、博士と辞典編纂者側の通信は、一八八五年になるまで確認されておらず、とても「まもなく」とは言いがたい。

とはいえ、一つの手がかりが存在する。一八七九年九月の《アシニアム》誌の記事に、アメリカ人がもっと熱心に関与してもよいはずだと書かれており、ブロードムアで同誌を購読していたことが知られているマイナーが、それを目にした可能性はきわめて高いのだ。この推測と、マレーの回想と、オックスフォード大学のボドリー図書館で最近発見されたマイナーの貢献の記録から、彼と辞典との関係は一八八〇年か一八八一年に始まったと考えられる。

だが、マレーは自分の通信相手がどこに住んでいると考え、何をしていると思っていたのだろうか? マレーによれば、マイナーから辞典編纂室に送られた手紙は、最初から差出人住所が「バークシャー、クローソン、ブロードムア」とだけ書かれていたことしか覚えていなかったらしい。マレーは忙しすぎて、それについてあれこれ考える余裕などなかったのだ。たとえその住所が妙に聞きなれたものだったとしても、いろいろと思いめぐらしている暇はなかった。マイナーからの最初の手紙を読んだころには、マレーは「訴え」に応える同様の手紙をすでに八〇〇通ほど受け取っており、自分の嘆願の成功ぶりに圧倒されていたのである。

マレーは彼らしい礼儀正しさをもってマイナーに返事を書き、マイナーが資質と熱意と関心を有することが明らかなため、ただちに読みはじめてもらいたいと述べ、すでに所有している書籍を調べるか、必要な書籍を辞典編纂室に要求するようにと伝えた。

後日、特定の単語を調べることを要請されるかもしれない、とマレーはつづけている。辞典編纂者が、特定の単語の用例を自分たちで見つけるのが困難になった場合である。だが、さしあたっては、マレーが「深い感謝の念」を表明したマイナー博士をはじめとする早期の応募者は、とにかく読みはじめて単語リストをつくり、用例を注意深く、きちんと、しかも普通の書き方で記すことを要求された。

マレーの手紙には印刷された二枚の書類が同封されており、マイナー博士が篤志文献閲読者として正式に迎えられたというところに下線が引かれ、必要に応じて今後も助言をする旨が述べられている。

だが、ジェームズ・マレーが数年後に説明しているように、これらすべてをとおして、「私はマイナーが何者かということは、一度も考えなかった。文学好きで暇な時間に恵まれた開業医か、引退してほかに仕事のない内科医か外科医だと思っていた」。

彼が新しく文通を始めたアメリカ人にかんする真実は、世事に疎く、純粋で、超然としたこのスコットランド人には思いもよらないほど特異なものだったのだ。

7

単語リストに着手する

catchword (kæ·tʃwə̄ɹd). [f. CATCH- 3 b + WORD.]

1 (印刷で) 書籍の各ページの右下の欄外に記した次ページの最初の語(現在はめったに使われない).

2 注意を引くように記された語;とくに **a** 辞書などの各項目の上部にある語.

1879 *Directions to Readers for Dict.* 単語を欄外見出し語(catchword)としてカードの上端に記すこと. **1884** *Athenæum* 26 Jan. 124/2 集められたカードを分類し, ... 各欄外見出し語(Catchword)のさまざまな意味の発展を整理すること.

マレーの最初の手紙の付録として届いた二枚の小さな書類には、文字がぎっしりと印刷され、細かい指示が書かれていた。その日、午前の郵便が病院の職員によって届けられたとき、マイナーはこの封筒に真剣な視線を注ぎ、その中身を何度も読みかえしたにちがいない。だが、彼が心を奪われたものはその内容だけではなかった。辞典編纂の協力者が従うべき規則のリストに刺激を受けたのでもなかった。

まず第一に、それが自分に送られてきたという単純な事実に、彼は興奮したのだ。ジェームズ・マレーからの手紙は、マイナーから見れば、イライザ・メリットの訪問によってすでに示唆されていたように、自分がそれまでよりも人に許され、理解されたことをあらわしていた。社会の一員になりたいと長いあいだ望んでいながら遠ざけられていた彼は、その社会からやっと会員バッジを送られたように思った。規則を記したこの文書を送られたことによって、自分が実社会の片隅にふたたび受け入れられたと感じた。実社会とはかけ離れた精神病院の二部屋の独房におかれたままなのはたしかだが、学問の世界との確固たるつながりをつくり、もっと快適な現実世界との関係を築いたのだ。

暗い泥沼のような絶望のなかで一〇年間つらい生活を送り、幽閉され知的な生活から隔離されて孤独に過ごしてきたが、ついに学問という日のあたる高台に引き戻されたと、マイナーは感じた。そして、このように社会的に高い地位に戻ることができたと感じたことで、マイナーは少しずつとはいえ自尊心を取り戻しはじめ、その自尊心は徐々に大きくなっていった。診断記録にわずかながら記されているところでは、彼は自信を回復し、心の安らぎさえも取り戻しはじめていた。マレーからの承認の手紙を読み、自ら課した仕事に着手しようとしているときは、いつもそういう状態だった。

少なくともしばらくのあいだ、マイナーは本当に幸せそうに見えた。ヴィクトリア女王時代らしく厳しい言葉でつづられた監視記録にさえほのめかされているように、普段は疑い深く、陰気で、早くもふけこんだように見えるこの中年の男（もう五〇歳の誕生日が近づいていた）が、いくらか気分を変えはじめたのだ。彼は、たとえ短期間であったにせよ、人格を一変させつつあった。それは、ついに価値のある仕事を見つけたからにほかならなかった。

しかし、まさにその価値のなかに問題がある、とマイナーは悟った。彼はある単純な

事実を即座に認識し、そのために威圧された。その事実とは、この偉大な仕事は歴史にとっても後世の人びとにとっても、そして英語圏の国々にとっても非常に大きな価値を秘めたものであり、それゆえ決しておろそかにしてはならないということだった。マレーの文書に説明されているとおり、この辞典は無数の用例を集めたものにほかならなかった。それはほとんど想像もできないほど膨大な仕事だった。そのような仕事を、精神病院の独房ですることができるのだろうか?

マイナーは賢明にもこの問題に気づいて自問し（自分がどこにいるのか、なぜそこにいるのかがよくわかっていたからだ）、その答えを出そうとして、マレーの編纂方針は正しいと称賛した。マイナーがいま着手しようとしている仕事を、マレーは適切な方法で行なおうとしていたのだ（マイナー自身、読書好きでさまざまな文献を読んでいたため、辞書についていくらかの知識があり、すでに出版されている辞書についても、よいものとそれほどよくないものを識別できた）。こうしてよく考え、マイナーはこの計画のために仕事をしたいと強く望み、この計画に参加したいと心から願った。やりがいのあることができるから——それが最初の理由だったが——というだけでなく、この仕事にたいするマレーの方針が「明らかに正しい」と考えたからにほかならなかった。

だが、マレーの方針に従うためには、気楽な幸福感を味わいながら英語の文献の歴史を駆けめぐるというより、独房に閉じこもってひたすら仕事をすることになるのは明らかだった。マイナーは今後、自分の読むものに細心の注意を払い、マレーのチームから要求されるものを忠実に集め、そのなかから最も辞典に載せてもらえそうなものを選んで送らなければならなかった。

マレーの文書には、このための最善の方法が示されていた。文書の第一ページに書かれた指示によれば、用例は便箋を半分にした用紙に書くこととされていた。そして、対象となる言葉――「見出し語（catchword）」と呼ぶことをマレーは好んだ――は、用紙の左上に書く。その下に決定的に重要な事項である用例文の書かれた年を記入し、次に著者名と引用した文献の書名およびページを書きこんで、最後に用例文を省略せずに記すのだった。重要かつ有名で頻繁に使われそうな一部の本、すなわちチョーサーやドライデン、ハズリット、スウィフトのようなおなじみの作品については、あらかじめカードを印刷しておき、それらの本を割り当てられた閲読者は、ミル・ヒルに手紙を出してカードを要求すればよいようにする。その他の場合は自分ですべての項目を記入し、アルファベット順に並べて写字室に送ってほしい、とマレーは要請した。

すべて簡単なことだった。しかし、誰もがこう尋ねたかった――どんな語を捜すべきなのか？

マレーが定めた初期のルールは、明快であいまいなところがなかった。あらゆる語が見出し語になりうるとしたのだ。篤志文献閲読者は本のなかのあらゆる語について用例を見つけようとしなければならない。彼らが努力を傾けるのは、まれな語や廃語、古臭い語、新語、変わった語や変わった使われ方をしている語と感じたものになるかもしれないが、そういう語だけでなく、普通の語も熱心に捜さなければならない。普通の語が含まれる文から、その語の用法や意味についてなんらかのことがわかる場合は、そうしなければならないのだ。また、とくに注意しなければならないのは、新しい語や一時的に使われた語、廃語や古語であり、それぞれの語がいつ英語に取り入れられたかを、年代によって特定できなければならない。これらはすべて、きわめて簡単なはずだ、とマレーは思った。

しかし、とこれから閲読者になる人びとはもう一度尋ねた——それぞれの語にたいし、いくつの用例が必要なのか？　「できるかぎりたくさん」とマレーは返信で答えた。とくに、異なる文脈によって意味の違いが明らかにされたり、特定の語の用法における微妙な変化がわかったりする場合は、できるだけ多くの用例をつけなければならない。ミル・ヒルに建てた鉄板製の小屋に届く用例文のカードは、多ければ多いほどいい。カードを分類する助手は充分に確保してあるし、小屋の床も多くのカードを保管できるよう特別に補強してある、とマレーは閲読者に向かって断言した。

（二トンを越えるカードが、コールリッジとファーニヴァルの努力のおかげですでに届いている、とマレーはつけ加えた。だが、そのうち多数のカードがネズミにかじられたり、湿気で使いものにならなくなったりしていることは言わず、一組のカードがゆりかごのなかで見つかったことも、Ⅰで始まる大量のカードが空き家になった司祭館で底のこわれた大きな籠のなかに置き去りにされていたことも、Ｆで始まるカードのすべてが誤ってフィレンツェに送られてしまったことも、また多くのカードはきわめて悪筆で、中国語で書いてあったほうが読みやすかっただろうと自分が友人に語ったことも、マレーは明らかにしなかった）

文書の二枚目に書かれていることは、はるかに無味乾燥ではあったが、より実際的な助言だ、とマイナーはすぐに思った。まず明らかにされていたのは、カードの小包を送ってきた閲読者に郵送料を払い戻すための資金がマレーにはあったが、それでは足りないということだった。そのため、ミル・ヒルに送る小包は書籍郵便で開封状態のまま送ってもらいたい、と書いてあった。わずかでも糊づけされているもの（郵便規定では書籍小包として認められていなかった）は罰金を払わなければならなかったからだ。

初期の閲読者は、ひどく混乱していることが明らかになった。彼らは割り当てられた仕事の範囲をまったく理解していなかった。たとえば、数人がこんなふうに質問してきた――一冊のなかにtheという語が出てくるたびに、すべて用例文が必要になるのですか？　どんな本でも、重要な語が出てくる前に何万語というtheが出てくるのではないですか？　さらに、ある女性の閲読者は嘆きながら尋ねた。七五〇ページの本を苦労して読み終えても——まさに自分がそうしたように——引用するべきめずらしい語が一つも見つからなかったらどうなるのですか？

マレーはその文書で、こうした苦情にたいして寛大な態度で穏やかに答えている——とはいえ、カルヴァン主義者らしい辛辣さも行間にかすかにあらわれてはいるが。いいえ、と彼はいらだちを抑えながら言った。定冠詞や前置詞については、その用法が非常に変わっている場合以外、多くの実例を挙げる必要はまったくありません。いいえ、違うのです！　本はめずらしい語だけ捜すために調べるのではありません——マレーはこの事実を何度も篤志文献閲読者に想起させなければならなかった。閲読者は興味深いと思われるあらゆる語を、すべて見つけて書きとめなければならない。また興味深い用法や重要な用法、正しい用法、適切または意味深い用法の場合も、すべて書きとめなければならない、と彼は説明した。

これまでの経過で危惧される例として、abusion という語（「事実の曲解」を意味する）の用例文が五〇例も送られてきているのにたいし、それよりはるかに一般的な abuse（濫用、悪用する）という語の用例文は五例しか送られていない、とマレーは言った。

「私の部下の編集者たちは、貴重な時間をさいて普通の語の用例となる例文を捜さなければなりません。そういう語を、閲読者は辞典に入れる価値がないと考えて無視したからです」と、彼は書いた。単純に考えてください、とマレーは力説しつづけた。単純に考えてください、と。

そして、彼は自分の言っていることがまだ充分に理解されていないのが明白なことに半ばいらだちながら、指示を簡潔にまとめて、規範を定めた。それは閲読者のための指針となるものだった。マレーは閲読者にたいし、ただ次のように言えるようになってもらいたい、と望んだのだ。つまり「これが、たとえばheaven（天）、half（半分）、hug（抱擁）、handful（一握り）などの語の重要な用例文である。ここにはその語の意味や用法が具体的に示されている。これは本辞典に載せるのにふさわしい用例だ」。このような考え方に従えば、ひどい間違いはしないですむだろう、とマレーは力説した。

ウィリアム・マイナーはこれを読んで、すべてをはっきりと理解した。彼は書斎にしている独房を見まわし、それまでの一〇年間に集めた驚くべき蔵書をくまなく眺めた。そして、マレーから送られた最初のパンフレットに同封してあった書籍のリストを取り出した。まず、自分の書棚にいま使えるものがあるかどうかを確かめようとしたのだ。

突然、これまでは単なるひとりよがりの装飾品だった本、ブロードムアの厳しい日常の現実から精神を解放する手段にすぎなかった本が、最も貴重な所有物になった。さしあたって、人びとが自分の身体や人格に危害を加えようとしているという思いこみを、彼はともかく忘れることができるのだ。いま守らなければならないのは、彼の所有する多数の本だった。ブロードムアに出没していると彼が思いこんでいる侵入者から、それらの本を守らなければならない。彼の本と、そのなかから言葉を見つける仕事が、新しく選択した人生の中心になろうとしていた。これから二〇年間、自分の本と、そこに書いてあることと、そのなかの言葉の世界に没頭し、頭脳を酷使すること以外、彼はブロードムアでほとんど何もしなくなるのだ。

マイナーは独創的な人物だったため、マレーの指示に正確に従うだけでなく、それ以上のことが自分にはできると悟った。自分の置かれた特異な状況と、自由に使える時間と蔵書を考えれば、もっと多くのことができるし、指示とは別のこともできるはずだ、と彼は思った。どうすればこの仕事によりよく貢献できるか、何日かじっくりと考えなければならなかったが、数週間考えた末に、この仕事に取り組むのに最も適していると思われる方法を見つけた。彼は決心した。書棚から最初の本を取り出し、机の上に広げて置いた。

それがどの本だったかはわからない。だが、状況を説明するために、その最初の本は小口に金箔と大理石模様をつけた革装の翻訳書だったと仮定したい。それは、実際に彼が所有して使ったことが明らかになっているフランスの本、ジャック・デュ・ボスクの『完全なる女』だ。この本は一六三九年にロンドンで出版され、「N・N」とだけ名乗る人物によって翻訳されている。

　彼がこの本から読みはじめた理由と、そもそもこの本を読むことにした理由は、たくさんあった。優れた作品で、一七世紀に書かれており、難解で異国情緒に満ち、変わった言葉やおもしろい言葉があふれているのが間違いなかったからだ。なんといっても、文献史におけるこの時期の作品を調べるよう、マレーが強く勧めていたではないか。「一七世紀は作家が非常に多いため、当然ながら調査されていない部分が多く残っています」。匿名で翻訳されたデュ・ボスクの作品は、マレーの要望を申し分なく満たすものだった。

　マイナーは引出しから一つづりの白い紙と黒インクの瓶を取りだし、ペン先が非常に細いペンを選んだ。紙を折って八ページの小冊子の形にした。そして、独房の窓から青草の茂った田舎の風景をおそらくもう一度だけ見おろしてから、選んだ本を読みはじめ、一行ずつ、そして一段落ずつ、きわめて慎重にゆっくりと読んでいった。読みながら、最初の数日間に決めた手順で作業を始めた。

　興味をそそられる言葉を見つけるたびに、マイナーは自分でつくった八ページの用紙の正しい位置に、拡大鏡が必要なほど細かい文字で書きとめていった。

　この独特のやり方は、まもなくマイナーの驚くほど正確かつ詳細な仕事の証明となった。彼の仕事は、のちにそれを目にしたすべての人びとに称賛され、畏怖された。八ページずつに綴じたそれらの用紙は、現在もＯＥＤの記録保管所に保存されており、それを見る人びとは思わず息を止めて驚嘆している。

一例として、彼がbuffoon（道化師）という語を見つけたときのようすを書こう。彼はまず、この語が意味ありげに見えることに興味をそそられた。その言葉は、デュ・ボスクの作品の三四ページに、辞典の用例にふさわしい文のなかで使われていた。彼は白紙の小冊子の最初のページに、完璧に整った読みやすい細かい筆跡でただちに書きとめた。最初の欄に書いたが、語とページはその欄の下から三分の一ほどのところに書きこむことにした。

この位置は的確で、慎重に選んだものだった。なぜここに書いたかというと、遅かれ早かれ同じｂで始まる興味深い言葉を他にも見つけることは間違いなく、その言葉をbuffoonより前に置かなければならない可能性が高いからであり、うしろに置かなければならない確率ははるかに小さいからだ（buffoonの二番目の文字はｕであるため、三つの可能性しかなかった。つまり二番目の文字が同じくｕである言葉をまた見つけるか、二番目の文字として考えられるｗか――bwana（だんな）という言葉しかない――ｙの言葉を見つけるか、である）。

思ったとおり、二、三ページ読み進んだ彼は、balk（妨害）という興味深い語を見つけた。文も用例として適しているため、用紙への記入に値した。そこで、彼はこの言葉をbuffoonの上に書いたが、充分なスペースをあけておいた。またbで始まる語が見つかった場合、二番目のその文字が今度のaとさきほどのuのあいだのアルファベット文字であっても書きこめるようにしたのだ。五ページ進んで、彼はblab（くだらないおしゃべり）という語を発見して喜んでいる。まさに彼が期待していた言葉だったからだ。それでこの語も記入し、balkより下、buffoonより上の位置に巧みに残しておいたスペースにすべりこませた。

このようにして、マイナー博士の独房いっぱいの蔵書のうち最初の本の単語リストが始まった。一語一語、正しい綴りで、用紙のこのうえなく適切な位置に書きこまれ、それぞれの語が載っている原典のページも正確に記された。atom（原子）やazure（空色）からgust（突風）やhearten（元気づける）、fix（修理する）やforesight（将来の展望）まで、リストは延々とつづいた。いくつかの語は何度もあらわれている。たとえば、デュ・ボスクの一六ページから拾ったとマイナーが記録しているfeel（感じる）がそうだ。ただ、そのうちのいくつかはfeelingであり、動名詞（"I can't help feeling this way"「このように感じざるをえない」など）か名詞（"The feeling of which you speak is painful"「あなたの言う意見は不快だ」など）の形で記されている。

この最初の単語リストを完成するまでに、何週間もかかっただろうし、何カ月もかかったかもしれない。あるいは一八八三年になってやっと終わったのかもしれない。だが、ジェームズ・マレーが最初の「訴え」のパンフレットを発送してからまる四年が過ぎていたにもかかわらず、また初めて《アシニアム》誌がアメリカ人に閲読者となるよう促したときから三年半近くがたっていたにもかかわらず、さらにマイナーが「訴え」のいずれかを読んで参加しようと決意してから一年か二年がたっていたにもかかわらず、彼は用例のカードをまだ一枚も写字室に送っていなかったのである。辞典のスタッフには、マイナーは仕事に圧倒されて関心を失い、手を引いてしまったと思われていた。

しかし、それは真実とはまったくちがっている。本当は、マイナー博士は別の取り組み方を考えていたのだ。それは、他のあらゆる篤志文献閲読者のやり方ともまったく異なる方法だった。だが、まもなくその方法によって、マイナーは大辞典の編纂にとって非常に貴重な存在となるのだ。

マイナーはその歴史的な仕事を終え、最初に選んだ本から初めての単語リストを作成すると、その本をもとの書棚に戻して別の本を取りだした。二冊目の本はフランシス・ユニアスの一六三八年の作品『古代人の絵』だったかもしれないし、トマス・ウィルソンの一五五一年の作品『理性の支配』だったかもしれない。あるいは、まったく別の本だったかもしれない。何百冊とあるなかのどの本でもありえた。マイナーには膨大な蔵書があり、彼はいつも一冊ずつ選んでは、それぞれについて新しい単語リストをつくっていったからだ。ある本には三カ月かけて、詳細なリストを作成したかもしれない。彼は、はるかかなたの編纂者たちの要望に応えようとしていたのだ。

　こうして彼は、くる日もくる日もひたすら仕事にうちこんだ。扉の小さなのぞき窓が一時間おきぐらいに外側から開閉され、ブロードムアの看護人が奇妙な患者の無事を確認した。そんなとき、マイナーはひたすら仕事に励み、ひたすら考えこんでいただろう。それぞれの本から単語と文を拾い集めて整理し、索引をつくって、独房の机の上には単語カードがどっさりと積みあげてあっただろう。どのカードにも、索引に載せた単語の重要リストが載っており、それは彼が多方面にわたって収集した非常に貴重かつ高価な珠玉の蔵書から集めたものだった。

　彼がどの本を最初に読んだかは知るよしもないが、彼がたしかに読んだ何冊かの本の書名はわかっている。そのほとんどに、旅と歴史にたいする彼の絶望的な深い関心があらわれている。独房棟の最上階の書物に囲まれた部屋に閉じこめられていた不幸な彼が、そういう本を読んでどれほど胸を高鳴らせていたか、想像してみるしかない。どれほど挫折感を抱き、束縛を嘆きながら、トマス・ハーバートの一六三四年の作品『一六二六年から数年間のアフリカおよび大アジアへの旅行の記録』などの本を読んだことだろう。トリンコマリー（と原住民の乙女たち）をどれほど恋しく思いだしながら、ニコラス・リッチフィールドが一五八二年に訳したロペス・デ・カシュタニエイダの『東インドの発見と征服の初めての歴史書』を読み、単語を拾っていったことだろう。

マイナーが慎重に集めた単語の小冊子は、一部ずつ増えていった。一八八四年の秋には充分な数の単語が集まり、すぐに確認できる用例をそれぞれにつけたため、マイナーは辞典編纂者たち——とりわけマレー自身——に、厳密にどの見出し語が必要かを尋ねられるようになった。他のすべての篤志文献閲読者たちは、ただ割りあてられた本を読み、興味深い用例文を見つけるたびにカードに書きとめて、それを束ねて送っていただけだったが、マイナー博士はもてあますほどの時間を使って、まったく異なる独特の方法を考えだすことができたのだ。

単語リストと索引を迅速に集めたマイナーは、ついに辞典編纂に必要とされるとおりの方法で協力する準備を整えた。編纂者がまさに必要としたときに、用例文を送ることができるようになったのだ。彼は常に辞典の進行についていくことができた。必要な語を、必要なとき、すぐに取りだせたからだ。彼には特別な道具があった。回転式卓上カードファイルのローロデックスにあたるものをつくって、辞典のなかの辞典とし、いつでもただちに使えるようにしたのである。飾り気のない木製の机に積まれたリストは、彼の作品の積み重ねであり、当然ながら彼はそれらを誇りにし、非常に大切にした。

マイナーはまず辞典編纂室に手紙を書き、どの文字で始まる言葉あるいはどの言葉について作業中であるかを尋ねた。返事を受け取ると、自分でつくった索引を調べ、必要な語をすでに書きとめてあるかどうか確かめた。あった場合は――彼のやり方と広範かつ熱心な閲読を考えれば、たいていは書いてあった――ページ番号にしたがって、蔵書のなかの一冊を取り、その単語の書かれている部分を開いた。そして、そのときになって初めて、すでにつくってあった用例のカードにその語を含む最も適当な文を書き写し、ただちに写字室に送ったのである。

それは前例のないやり方であり、莫大なエネルギーと時間をもつ者だけが考えられる方法だった。そして、もちろん編纂者にとって非常に好都合な方法だった。クローソンの謎めいた住所から、あたかも「樽から注ぐ」ように、完璧な索引をつくった単語を用例文とともにいつでも取り出せることを編纂者たちは知ったのだ。

マイナーの最初の手紙を受けとり、すでにやり終えている仕事と、さらなる調査にも協力する準備ができていることを伝えられたとき、仕事に追い詰められていたマレーのスタッフは、理論的には人生がはるかに容易になったと感じた。このときから、彼らのするべきことは、辞典に載せたいと思う語の用例があるかどうかもわからないまま棚や仕切り棚を捜しまわって、すでに集まっている多くのカードを調べることだけではなくなった。問題の語はどれかを決め、クローソンに手紙を書いて要求すればよくなったのだ。

幸運にも――そして高い確率で――彼らは後日、マイナー博士から手紙と小包を受け取り、必要な語の載っている章や行を正確に指摘され、用例文のカードも入手して、植字や印刷にまわすページにすぐさま貼りつけることができた。

この方法で取り組んだ最初の語は、見かけは簡単な語だった（ある語が他の語と比べて簡単だと言えるならば、だが）。それは辞典の第二分冊に入れる言葉であり、第二分冊は一八八五年の晩夏に出版の予定で印刷の準備が進められていた。「貴殿の単語リストを調べられ、art（芸術）という語およびそのすべての派生語が見つけられたかどうか、ご返信ください」と、編纂補佐は書いた。

この手紙は、マイナー博士からの最初の手紙にしたがってブロードムアに直接送られた。マレーの編纂補佐のうち最初にマイナーの手紙に応えて質問した者は、その質問の相手がどんな人物か、まったく知らなかった。それ以来何年ものあいだ、写字室の誰ひとりとしてマイナーについては何も知らないままだった。唯一わかっている否定できない事実は、彼がきわめて優れた仕事を迅速にこなす人物で、新しい大辞典のチームにとってなくてはならないメンバーになりつつあるということだった。

art（芸術）がマイナーにとっての最初の試金石となった。

8
さまざまな言葉をめぐって

Poor (pūəɹ), 形容詞（名詞） 語形：形容詞 3 - 5 pouere (povere), 3 - 6 pouer (pover), (4 poeuere, poeure, pouir), 4 - 5 poer, powere, 5 poyr, 5 - 6 power, (6 poware). *β* 3 - 5 poure, 4 - 6 powre, pour. *γ*. 3 - 7 (- 9 方言) pore, 4 - 7 poore, (6) 7 - poor. *δ*. スコットランド語および北部方言 4 - 6 pur, 4 - 8 pure, (4 puyre, 5 pwyr, poyr, 6 peur (e, pwir, puire), 6 - puir (ü), (9 peer). ［中英語 *pov(e)re, pouere, poure,* a. 古期フランス語 *povre, -ere, poure,* 近代フランス語 *pauvre,* 方言 *paure, pouvre, poure* ＝プロヴァンス語 *paubre, paure,* イタリア語 *povero,* スペイン語，ポルトガル語 *pobre*: ラテン語 *pauper,* 後期ラテン語では *pauper-us* とも．近代英語の *poor* とスコットランド語の *puir* は中英語の *pōre* をあらわす：近代の地方語 *pore* については，*whore* および *door, floor* の発音を参照．

1600年以前は *u* とその異形 *v* の区別があいまいだったため，中英語の *pouere, poure, pouer* が *pou-* か *pov-* の意味かは不明である．音声系列の *pauperem, paupre, paubre, pobre, povre* から，*povre* が *poure* に先行し，*poure* が後期の古期フランス語に伝わり，さまざまな近代フランス語の方言になっていることがわかる．しかし，15世紀および16世紀初期の著作のフランス語では *povre* であり，15世紀には誇張して *pauvre* と綴られた．これはラテン語 *pauper* にならったものである．中英語 *pōre*（近代英語 *poor* の語源）は *povre* を短縮したと思われ，それは *o'er* が *over, lord* が *loverd* の短縮であるのと同様である．POORTITH, PORAIL, POVERTY も参照のこと．しかし，一部の英語の方言には現在も *pour*（paur）があり，おそらく中英語の *pour*（pūr）からきていると思われる］

I 1 物質的所有物をほとんど，あるいはまったくもっていないこと；生活を快適にするものや生活に必要不可欠なものを手に入れる手段を欠くこと；ひどく貧乏な，窮乏した，貧窮した；とくに（とりわけ法律用語として）著しい貧窮のため生活扶助に頼らざるをえないこと．一般的な用法ではさまざまな程度の貧しさをあらわし，完全な欠乏から地位に比べると経済的に制限された状況や資金が限られている状態が含まれる．たとえば「貧しい紳士」，「貧しい専門家，聖職者，学者，事務員」などのように使われる．*rich, wealthy* の反意語．*poor people* は貧民階級の意味：しばしば卑しい身分や地位を暗示する．

6 同情や哀れみを抱かせるものや，そのような状況；恵まれない，不幸な．現在はおもに口語で使われる．

通常イングランドの多くの地域では，知人だった故人をさす；＝故，亡．

その罫線なしの純白の用紙は、縦四インチ、横六インチのサイズであり、一見してアメリカ人のものとわかる筆跡で丹念に書かれたウィリアム・マイナーの几帳面な文字が、緑がかった黒のインクでぎっしりと並んでいた。そのカードがブロードムアの郵便室から初めて送られてきたのは、一八八五年春のことだった。夏の終わりには、褐色の包装紙で包んだ小さな小包が毎月目的地に届くようになり、その後もっと大きな小包が毎週届くようになった。こうしたカードの穏やかな雨は、まもなく荒れ狂う猛吹雪のようになり、その後の二〇年近くのあいだ、吹雪は絶え間なくつづくことになった。

だが、そのカードはミル・ヒルに送られたのではなかった。マイナー博士が彼の仕事の第二段階に携わりはじめ、リストを集めるよりも用例文を送るようになったときには、ジェームズ・マレー以下のチームは全員オックスフォードに移っていた。編纂主幹のマレーは説得されて安楽な教師の職を捨て、乏しい給与と際限のない労働時間にもかかわらず、もっぱら辞典編纂の仕事に携わるようになったのだ。

彼は不快で惨めな気持ちを抱きながらも、こうしたのだった。マレーの経験では、大辞典の仕事に携わった最初の数年間は幸福とはほど遠く、やめようと心に誓ったことが何度もあった。出版局の理事会はお金は出さずに口を出し、仕事のペースは堪えがたいほど遅く、はてしない労働時間のために健康はそこなわれた。それでも、ほとんど達成不可能な仕事にマレーはひたすら没頭してきたのだ。

だが、そこで支えになる一つの出来事があった。第一分冊——収入をもたらすために分冊とすることをオックスフォード側が強要した——が、一八八四年一月二九日についに出版されたのである。ジェームズ・マレーが編纂主幹に指名されてから、五年近い年月が経過していた。リチャード・シェネヴィクス・トレンチが新しい英語辞典の必要を説いた有名な講演からは、二七年がたっていた。表紙は灰色がかったオフホワイト、各ページの用紙の片側が裁断されていない第一分冊は、三五二ページにわたってAからAntまでの既知のあらゆる英単語が収録されていた。それは、オックスフォード大学クラレンドン出版局から一二シリング六ペンスで出版されたのである。

これで、最初の一冊がついに完成した。すなわち、『歴史的原理にもとづく新英語辞典——おもに言語協会によって収集された資料により、元言語協会会長のジェームズ・

A・H・マレー法学博士を編纂主幹として、多数の学者や知識人の協力を得て編纂された』の第一分冊だった。

マレーは誇りに思わずにはいられなかった。克服できそうもない問題に苦しめられていたが、紙表紙の壊れやすい辞典を手にするたびに、そんな問題も消えてしまうように思われた。そして、誕生日を目前にして急に楽観的になった彼は――四七歳になるまであと一週間たらずだ――最終分冊は一一年後に出版する自信があると言明した。

実際には、あと四四年を要した。

だが、何年も待ったあとで、関心を寄せる世界がともかくも目にすることができたのは、この辞典が目を見張るほど複雑であり、きわめて詳細かつ精巧であり、非常に込みいった仕事が厳密に成しとげられていることだった。それは、編纂者たちが精力を傾けた結果だった。イギリスの人びとは手紙で注文し、一二シリング六ペンスで買うことができた。アメリカの人びとは、オックスフォードで印刷しニューヨークのマクミラン社が発行した分冊を、三ドル二五セントで入手した。

第一分冊の最初の語は――aという単なる一文字に四ページをさいてまず説明してあるが――廃語の名詞 aa であり、水の流れを意味する言葉だった。その言葉の存在を裏づける用例は一四三〇年の作品から引かれており、その作品のなかで、いまでも水に囲まれて湿気の多いリンカーンシアのソルトフリートビーという町に、四世紀前には地元の人びとに「le Seventown Aa」と呼ばれる小川があったと書かれていた。

当時も間違いなく使われていた語で第一分冊に最初に出てくるのはaalだった。これはベンガル語かヒンディー語の植物名で、アカネの一種をさし、染料をとって衣類の染色に使える植物だった。アンドルー・ユアの一八三九年の著作『美術品、製品、鉱山資源の事典』に用例がある。「彼はaalの根から淡黄色の物質をとり、モリンディンと呼んでいる」

このあとに、厳密に英語である言葉が収録されている――もしそのような言葉があればだが、言語学者は難癖をつけるかもしれない。それはaardvarkであり、半分アルマジロ、半分アリクイの動物をさす。この動物はサハラ以南のアフリカに生息し、粘着性のある二フィートの舌をもっている。この語には三つの用例が載せてあり、最初のものは一八三三年の用例である。


このようにして言葉の大百貨店の展示は始まり、acatalectic（完全韻脚の）やadhesion（粘着）からagnate（男系親族）やallumineを経てanimal（動物）、answer（答え）、そして最後のant（アリ）までが収録されている。最後のantについては、マレーのチームはただ膜翅類の小さな社会性昆虫とするだけでなく、それよりはるかに詳しい説明を載せている。antはain'tの短縮形でもあり、anti-の意味でまれに使われる接頭辞でもあって、それはantacid（制酸剤）のような語に見られる。また、接尾辞としてはもっと一般的に使われ、sometimes（ときどき）をあらわすフランス語から派生したその接尾辞は、tenant（借地人）、valiant（勇気のある）、claimant（要求者）、pleasant（楽しい）などの語をつくっている――第一分冊では、このように説明されている。この三五〇ページは学問の集大成の冒頭部分であり、四〇年以上を経て一万五四八七ページにまで達することになる。

マレー博士は、その後のすべての仕事をオックスフォードの写字室ですることになった。彼とエイダと大勢の子供たち――息子六人と娘五人――は、AからAntまでが出版された半年後の一八八四年の夏に、オックスフォードに引っ越したのだ。一家はオックスフォードの北の郊外にあったバンベリー通り七八番地の大きな家に住んだ。サニーサイドと呼ばれたその家は、広々として快適であり、いかにも北オックスフォード風だった。そのあたりは閑静な地域で、オックスフォード大学の著名な教授の家や小さな研究所が建ち、マレーの家もまだ残っている。家の外に赤い郵便ポストがあるが、それは投函される膨大な郵便物のために郵便局が立てたものだった。現在その家には著名な人類学者が住んでおり、外観はマレーが住んでいたころとほとんど変わらないように配慮されている。

写字室――マレー家ではスクリッピーと呼ばれ、マレー自身の辞典では「原稿を写すための修道院の部屋」と定義されている——だけがなくなっている。だが、それは驚くことではないだろう。ヴィクトリア女王時代でさえ、鉄板と波形ブリキでつくられたその建物を好む者などいなかったからだ。幅一五フィート、奥行き五〇フィートの写字室は裏庭に建てられていた。マレーは隣人から景観がそこなわれると言われ、三フィートの溝のなかに写字室を建てたので、スタッフはじめじめした寒い部屋で仕事をしなければならなかった。そのうえ、溝を掘った土が高く盛られたため、隣人はなおさら気分を害してしまった。完成すると、人びとは道具小屋か馬小屋か洗濯所に見えると言い、なかで働く者は、修道院のように禁欲主義的な構造と骨までしみる寒さを呪い、「忌まわしいなまこ板の穴ぐら」と呼んだ。

それでも、ここはミル・ヒルの写字室（学校の図書館の別館として現在も残っており、その学校はいまも学費の高い上流階級のものである）より奥行きが二〇フィート長く、送られてくる用例文のカードを整理してファイルし、分類したうえで使う方法については、はるかに改善されていた。そのころにはカードは洪水のように殺到し、一日に一〇〇〇枚以上が送られてきたのだ。

最初は一〇二九個の仕切り棚がつくられ（コールリッジは五四個だけだった）、カードが増えすぎて仕切り棚ではその量と重さに堪えられなくなると、何段もの棚が増設された。よく磨かれたマホガニーの長いテーブルには、その日、その時間に作業する単語のための文献が載せてあり、教会の大きな聖書台にはおもな辞書と参考書が置かれ、マレー以下のスタッフがたえず参照した。編纂主幹自身は、ミル・ヒル時代は高座に机と椅子を置いていたが、ここオックスフォードはもっと民主的で、床の高さは均一だった。だが、マレーの椅子はスタッフのものよりも高く、彼はそこから確固たる権威をもって作業を監督し、すべてに目を配って、ほとんど何も見逃さなかった。

マレーが写字室の仕事を組織するやり方は、戦場の将校と同じようだった。カードは補給係将校の管理下の物資で、マレーが補給課長だった。小包は毎朝届けられ、一日に一〇〇〇枚ほどのカードが送られてきた。一人がカードを読み、用例文が完全ですべての単語が正確に綴られているかどうかをすばやく確認し、次にもう一人がカードの束の中身を整理して、見出し語をアルファベットの順に分類した。これはマレーの子供のなかの一人がすることが多かった。彼らは読み書きができるようになるとすぐこの仕事に使われて、一日一時間半の仕事で週に六ペンスもらい、年齢のわりに早くクロスワードパズルができるようになった。三人目のスタッフは見出し語をさまざまな属性に分類し、たとえば名詞の bell（鐘）、形容詞の bell（鐘の）、動詞の bell（鐘形にふくらませる）というように分けた。そして四人目のスタッフが、それぞれの語の用例が年代順に配列されるようにした。

それから、チームのなかで地位の高いメンバーの一人である編纂補佐が、各単語の意味を、使われているあいだに生じたさまざまなニュアンスによってさらに分類した。またこのとき（それまでにしていなければ）、ほとんどの辞典にとってきわめて重要な部分を初めて書いてみる。すなわち、定義である。

言葉を正確に定義するには、精密かつ特殊な技が必要だ。定義には規則があり、単語（たとえば名詞）はまずそれが属するものの種類（哺乳動物、四足動物など）によって定義し、次にその種類の他のメンバーと区別しなければならない（ウシ属、雌など）。定義のなかには、定義される語よりも難解な語や知られていない語は含まれないようにしなければならない。定義ではそれが何かを言い、何でないかは言ってはならない。一つの語に意味の幅がある場合――たとえばcowの意味の幅は広いがcower（縮こまる）は本質的に一つの意味しかない――は、それを明らかにしなければならない。そして、定義のなかのすべての語が、その辞典のどこかに載っていなければならず、辞典のなかで見つけられない言葉に読者が出くわすようなことがあってはならない。これらすべての規則になんとかして従い、簡潔さと正確さの両立という必要を満たすことができれば、そしてこの作業にたずさわる者が自分の仕事に忠実であれば、おそらく適切な定義ができるだろう。

これで、一包みの用例文からの単語が最小のグループごとにまとめられ、それぞれに意味と定義が書きこまれた。下級のスタッフが書いただけか、あるいはその単語の作業がまだ完全に終わっていないときに書かれたのである。ここですることは、これらのグループを年代順に分けて、見出し語の意味が使われているうちに微妙に変化し発展してきたようすを、多数の用例を使って説明することである。

これが終わると、マレーがいずれかの語について各グループごとのカードの束をとって、適切と思うように整理しなおしたり、さらに分類したりした。彼は語源を書き加え（オックスフォード側は独自の語源辞典を出版したにもかかわらず、最終的にはマレーに語源を入れさせるのが適当だと考えた。これは問題をはらんだ決定であり、予想どおり、はてしない論争に発展した）、さらに発音も書きこんでから、最もふさわしい用例を決定した。理想的には、単語が使われた各世紀にたいし文献からの引用例を少なくとも一つは記さなければならなかった。ただし、変化が非常に速い単語の場合は、新しい意味の変化を示すために、もっと多くの引用例を載せなければならなかった。

これらがすべて終わると、最後にマレーが簡潔で学識に富み、丹念に練られた正確な定義——ＯＥＤはこの定義ゆえに有名なのである——を書き、完成した部分を出版局に送ることになった。そして、クラレンドンかオールドスタイルの活字書体（あるいは必要に応じてギリシア語やその他の外国語や古英語の活字書体）で組まれたゲラ刷りが、写字室に戻された。それは一ページものになっており、それをウォールトン街の奥の印刷所にある大型の活版印刷機にかけるのである。

マレーは愚痴をこぼす人間ではなかったが、彼の手紙には自分の始めた仕事がどれほど難しいかがしきりに語られており、また出版者側が投資にたいする利益を求めて、彼に要求を突きつけたことも明らかにされている。その要求とは、二分冊六〇〇ページの辞典を毎年完成させて出版せよ、というものだった。マレー自身、勇敢にも毎日三三語の作業を完成させようとしたが、「しばしば approve（是認する）のような語一つに一日の作業の四分の三も費やしてしまう」のだった。

マレーは、この仕事の困難さを言語協会の会長就任講演で語り、それが一八八四年三月号の《アシニアム》誌の記事になった——この記事によって、彼はウィリアム・マイナーと初めて本当に接触することになった。マレーはこの仕事の難しさに言及して「われわれの前には白人が誰も斧を使ったことがない人跡未踏の森林を、手探りで進んでいくようなものです」と述べている。

こうしたことをやったことのある者だけが、編纂主幹や編纂補佐の困惑がどんなものかわかるでしょう。編纂者は above のような語の用例を……二〇、三〇、四〇というグループに分類し、それぞれに仮の定義をつけ、それをテーブルか床に広げて全体を見わたせるようにし、チェス盤の上で駒を動かすように何時間もかけてあちこち置きかえ、その語の歴史の記録に不完全なところがないかどうか、ごく些細な点も見逃すまいと奮闘し、一連の意味が語の発展のようすを論理的にあらわすようにしようと懸命に努力しているのです。この探求は目的の達成が不可能に思えるときもあります。たとえば、私は最近 art という語と取り組んで、途方に暮れたまま数日間を過ごしました。この語をなんとかしなければならなかったのです。なんらかのことはなされ、活字に組まれてはいました。しかし、活字になったものを改めて見直したところ——活字に組むと、読んで比較するのがずっと容易になります——すべてを分解してつくり直し、数段もの活字を追加することになったのです。

マレーが art という語に困りはて、編纂補佐の一人——あるいはマレー自身だったかもしれない——が、ブロードムアに初めて正式な要請の手紙を書いたのは、このころのことだった。編纂者たちは、マイナー博士に art の用例文を集めていないかどうか調べてほしいと頼んだ。すでに集められている用例文とは異なる意味をあらわすものや、もっと前の年代のものを求めたのである。この名詞については、一六の微妙に異なる意味が明らかにされているが、マイナー博士はそれ以上の意味を発見し、この単語をより深く解明しているのではないか。もしそうなら、マイナー博士には——そしてこれについては他の誰でもいいのだが——大至急オックスフォードに送ってもらいたい、と彼らは望んだ。

記事を読んださまざまな閲読者から、この単語にかんする一八通の手紙がただちに送られてきた。そのうち一通が、そして疑いもなく最も有益な返事が、ブロードムアから届けられた。

他の閲読者はすべて一つか二つの文を送ってきただけだったが、無名のマイナー博士は二七もの用例文を同封してきた。オックスフォードの編纂補佐たちは綿密な仕事をする人物としてマイナー博士に感心しただけでなく、おびただしい用例文を集めることができ、知識と調査に役立つ深い泉を有する人物として強く印象づけられた。辞典編纂チームはまたとない発見をしたのだ。

ここで明らかにしなければならないのは、マイナーがartについて集めた用例文の大半が、いくぶん偏りすぎているほど一つの文献からとられているということだ。それはサー・ジョシュア・レイノルズの有名な『美術講義』であり、王立美術院の院長に就任した翌年の一七六九年に書かれたものである。だが、マイナーの用例文は辞典編纂者にとってははかり知れないほど貴重なものだった。そして、彼が仕事を始めたことを暗黙のうちに示す証拠となっているのが、完成された辞典にウィリアム・チェスター・マイナーが残したことの明らかな最初の用例である。

それは「The Arts」の意味の二番目の用例であり、以下のように簡単に書かれている。

「一七六九年――レイノルズ、サー・J、『美術講義』第一巻三〇六ページ。わが国の貴族が一般に望んでいるのは、芸術（the Arts）を愛好し鑑定できる人間として知られたいということである」

はからずも、サー・ジョシュアの言葉によって、マレー博士とマイナー博士の関係が始まった。卓越した学識と痛ましい悲劇が結びつき、ヴィクトリア女王時代に特有の慎みをともなう深い感謝の念とお互いへの敬意から、徐々に親しみが育まれて、友情とも言える絆がつくられた。この結びつきは、それをなんと呼ぶかはともかく、三〇年後に死によって二人が引き離されるまでつづいた。マイナー博士がOEDのためにレイノルズの『美術講義』に始まる仕事をしたのは、二〇年のあいだだった。だが、単なる言葉への愛情を越えた強い絆が、まったく境遇の異なるこの二人の男を結びつけ、それは三〇年間つづいたのだ。

だが、二人が会うまでにはまだ七年の年月を要した。その間、マイナーは驚異的なペースで用例文を送りはじめた。ときには毎週一〇〇枚を優に越えるカードを送り、一日に二〇枚にも達したが、すべて安定したきれいな筆跡で書いてあった。彼はいつもマレーあてにかなり礼儀正しく書き、自分で決めた範囲外の問題に踏みこむことはめったになかった。

現存する最初の手紙は一八八六年一〇月のもので、おもに農業にかんする単語について書かれている。おそらくマイナーは机に向かう仕事を一休みし、立ちあがって伸びをしてから、独房の窓の下に広がる谷をもの思いに沈みながら見下ろしていたのだろう。そこでは農夫たちが晩秋の牧草の束を積みあげたり、樫の木の下で温かいリンゴ酒を飲んだりしていたかもしれない。マイナーは手紙に、閲読中の本に言及している。一六一六年に出版されたジャーヴァス・マーカムの『田舎の農場』であり、そのなかに出てきたbellという動詞について、彼は書いている。八月の末にホップが実って鐘状になるようすをあらわす動詞だ。またblight（葉枯れ病）やblast（枯れる）やhecklingにも注目している。hecklingはかつては農場で亜麻の茎を梳《す》きわけて立たせる作業を意味したが、のちに別の意味で（しばしば政治的な文脈で）使われるようになり、この場合は相手を詰問しその人を立たせて厳しい吟味にかけることを意味した。つまり亜麻を梳いたあと、亜麻打ち機にかけて立たせることからきたのである。

マイナーはbuckwheat（ソバ）という語およびそのフランス語訳のblé noirにも注目し、ointment of buck-wheat（そば粉の軟膏）などの小さい例を発見している。彼は明らかに自分の仕事に夢中になっていた。ティーンエイジャーのように興奮しながら書いているのが、手にとるようにわかる。「お望みであれば、さらにお送りする用意がありますす」。そして、いたずら心でhorsebread（馬の餌）という非常におもしろい語を添え、相手の気を引こうとしている。最後に署名をし、外の世界にいる偉大な人物からの返事を待ち望むように、彼はこうつけ加えた。「必ずお役に立てると信じております——敬具。W・C・マイナー、バークシャー、クローソン、ブロードムア」

この手紙をはじめ現存する彼の手紙は、おもねりと超然とした態度をないまぜにしたような調子で書かれ、抑制され、いささかもったいぶっている一方で、ユライア・ヒープのようなへつらいも感じられる。マイナーはどうしても自分が役に立っていると思いたかったのだ。自分が参加していると感じたかった。称賛の言葉を雨のように浴びたいと望みながら、それは無理なことだと自覚してもいた。彼は尊敬されたいと思い、自分は特別であり、他の独房にいる者とは違うということを、ブロードムアの人びとに知ってもらいたかったのだ。

マレーは、こうした手紙を送ってくる相手がどういう人物でどういう状況にあるかについてはまったく知らなかった——いまだに「文学好きで暇な時間に恵まれた開業医」だと思っていた——が、手紙の文面に訴える調子があることに気づいたようだ。たとえば、マイナーが仕事をしたがっているのは、art（芸術）やblast（枯れる）やbuck-wheat（ソバ）などの編纂作業が進行中の語や、そのときどきの分冊のページに載せる作業が行なわれている語についてであるらしいということに、マレーは興味をもった。マレーは同僚にあてた手紙のなかで、マイナーが編纂作業に遅れまいとしているのは明らかであり、他の大半の閲読者とは異なり、出版が何年、何十年も先になる分冊に載せる言葉については関心をもっていないと述べている。また、マレーはのちにこうも書いている——マイナーは明らかに自分が参加していると感じられることを望んでおり、とにかくチームの一員として写字室の写字員と協力して仕事をしていると思いたがっているようだ、と。

なんと言っても、マイナーはオックスフォードからそう遠くないところにいた。おそらく自分がセント・キャサリンズ学会かウェリントン校のように離れたところにある学校にいるように感じ、独房——ジェームズ・マレーはまだ書物に囲まれた薄暗くて快適な書斎だと思っていた——は写字室の地方分室であり、学問的な作品をつくり辞典編纂という言葉捜しの仕事をする小部屋だと思っていたのだろう。もっと深く考えてみれば、この二人の立場が奇妙な対称をなしていることに興味をそそられる。それぞれが書物の山のなかで拘束され、きわめて深遠な学問に一心に励み、どちらも感情のはけ口は手紙だけで、紙の嵐とインクの洪水を毎日つくりだしていたのだ。

ただ、一つ違いがあった。ウィリアム・マイナーは依然として狂っており、重症で、治癒する可能性はなかった。

ブロードムアの看護人が気づいたところでは、一八八〇年代のごく初期のころにマイナーの症状はいくらか回復した。ミル・ヒルからの「訴え」に彼が最初に応えたころのことだ。だが、年月がたち、一八八四年六月に意気消沈しながら五〇歳の誕生日を一人で過ごしたころ――その一カ月前に、高齢の継母が夫の死後に住んでいたセイロンからアメリカに帰る途中で、彼を訪問していた――病状がぶり返し、悪化した。

マイナーは、翌年九月の初めにブロードムアの院長であるオレンジ博士に手紙を書いている。「私の本はまだ汚されつづけています。誰か私以外の者が使って粗略に扱っているのは明らかです」

彼の筆跡は不安定で震えている。前夜の三時に独房の扉の開く音が聞こえたと言い、うわごとのようにこうつづけている。「扉の音は、ご確認いただけると思いますが、改造後は聞きちがいようがなく、閉まる音も実際に見えないものがなんでもそうであるように、間違いようがありません」。もしこれ以上の改善策がとられないなら「私は本をロンドンに送り返して売ってしまわなければなりません」と彼は警告している。ありがたいことに、このちょっとした感情の乱れは長つづきしなかった。もしつづいていたら、あるいは悪化していたら、ＯＥＤは最も親密かつ貴重な友を失っていたかもしれない。

だが、一カ月後に、マイナーは新たな妄想にとりつかれた。

拝啓　オレンジ博士――私が思いついたある事実について、ひとこと言わせてください。アメリカで多くの火災が発生し、きわめて不可解なことに天井と床のあいだの空間が火元になっているため、保険会社は工場などの大きな建物に保険をかけることを拒否しているそうです。そのような建物は、床下が空洞になっているのが普通だからです。空洞でない床にしなければならない、と彼らは言うのです。このことはすべて一〇年以内に通告されます。しかし、誰にも説明はできません。

マイナー博士以外は、ということだ。フェニアンのメンバーが床と天井のあいだの空間を這いまわり、害を加えて犯罪を犯す、と彼は思っている。とりわけブロードムアでは、彼らは隠れていて、夜間に這いだし、不幸な博士を毎晩虐待して書物を汚し、フルートを盗み、彼をひどく痛めつける。ブロードムアは隙間のない床にしなければならない、と彼は言った。そうしなければ火災保険はかけられず、フェニアンのメンバーが毎晩あらわれて犯罪行為を行なうこともなくならない。

マイナーの毎日の被害報告は、精神異常のあらわれだった。ケーキを四個盗まれた。フルートがなくなった。本を全部汚された。看護人のジェームズとアネットにうしろ手に縛られ、廊下を歩かされた。夜、合鍵を使って村人が部屋に侵入し、自分を虐待し、自分の所持品を傷つけた。マイナー博士はシャツとパンツに靴下とスリッパだけの姿で訴えるのだった。扉の錠に木のかけらを押しこまれた。感電させられた。夜間に「人殺しの一味」に殴られ、体の左側がひどく痛む。悪党が部屋に侵入した。看護人のコールズが朝六時に入ってきて、「自分の体を利用した」――「卑劣な行為だ」とある朝、彼は叫んだ。パンツだけの姿で立っていた。「コールズがあんなふうに入ってきたら、誰も眠れはしない」。そして、以前と同じ言葉を口にした。「やつは俺を食いものにしているんだ！」

それでも、狂気と同時に言葉も入ってきた。彼が好奇心をもった言葉の多くはインド英語であり、生まれ故郷を思い出させる言葉だった。すなわちbhang（大麻）、brinjal（ナス）、catamaran（いかだ舟）、cholera（コレラ）、chunnam（粉石灰）、cutcherry（役所）などである。マイナーはbrick-tea（たん茶）が好きだった。一八九〇年代半ばにはDで始まる単語の仕事を熱心に進め、dubash（通訳）、dubba（皮瓶）、dhobi（洗濯人）などヒンドゥスタニー語にも関心をもったが、辞典の根幹をなすと見なされる語にも興味を示した。オックスフォードの記録には、delicately（繊細に）、directly（真っ直ぐに）、dirt（ごみ、泥）、disquiet（不安）、drink（飲む）、duty（義務）、dye（染色）などの語についてマイナーが送った用例が残っている。単語が最初に使われた用例をしばしば提供できたので、彼はいつも称賛された。土という意味で使われるdirtの用例は、一六九八年に出版されたジョン・フライヤーの『東インドとペルシアの新物語』から引いている。またmagnificence（壮大）とmodel（模型）のそれぞれの一つの意味と、

reminiscence（追憶）と愚か者を意味するspaltについては、デュ・ボスクの処女作から理想的な用例を引いている。

オックスフォードの辞典編纂スタッフは、すごい勢いで用例文を送ってくるマイナーのペースに、一つだけ微妙で奇妙なリズムがあることに気づいた。真夏になると、小包の数がかなり減るのだ。マイナー博士はおそらく暑い日には本を置いて外で過ごすのが好きなのだろうと、何も知らないスタッフは推測した。きわめて理にかなった説明だ。だが、ふたたび秋がきて夜が長くなると、マイナーはまた絶え間なく仕事をしはじめ、あらゆる要求に応えて、作業の進捗状況を心配そうに繰り返し尋ね、カードの小包をますますたくさん送りつけて、必要以上の用例文を提供してくるのだった。

「マイナー博士はいまの半分ぐらい用例文を送ってくれればいいのだが」と、マレーは圧倒されながら、別の編纂者への手紙に書いている。「しかし、どの語が役に立つかは、辞典編纂の立場で単語を扱ってみなければ決してわからない」

マイナーの仕事のやり方は、他の誰のものとも非常に異なっていたため、多くのカードを送った他の閲読者の仕事と量的に比較するのは難しい。編纂事業の終わりまでに、おそらくマイナーは実際に一万枚のカードを送ったにすぎず、これはかなり控え目な数のように思われる。しかし、そのほとんどすべてが役に立ち、そのすべてが必要とされ、注文されていたものであるために、マイナーの貢献度は一年に一万枚のカードを送った他の数人の閲読者よりも大きいのである。

オックスフォードのチームは本当に感謝していた。最初の完本である第一巻A―Bが完成したのは一八八八年である――編纂事業が始まってまる九年がたっていた――が、その序文のなかに敬意をあらわす一行があった。それは一ページにわたるおおげさな謝辞にも匹敵するものであり、この一行によって貢献者は非常な光栄を感じた。とりわけそれは、偶然にも控え目な記載である。彼の奇妙な境遇をほのめかすことを避けようとしたためである。そこには簡潔に、そして節度をもって記されていた。「クローソンのW・C・マイナー博士」

オックスフォードのチームはマイナーに感謝していたにせよ、ときがたつにつれてひどく不思議に思うようになった。なかでも最も深く考えこんでいたのは、マレーだった。

正体を明かさないまま緻密な仕事をするこのすばらしい男は、いったい何者なのか？彼らはお互いに尋ねあった。マレーは調べようとしたが、調べられなかった。クローソンはオックスフォードから四〇マイルと離れていないし、レディング経由のグレート・ウェスタン鉄道で一時間のところにある。なぜマイナーのような非常に優秀で精力的な人物が、これほど近くにいながら一度も姿を見せないのだろうか？　あれほどすばらしい辞典編纂の能力があり、多くの時間とエネルギーをもち、しかもすぐ近くに住んでいながら、自分が何千枚ものカードを送っている学問の殿堂を見たいと思わないような人物が、どうして存在しうるのだろうか？　あの男は何に好奇心があるのだろう？　何を楽しみにしているのだろう？　健康がすぐれないか、体が不自由か、あるいは怖気づいているのだろうか？　ここにいる偉大なオックスフォードの人びとと会うことを恐れているのだろうか？

深まる一方だった謎の答えは、奇妙な形で明らかになった。その答えをマレーが知ったのは、学者で図書館長でもある人物が一八八九年に写字室に立ち寄り、他の重要な問題を話し合っていたときだった。辞典編纂全般にわたる話のなかで、その学者はふとクローソンにいる博士のことを口にしたのだ。

情け深いジェームズ・マレーが彼にたいへん親切にしている、と図書館長の学者は言った。「不幸なわがマイナー博士に、本当によくしてあげていらっしゃいますね」

マレーは息をのんだ。写字室でこの会話を聞くともなく聞いていた編纂補佐や秘書たちも、にわかに仕事の手を止めた。全員がいっせいに顔をあげ、主幹と客のすわっているほうを見た。

「不幸な《ヽヽヽ》マイナー博士？」とマレーは聞き返した。いままでは一心に聞き耳をたてているスタッフ全員と同じように当惑しきっていた。「それは、いったいどういう意味ですか？」

9

知性の出会い

‖ **Dénouement** (denū·maṅ). ［フランス語 *dénouement, dénoûment,* かつては *desnouement,* f. *dénouer, desnouer,* 古期フランス語 *desnoer*　ほどく＝プロヴァンス語 *denozar,* イタリア語 *disnodare,* これらはラテン語 *dis-* + *nodāre*　結ぶ，からつくられたロマンス語，*nodus*　結び目］

解決；とくに劇や小説などの筋における複雑な状態を最終的に解決すること；大団円；転じて，複雑な問題や困難や謎の最終的な解決または決着．

近代の文献史にまつわる物語のなかで、ウィリアム・チェスター・マイナーの生涯を取り巻く最も不可解な謎といまでも考えられているのは、彼がなぜ大辞典祝賀晩餐会に出席しなかったのかということである。マイナーが招待されていたこの晩餐会は、一八九七年一〇月一二日火曜日の夜にオックスフォードで華々しく開催された。

その年はヴィクトリア女王治世の聖年にあたり、ＯＥＤの関係者は単なるパーティ気分以上の活気にあふれていた。辞典はやっと軌道に乗りはじめていた。最初の数年間はとどこおりがちだったが、いまでは編纂のペースがあがっていた。Anta（壁端柱）からBattening（太ること）までを収録した第二分冊が一八八五年に出版され、Battentlie―Bozzomは一八八七年に、Bra―Byzenは一八八八年に出版された。効率的な仕事への意気込みが、写字室にみちあふれていた。さらに最高の栄誉として、一八九六年にヴィクトリア女王の——宮廷好みの言い方をすれば——慈悲深い承諾がおり、いらだたしいほどたくさんあるCの項（とりわけG、K、Sと入れかわることがしばしばあるために、辞典編纂者はあいまいさや複雑さにひどく悩まされた）すべてを収録し完成したばかりの第三巻を、女王に献上することになったのだ。

女王の永遠の威厳が、突如として辞典を包みこんだ。辞典がやがては完成することが、いまや疑いようもなくなった——女王の承認を受けながら、それを裏切れる者がいるだろうか？　この幸運を実感し、女王の力添えも得たオックスフォードは、祝賀ムードで盛りあがり、このまま編纂をつづけていくことを決意した。ジェームズ・マレーは栄誉と感謝を受けるに値した。そして、栄誉と感謝を授ける側として最もふさわしいのは、この偉大な人物を採用した大学だった。

オックスフォード大学の新しい副学長は晩餐会——OEDの見出し語を使うと「slap-up（とびきり豪勢な）」——の開催を決め、マレーを称えることにした。会場はクイーンズ・カレッジの大ホールであり、そこでは古くからの伝統に従って一人の学者が銀のトランペットでファンファーレを演奏し、客を正餐の席に呼びだすのだった。この晩餐会が何を祝うものなのかは、当日の《タイムズ》紙に述べられていた。そこには、「印刷の発明以来、いかなる大学、いかなる印刷所が成しとげた業績よりも偉大である……オックスフォード大学にとって、この壮大な任務を完遂したことは、少なからぬ名誉になるだろう」と、書かれていたのだ。その夜の行事は、オックスフォードにとって忘れられないものとなるはずだった。

そして、まさにそのとおりになった。長いテーブルには美しい花が飾られ、クイーンズ・カレッジにある最高級の銀器やガラス器が豪華に並べられていた。メニューは純粋なイギリス料理――カメのクリア・スープ、ヒラメのロブスター・ソース添え、マトンの腰肉、ヤマウズラのロースト、クイーン・マブ・プディング、ストロベリー・アイスクリーム――だった。だが、辞典そのものと同じようにイギリス以外の風味も適度に添えてあり、フランス風にヴィルロワ・アラモードのあとにスイート・ブレッド、仔牛のグレナディン、ラムキンなども含まれていた。高級ワインも豊富に供された――シェリー酒は一八五八年のアモンティリャード、リキュールは一八八二年のアドリア海産マラスキーノ、年代もののシャトー・ディケム、シャンパンには一八八九年のファングスなどである。出席者は正式の夜会服とガウンを着用し、勲章をつけていた。スピーチのあいだ、つまり女王陛下への忠誠を示す乾杯で陛下の慈悲に感謝し、六〇年にわたる在位を誇らしく祝ったあと、出席者は葉巻を吹かした。

葉巻は長い時間をかけてたくさん吹かされたにちがいない。一四人もの人がスピーチをしたのだ。ジェームズ・マレーはこの辞典の全編纂史を語り、オックスフォード大学出版局の局長はこの事業が国家にたいする偉大な義務であるとの信念を述べ、悪名高いヘンリー・ファーニヴァルは、いつもならABC喫茶店から胸の豊かな勇ましい女性たちをスカル仲間に募るのに忙しかったが、時間をつくって出席し、あいかわらず面白おかしいにぎやかな話し方で、女子の入学にたいするオックスフォード大学の無情な態度について自分の意見を開陳した。

出席者のなかには、学問の世界における最も偉大で優れた人びとがすべて含まれてよいはずだった。辞典の編纂者、出版局の理事、印刷業者、言語協会の会員などがそのなかに数えられ、最も熱心に、かつ精力的に協力した篤志文献閲読者の一部も、もちろん含まれていた。

ウェリントンのF・T・エルワージー氏、サイレンセスターの近くのファーザー・バートンのJ・E・A・ブラウン嬢、パトニーのW・E・スミス師、オールドナム卿（辞典関係者にはH・ハック・ギブズ氏という名のほうが知られていた）、ラッセル・マーティノー氏、F・J・アムール氏、そしてDの後半の項に貢献したライギットのエディス・トンプソン嬢およびE・ペロネット・トンプソン嬢などの名があげられた。名簿は延々とつづいたが、朗々と読みあげられた上に彼らの業績が明らかに畏敬の念を起こさせるものだったため、すでにポートワインやコニャックをたっぷり飲んでいる出席者たちは、恍惚状態にあるかのように静まりかえって傾聴した。

その夜、篤志文献閲読者について最も多くを語られたのは、偶然にも多くの共通点のある二人の人物にかんするものだった。二人ともアメリカ人で、インドで過ごしたことがあり、軍人で、精神異常であり、オックスフォードの晩餐会に招待されていたにもかかわらず、どちらも出席していなかった。

一人目はニューヨーク州トロイ出身のフィッツエドワード・ホールだった。彼は奇異な人生を送っていた。一八四八年にハーヴァード大学に進もうとしたとき、家族に頼まれて放浪している弟を捜すためにカルカッタに向かった。ベンガル湾で船が難破し、生き残った彼はサンスクリットに好奇心をそそられて勉強し、当時ベナレスと呼ばれていたガンジス川流域の神聖な都市ヴァラナシの官立大学でサンスクリットを教えるまでになった。一八五七年のセポイの反乱では、ライフル銃兵としてイギリス側で戦い、一八六〇年にインドを離れ、ロンドンのキングズ・カレッジでサンスクリットの教授になり、インド省の司書にもなった。

その後、急激に彼の人生は崩壊した。誰にも原因はわからなかったが、テオドール・ゴルトシュテュカーという名のサンスクリットの学者仲間とひどい喧嘩をしたらしい。あまりにも深刻な争いだったため——言語学者や文献学者は変わり者で、いつまでも恨みをもちつづけることで知られている——ホールはインド省をやめ、言語協会会員の身分も一時停止されて、ロンドンからサフォーク州の小さな村に移った。

彼は大酒飲みのうえ、外国のスパイで、救いようもなく不道徳でもあり、いんちき学者だと人びとは言った。彼は周囲のすべてのイギリス人を責め、自分の人生を破壊し、妻を追いだし、アメリカ人にたいして「悪魔のような憎しみ」しか示さないと言い返した。マーレスフォードの小さな家に鍵をかけて閉じこもり、ときどき蒸気船でニューヨークに帰る以外は、ほとんど田舎にこもり、世捨て人のような生活を送っていた。

それでも、彼は毎日オックスフォードのジェームズ・マレーに手紙を書き、その通信は二〇年間つづいた。二人は一度も会わなかったが、この間ホールは愚痴もこぼさずにカードを集め、質問に答え、助言を与えて、辞典の完成が絶望的に見えた日々にもきわめて忠実な協力者でありつづけた。マレー博士が有名な序文に次のように書いたのも不思議ではない。「何にもまして書きとめておかなければならないのは、フィッツエドワード・ホール博士のはかり知れないほど貴重なご協力であります。同博士が篤志文献閲読者として仕事をしてくださったおかげで、数えきれないほどの単語や意味や慣用句の文献史が完成しました。同博士の貢献は、すべてのページに見いだすことができます」

晩餐会の出席者は、なぜ彼が来ないか知っていた。彼が隠遁者であり、世捨て人であることは周知だったし、気難しいこともわかっていたからだ。だが、誰にもわからなかったのは――あるいは長いあいだそう言われてきたのは――次に言及されている人物がいったいなぜ出席していないのかということだった。マレーは名高い序文のなかで、ホール博士にたいするのとほとんど同等の惜しみない称賛を送っている。「またW・C・

マイナー博士も絶えずご協力くださいました。実際に印刷の準備を進めている単語にたいし、用例文を毎週送りつづけてくださいました」。マレーはこの少しあとに記している。「個々の単語や句や構文の文献史の例証を質の高いものにするために、フィッツエドワード・ホール博士につづいて大きな貢献をしてくださったのは、W・C・マイナー博士から毎週送られてくる用例文でした」

そのマイナー博士はどこにいるのか、と集まった人びとはきいた。彼はクローソンに住んでいる。緑色と金色に塗ったグレート・ウェスタン鉄道の汽車に乗れば、わずか六〇分のところではないか？　彼はホール博士とは異なり、不機嫌な厭世家として知られてもいない。彼の手紙には、常に礼儀正しさと気配りがあらわれている。それなのになぜ、出席する礼儀をわきまえていないのか？　その輝かしい秋の夜にクイーンズ・カレッジの晩餐会に出席していた人びとの何人かは、マイナー博士の欠席を、文献史の栄誉ある節目における唯一の汚点と感じたにちがいない。

一般に言われているところでは、マレー博士は当惑し、ややいらだってさえいた。彼は辞典編纂の知識を総動員して、フランシス・ベーコンを手本とすることを誓っていたらしい。つまり、ベーコンが一六二四年に英語で書いたイスラム教の『ハディース』のなかの「山がマホメットに向かってこないなら、マホメットが山に向かっていかなければならない」に従おうとしたのだ。

マレーはさっそく次のような手紙をマイナー博士に送ったという。

貴殿とはもうまる一七年も文通させていただいておりますが、一度もお目にかかっていないのは残念なことです。あるいはこちらにお越しになるのは、費用がかかりすぎるなどの理由でご都合がつかないのかと拝察します。私のほうも、写字室の仕事を離れるのはたとえ一日でも難しいのですが、ぜひお目にかかりたいと前々から願っておりました。そこで、こちらからお訪ねしたいと思うのですが、いかがでしょうか。もしよろしければ、日時と汽車の時間をご指定ください。その日時にうかがえる場合は、電報で到着予定時刻をお知らせいたします。

マイナー博士はただちに返事を書き、もちろん喜んで編纂主幹をお迎えしたいと答えた。物理的な事情から——彼は詳しく語らなかった——これまでオックスフォードを訪れることができなかったのは、本当に残念だった、と彼は言い、『ブラッドショー鉄道旅行案内書』に載っている汽車の時間をいくつも挙げた。マレーはすぐに一一月のある水曜日を選び、レディングで乗り換えて昼過ぎにウェリントン校駅に到着する汽車で行くことにした。

彼は電報で詳細をクローソンに伝えると、頑丈な黒のハンバー三輪車をこいで、白い顎鬚を冷たい風になびかせながらバンベリー通りを出発し、ランドルフ・ホテルやアシュモール美術館やウスター・カレッジを通ってオックスフォード駅のロンドン行き上り線ホームに着いた。

汽車には一時間と少し乗っていただけだった。クローソンに到着すると、四輪の箱馬車と制服の御者が待っており、マレーは驚きながらも喜ばしく思った。マイナーは暇な時間のある文学好きな人物にちがいないと推測してきたが、それは間違いなかったとマレーは思い、どうやら資産家でもあるらしいと考えた。

馬はひづめの音をたてて霧に湿った小道を走っていった。堂々たる建築のウェリントン校が遠くに見えたが、クローソン村そのものからはかなり離れていた。村は小さな家が集まった集落にすぎず、家々の裏では刈られた芝草がくすぶっていた。こぢんまりとした美しい村であり、静かで、緑も多く、落ち着いた雰囲気が漂っていた。

一、二マイル進むと、御者は馬を操ってポプラ並木の私道に曲がり、長い坂道を通って低い丘を登っていった。家々はまばらになり、それにかわってあらわれたのは小さな赤煉瓦の建物で、かなりいかめしい感じだった。そして、馬車は堂々たる正門の前に停まった。両側には塔がそびえ、その中央には黒い文字盤の大時計が据えられていた。緑色に塗られた扉は、召使が開いた。マレーはいささか胸をおどらせていただろう。地方の大邸宅に招き入れられ、きわめて丁重に扱われているように感じたはずだ。豪華なア

フタヌーン・ティーに招かれたか、カーゾン卿の午餐会に出席するためにケドルストン・ホールに到着した者の気分だったにちがいない。

ジェームズ・マレーは帽子をとり、寒さから身を守るためにはおっていたツイードのケープのボタンをはずした。召使は無言で彼を招き入れ、大理石の階段の上に案内した。マレーが通された広い部屋には石炭が赤々と燃え、壁には陰鬱な表情をした男の肖像画が何点も飾ってあった。オーク材の大きな机があり、そのうしろには明らかに重要人物とわかる肉づきのいい男がすわっていた。召使は部屋を出て、扉を閉めた。

マレーが進みでると、その重要人物は立ちあがった。マレーはかしこまって一礼し、手を差しだした。

「ロンドン言語協会のジェームズ・マレーと申します」と、みごとにスコットランドなまりを抑えて言った。「『オックスフォード英語大辞典』の編纂主幹をつとめている者です。ウィリアム・マイナー博士でいらっしゃいますね。ようやくお目にかかれまして、まことに光栄に存じます」

一瞬の沈黙があった。それから相手は答えた。

「残念ながら、私にはそのような名誉を受ける資格はありません。私はブロードムア刑事犯精神病院の院長です。マイナー博士はアメリカ人で、最も長期間ここに入院している患者の一人です。彼は殺人を犯しました。精神を病んでいるのです」

マレー博士は――この話のつづきによれば――非常に驚いたものの、同情心から興味をそそられた。「彼はマイナー博士との面会を求めた。長いあいだ文通してきた学識ある二人の人物が、いまこのように奇妙な状況で面会したわけだが、それは非常に感動的な出会いだった」

しかしながら、この出会いの物語は、ロマンチックでおもしろいつくり話にすぎない。この話をつくったアメリカ人ジャーナリストのヘイデン・チャーチは、今世紀前半のほとんどをロンドンで過ごした。この物語がイギリスで最初に発表されたのは《ストランド》誌の一九一五年九月号であり、加筆訂正されたものが六カ月後に同じ雑誌に掲載された。

実は、チャーチはそれより前にアメリカでこの物語を発表しており、一九一五年七月に匿名でワシントンDCの《サンデー・スター》紙に発表していた。きわめて煽情的な書き方をしており、どぎつい装飾文字の見出しは、いまではひどく時代遅れな印象を与える。

「アメリカ人の殺人犯がオックスフォード英語辞典の編纂に協力」という書きだしで、八段組みのページ全体にわたって書かれている。「英語辞典の謎に満ちた貢献者は、ブロードムア刑事犯精神病院に幽閉されている資産家のアメリカ人外科医であることがわかった。彼は精神が錯乱している状態で殺人を犯したのである。辞典の編纂主幹であるサー・ジェームズ・マレーは、仲間の学者の家を訪問するつもりで出かけたが、着いたところは病院であり、そこで驚くべき話を聞かされることになった。それはアメリカの南北戦争の時期に始まる物語で、そのアメリカ人は当時、北軍の軍医だった。友人によれば、彼は裕福で、現在はアメリカに住んでいるという」

煽情的な見出しは、読者をさらに疲れさせる物語を要約しているが、少なからず滑稽なのは、この筆者がマイナーの名を明らかにできなかったか、その意思がなかったことである。いたるところで彼は単なる某博士と呼ばれており、「某博士でいらっしゃいますね。お目にかかれましてまことに光栄に存じます……」などと書かれている。

この物語はアメリカ人には受けがよかった。アメリカ人は何年も前にこの話の断片を知らされていたからだ――アメリカの軍人がロンドンで殺人を犯して逮捕されたという話を、当時知らなかった者はなく、彼が収監されていることは、記者や外交官が新たにロンドンに赴任するたびにふたたび話題にされた。だが、彼が英語辞典のために仕事をしたというのは初めて明らかになった事実であり、この点でヘイデン・チャーチは昔風の特種《とくだね》をものしたわけである。この物語は多くの通信社に取りあげられ、世界中の新聞に掲載されて、中国の天津にまで伝わった。

しかし、ロンドンではそれほどうまくいかなかった。当時マレーの地位を引き継ぎ、

『オックスフォード英語大辞典』と正式に呼ばれるようになっていた辞典の編纂主幹をつとめていたヘンリー・ブラッドリーが、《ストランド》誌に異議を申し立てた。彼は《デイリー・テレグラフ》紙に怒りの投稿をし、「いくつかの事実が偽って述べられている」と訴え、「マレー博士とマイナー博士の初めての面会の話は、きわめてロマンチックな特集記事にかんするかぎり、つくり話である」と述べた。

ヘイデン・チャーチはすかさず激しく反論し、もともと論争好きの《テレグラフ》紙が喜んでその反論を掲載した。そこにはあいまいな反証しか含まれず、「多くの記者、その一部はきわめて有名な人物」――一人の実名も挙げられていない――が、この物語の主要な点を確認したと言っているだけだった。そして、弱々しい弁明がつづいた。

「マイナーとマレーの出会いの物語が正確だと信じるもっともな理由が、私にはある」

しかし、チャーチの反論の最も奇妙なところは、不可解な結びの言葉である。「私はイギリスで最も名高い文人の一人と連絡をとったが、その人物は……アメリカ人の歴史における最も印象深い出来事であると彼が個人的に考えるものは、私の記事には書かれていない、と指摘した［傍点は著者］」

この出会いにかんするヘイデン・チャーチの記事は、厳密に事実どおりであろうとなかろうと、すばらしすぎて無視するわけにはいかなかった。イギリス中がこの記事に夢中になったと言われた。この記事のおかげで、人びとは第一次世界大戦を忘れられた―

—なんと言っても、一九一五年はイープルとガリポリの激戦の年であり、ルシタニア号が沈没した年でもあった。それゆえ、人びとはこのような物語を利用して厳しい戦いの現実から気持ちをそらすことに甘んじていたにちがいない。「どんなロマンスも、クッション張りの壁の独房におけるこのすばらしい学問の物語には及ばない」と、《ペルメル・ガゼット》紙は書きたてた。

その後、『オックスフォード英語大辞典』編纂の物語について語られるときは、ほとんどいつも多かれ少なかれチャーチの記事を書きかえたものになった。マレーの孫娘であるＫ・Ｍ・エリザベス・マレー嬢も、正当な評価として称賛を受けている祖父の伝記のなかで、チャーチの物語をほとんど鵜呑みにして語っている。またジョナソン・グリーンも、一九九六年に出版された辞典編纂史にかんするより一般的な著作で、同様に書いている。オックスフォード大学出版局の編集者であるエリザベス・ノールズは、一九九〇年代初めにこの物語に興味をそそられたのだが、彼女だけがもっと冷静で客観的な見方をしている。だが、マレーとマイナーの初めての面会について確かな記録が見つからないことに、彼女は明らかに当惑している。何十年も語り継がれてきたために、チャーチの伝説が信頼できるもののように受け取られているのである。

しかし、真実もほとんどそれに劣らず劇的であることはわかっている。それは、マレーが一九〇二年に著名な友人であるボストンのフランシス・ブラウン博士にあてた手紙のなかで明らかにしている。その手紙が見つかったのは、ウィリアム・マイナーの数少ない親戚の一人の家だった。コネチカット州のリヴァーサイドに住む引退したビジネスマンの屋根裏部屋で、木の箱に入っているのが発見されたのだ。手紙は完全なオリジナルであると思われるが、当時は手紙を出すときに手間をかけて正確な写しを取っておく人が多く、そのときに数箇所を訂正したり削除したりすることもあった。

マレー博士の書いているところによれば、マイナーと初めて連絡をとったのは、辞典の仕事を始めてまもない一八八〇年か一八八一年のことだったらしい。「彼は非常に優秀な閲読者で、しばしば私に手紙を送ってきました」。そして、すでに述べたとおり、マイナーは引退した医師で時間がたくさんあるにちがいないとしか、マレーは考えていなかった。

たまたま、彼の住所がバークシャー、クローソン、ブロードムアであることに注意をひかれました。それは大きな精神病院の住所だったので、私は彼が（おそらく）その病院の医師なのだろうと思ったのです。

しかし私たちの文通は、もちろん辞典とそのデータにかんする内容にかぎられており、私が彼にたいして抱いていた感情は、はかりしれぬ協力への感謝だけでした。

また、彼が高価な昔の稀覯《きこう》本を利用できるらしいことに、いくぶん驚いてもいました。

このまま数年が過ぎたのですが、一八八七年から一八九〇年のあいだのある日、ハーヴァード大学の図書館長だった故ジャスティン・ウィンザー氏が私の写字室を訪れ、すわって雑談していたときに、「あなたが序文で不幸なマイナー博士についてあのように言及されたことで、アメリカ人は非常に喜んでいます。これはたいへん痛ましいケースですから」と、とくに述べたのです。

「それは」と、私は驚いて聞き返しました。「どういうふうに？」

ウィンザー氏のほうも同じくらい驚いていました。この何年ものあいだ手紙をやりとりしてきながら、私はマイナー博士について何も知らなかったし、何ひとつ疑ったこともなかったのですから。それから、ウィンザー氏はマイナー博士の恐ろしい話を聞かせてくれました。

その偉大な図書館長——ジャスティン・ウィンザーは一九世紀のアメリカにおけるすべての図書館関係者のなかで最も偉大な人物の一人として名を残しており、そのうえ非常に優れた歴史家でもあった——は、マイナーの話をし、それをマレーがボストンの友人に伝えたのだ。そこに書かれていることのなかには間違っているところもあるが、何年間も語り継がれていくうちにはそういうことがよくあるものだ。たとえば、マレーはマイナーがハーヴァード大学に在籍したと言っているし（実際はイェール大学だった）、おそらく事実でないと思われる話を繰り返して、マイナーが狂ったのは軍法会議のあとで二人の男の処刑に立ちあったためだと言っている。さらに、射殺事件はストランド街――当時も現在と同様にロンドンの流行の街の一つだった――で起きたと言い、川沿いの不快なランベス界隈ではなくなっている。だが、重要な部分は正確に伝えられており、そのあとでマレーはふたたび自分の考えを語っている。

もちろん、私はその話にたいへん心を動かされましたが、マイナー博士が自分自身のことや自分の立場についてまったくほのめかしたことがない以上、私にできるのは、以前にもまして敬意と思いやりをこめた手紙を書くことだけであり、彼の身の上を知ったことを気づかれないようにすることでした。気づかれれば、私たちの関係が変わってしまうのではないかと思ったのです。

数年前に私のところに立ち寄ったあるアメリカ人から、マイナー博士に会ってきたと聞きました。そして、博士は元気がなく、沈んでいたので、ぜひ会いに行くようにと熱心に勧められました。私はたじろぎました。というのも、私が彼個人のことを何かしら知っていると、マイナー博士が考えているとは思えなかったからです。

アメリカ人は言いました。「いいえ、彼は知っています。あなたが彼についてすべてを知っていると、彼は確信しています。ですから、会いに行っていただければ、本当にありがたいことなのです」

それから私はマイナー博士に手紙を書き、最近、彼を訪問した某氏（名前は忘れました）から、私の訪問が歓迎されるであろうと言われた、と伝えました。また、当時の院長であるニコルソン博士にも手紙を書いたところ、心のこもった招待の言葉をいただきました。それで出かけていったところ、院長には駅まで馬車で送り迎えしていただき、昼食にも招かれました。そのときマイナー博士も同席したのですが、彼は院長の子供たちにとても好かれているのがわかりました。

私はマイナー博士の部屋、つまり独房で、昼食の前後に何時間もいっしょにすわっていたのですが、私の見るかぎり、私自身と同じくらい正気であると思いました。たいへん教養のある学者肌の人物で、芸術を非常に好み、立派なキリスト教徒としての人格をもっている人でした。彼は自分の悲しい運命に甘んじて従い、有能さを存分に発揮できない点だけを深く悲しんでいるようでした。

私が聞いたところでは（院長からだったと思います）、彼は痛ましくも自分が死なせた男の未亡人を支援するため、いつも収入の大部分を提供しており、未亡人は定期的に彼を見舞っているということです。

ニコルソン博士は彼を高く評価しており、多くの特典を与えて、著名な訪問者は彼の部屋である独房に通し、彼に会って蔵書を見ることもできるように取りはからっていました。しかし、ニコルソン博士の後任者である現在の院長は、そのような特別な同情は示していません。

二人が面会したのは一八九一年一月であり、大辞典晩餐会の話を繰り返すロマンチストたちが主張する日付より六年も前のことだった。マレーはニコルソンに許可を求める手紙を書いており、その手紙からは、子供のように膝をかかえて面会を待ち望んでいるようすが手にとるようにわかる。

辞典が非常に負うところの大きいマイナー博士と、博士にたいへん親切な貴殿のお二人と知り合いになれましたなら、これほど喜ばしいことはございません。私はおそらく貴殿の指定された汽車（レディング発一二号）で参りますが、まだ時間がなくて時刻表を調べておりません。と申しあげるより、妻に調べさせておりません。そのような問題は自動的に妻の手に委ねることにしておりまして、妻が「あなたの汽車はいついつ出ますから、その汽車で行きなさい。私が写字室へ行って五分前に準備を整えてあげます」と言ってくれるため、私は喜んでそのとおりにし、その

「五分前」がやってくるまで仕事をつづけるのであります。

この二人が個人的に知り合い、出会いの日から二〇年近くのあいだ定期的に会っていたことは、いまではまったく明らかになっている。昼食をともにした最初の出会いによって、長く揺るぎない友情が始まった。それは慎重に配慮したお互いへの敬意だけでなく、二人が共有する言葉への熱烈な愛情にもとづくものだった。

どちらにとっても、初めて相手を見たときは本当に奇妙だったにちがいない。二人は気味の悪いほど容姿が似ていたのだ。二人とも長身で痩せており、頭が禿げていた。二人とも深くくぼんだ青い目の持主で、どちらも眼鏡を使わなかった（マイナーは極度の近視だったが）。マイナー博士の鼻はややかぎ鼻で、マレー博士のほうはもっとほっそりしたかぎ鼻だった。マイナーは叔父のような優しい雰囲気をもち、マレーもよく似ていた。ただ、マレーのほうは厳しさも漂わせており、そこにスコットランド低地生まれの人間とコネチカットのヤンキーとの違いがあらわれていた。

しかし、二人がもっとよく似ていたのは、顎鬚と口髭だった。二人とも白く長い髭が燕尾形に整っており、口髭ともみあげは濃く、頬髯もたっぷりしていた。二人ともイラストでおなじみの「時の翁《おきな》」のように見え、オックスフォードの少年たちはマレーが三輪自転車で通るのを見ると「サンタクロース！」と呼びかけるのだった。

たしかに、マイナー博士の髭はもっとぼさぼさで手入れが行き届いていなかった。鬚を切ったり洗ったりするためのブロードムア内の設備は、外の世界ほど洗練されていなかったにちがいない。一方、マレーの鬚はきれいで、よく櫛でとかしてあり、食べ物のかけらが残っていることは決してないように見えた。マイナーの鬚はより素朴で、マレーのほうはもっと上流社会風だった。だが、どちらもすばらしく豊かな鬚だった。鬚にかんするかぎり、相手のそれを見たとき、どちらの男も見知らぬ相手に会うのではなく、一瞬姿見のなかの自分に近づいていくような気がしただろう。

二人はその後の数年間に何十回も会った。お互いに好意をもっていたのはたしかだが、マイナーの気分に左右されたことも事実であり、マレーは何年もたつうちにそのことをよく理解した。彼はしばしば先を見越してニコルソンに電報を打ち、患者がどんな具合か尋ね、沈んで腹を立てているときはオックスフォードにとどまり、元気がなくて慰めてほしそうなときには汽車に乗るのだった。

天気が悪いときには、二人はマイナーの部屋でいっしょにすわって過ごした。実用的に家具が備えられた小さな独房は、典型的なオックスフォード大学の学生の部屋とあまり違いがなく、マレーが名誉校友の地位を授けられてベイリオル学寮で与えられることになる部屋と同じようだった。壁は書棚で覆われ、扉のない書棚ばかりだったが、一つだけはガラスの扉がついており、一六世紀および一七世紀の非常にめずらしい書籍がおさめてあった。ＯＥＤの仕事の多くが、それらの書籍を使って進められていたのだ。暖炉は陽気な音をたてていた。患者仲間が紅茶とダンディ・ケーキを運んできた。マイナーが雇っていた患者で、これもニコルソンが優れた患者に与えていた多くの特典の一つだった。

この他にも、多くの特典が与えられていた。マイナーはロンドンやニューヨークやボストンのさまざまな古書店に自由に本を注文することができた。また検閲を受けずに誰にでも手紙が書けた。訪問者ともほとんど思いどおりに会うことができた――自分が殺した男の妻であるイライザ・メリットが頻繁に部屋を訪れると、マイナーはいくぶん誇らしげにマレーに語った。彼女は魅力のない女ではないが、心の慰めを求めて酒を飲みすぎるようだ、と彼は言った。

マイナーは雑誌の定期購読もしており、それらの雑誌をマレーと話題にした。《スペクテーター》が愛読誌の一つで、《アウトルック》誌もコネチカット州の親戚から送ってもらっていた。また《アシニアム》誌やオックスフォード大学の非常に難解な《ノーツ・アンド・クウィアリーズ》誌も購読していた。後者は現在も世界の文壇における質問の場であり、学問の世界の未解決の問題について研究している。ＯＥＤはかつて必要な単語をこの雑誌に発表していたが、マレーがクローソンを訪れるようになってからは、その訪問を第一の手段として、スタッフが作業中の単語について調べるようになった。

二人が語り合うのはおもに言葉についてであり、ある一つの単語について話し合うことが多かったが、ときにはもっと広範な辞典編纂の問題を話題にし、方言や発音の微妙な違いなどについても話し合った。そして、マイナーの病状についても漠然と話題にしたのは間違いない。たとえばマレーは気づかざるをえなかったのだが、マイナーの独房の床は亜鉛のシートで覆われていた。夜、男たちが木材をすり抜けて入ってこないようにするための措置だった。また、マイナーは自分のいる部屋の扉のそばに、ボウルに入れた水をいつも置いていた。悪霊は水をわたって自分に近づこうとはしないはずだからというのである。

マイナーは夜間に部屋から連れだされ、「破廉恥な行為をする部屋」で「ひどく狂気じみた行ない」をさせられて、夜明け前に独房につれ戻されると思いこんでいることにも、マレーは気づいていた。飛行機が発明されると――アメリカ人のマイナーはライト兄弟がキティーホークで初飛行に成功して以来、熱心に最新情報を集めて、その数年間に起こったことをすべて把握していた――妄想にも飛行機が関係するようになった。男たちが自分の部屋に侵入し、自分を飛行機に乗せてコンスタンチノープルの売春宿に連れていく。そこで卑しい女や少女たちとひどく淫らな行為をさせられる、とマイナーは言った。マレーはこういう話を聞くとたじろいだが、口をつぐんでいた。自分の立場では、この年老いた男を悲しい愛情で見守るしかないのだ。ともかく、マイナーは辞典のための仕事は速いペースでつづけているのだから、とマレーは考えた。

晴れた日には、二人はいっしょに「テラス」を歩いた。その広い砂利道はブロードムアの南の塀の内側にあり、背の高いモミやチリマツの古木に覆われていた。芝生は青く、低木の植え込みにはラッパズイセンやチューリップが咲き乱れていた。ときどき他の患者が建物から出てきて、サッカーをしたり、散歩をしたり、木のベンチにすわって宙を見つめていたりした。看護人たちは問題が起きないよう陰で監視していた。

マレーとマイナーは手をうしろに組みながら足並みをそろえて歩き、三〇〇ヤードのテラスをゆっくりと行ったり来たりするのだった。それは常に陰鬱な赤煉瓦の建物や一七フィートの塀の陰だった。二人はいつも活気に満ち、夢中で話し合っていたようだ。会話の途中で新聞を取りだしたり、ときには本を見せ合ったりした。他の人には話しかけず、自分たちだけの世界にいるようだった。

ときどきニコルソン博士が二人を午後のお茶に招いた。エイダ・マレーも一、二度ブロードムアを訪れ、気持ちよく整ったニコルソンの家で一家とともに過ごしながら、マレーとマイナーが独房や砂利道で夢中になって本を読んでいるあいだ、じっと待っていた。編纂主幹が帰るときは、いつも悲しみに包まれていた。鍵がかけられ、門が音をたてて閉まると、マイナーはまた一人で取り残され、自分でつくりだした世界に閉じこめられるのだ。そこから救われるのは、一日か二日のあいだ静かに悲しんだあとで書棚から一冊の本を取りだし、必要な言葉と最もふさわしい文脈を選び、ペンを取りあげてインクに浸し、もう一度書くときだった――「オックスフォードのマレー博士へ」と。

オックスフォード郵便局はその住所をよく知っていた。こう書くだけで、イギリス一の偉大な辞典編纂者に手紙を送ることができ、写字室にいるマレーに情報を伝えることができるのだった。

マレーとマイナーがやりとりした手紙はあまり残っていない。一八八八年の非常に長い手紙で、マイナーは chaloner という語――コートの裏地に用いる紡毛織物のシャルーンをつくった男の名で、廃語――を含む用例について書いている。そのあとの記述によれば、マイナーは gondola（ゴンドラ）という語にも興味をもち、一五九〇年のスペンサーの作品から例文を見つけている。

マレーは新しい友人であるマイナーのことをしばしば語り、たびたびつきあわされた講演でも好んで彼の話をし、その境遇についても慎重に言及した。その一例として、一八九七年に言語協会の「辞典の夕べ」で行なった演説の草稿が残っている。

昨年は一万五〇〇〇枚から一万六〇〇〇枚ほどのカードが新たに届きました。その半分はW・C・マイナー博士からのものですが、その名前と痛ましい物語については、すでに何度か言及しています。マイナー博士は五、六〇冊の本を読んでおり、そのほとんどが一六世紀から一七世紀の稀覯《きこう》本です。彼は、いつも編纂作業中の言葉についてカードを送ってきます。

二年後、マレーはもっと詳しく述べてもいいと感じたようだ。

　最高の地位を……ブロードムアのW・C・マイナー博士が占めるのは明らかです。彼はこの二年間に一万二〇〇〇もの用例文を送ってきました。そのほとんどすべてが、ブラッドリー氏と私が実際に作業していた言葉にかんするものでした。というのも、マイナー博士は毎月どの言葉の作業が行なわれるかを知りたがり、全力を傾けてそれらの言葉の用例文を提供しようとするからです。そうすることで、辞典に関与していると実感したいのです。

　この一七、八年間にマイナー博士はたいへんな貢献をしたため、過去四世紀間の用例は彼から送られたものだけですむほどでした。（傍点は著者）

だが、こうして全力を傾けたために、肉体にも精神にも重い負担がかかってきた。マイナーの優しい友人だったニコルソン博士は一八九五年に退職した。博士はその六年前にある患者に襲われ、受けた傷の痛みがまだ残っていた。その患者は、靴下に隠しておいた煉瓦で彼の頭を殴ったのだ。ニコルソン博士の後任はブレイン博士で、内務省がブロードムアにはもっと厳しい管理体制が必要だと感じて（その名前ゆえにではなく）選んだ人物だった。

ブレインはきわめて厳格な人間で、保守主義の看守であり、タスマニアかノーフォーク島の刑務所でも立派にやっていけそうな人物だった。だが、彼は政府の要求に応えた。彼の在職中には一人の脱走者もなく（前任者のときは数人が脱走し、近在に不安が広がった）、一年目には手に負えない患者の独房監禁が二〇万時間を記録した。患者はみな彼を恐れ、嫌った。マイナー博士もそうだった。彼はブレインに冷酷に扱われていると考えた。

マイナーは不満を訴えつづけた。靴下のかかとの穴について文句を言った。夜、誰か知らない者の靴をはかされたために穴があいたのだということだった（一八九六年一一月）。また、自分のワインやウィスキーを誰かがいじっているのではないかと疑った（一八九六年一二月）。

その年の暮れに、アメリカから奇妙な情報の断片が届いた。かなり簡潔な文章で記されていたのは、マイナー家の二人が最近自殺したという内容だった。その手紙にはブロードムアのスタッフへの警告が書かれ、患者の精神異常が遺伝性のものであるとわかったから、その精神異常がどのようなものであっても厳重に警戒するべきだと記されていた。しかし、マイナーに自殺の危険があるとスタッフが考えたとしても、アメリカからの情報によって新たに規制が加えられることはなかった。

数年前に、マイナーはポケットナイフを要求していた。注文した初版本の裁断していないページを切るためだった。厳格なブレイン博士のもとでもナイフを返すようにと言われた記録はない。他の患者はナイフを持つことを許されなかった。だが、二部屋つづきの独房に住み、酒や本を備え、パートタイムの召使もいるウィリアム・マイナーは、当時のブロードムアにおける他の大半の患者とは別の範疇に属していると思われた。

親戚にかんする情報が伝えられた翌年のファイルによれば、マイナーはどんな天気でもテラスを歩くようになり、とくに激しい吹雪のとき部屋に戻れと言った人びとを怒って非難し、風邪をひきたいのも自分の勝手だと尊大な態度で主張した。彼には大半の者よりも選択と行動の自由があったのだ。

それでも病状はよくならなかった。一八九九年にたまたまアメリカ軍に在籍していた時代の友人が大勢ロンドンを訪れ、全員がブロードムアを訪問したいと言ってきた。だが、かつてのマイナー大尉は誰とも会うことを拒んだ。彼らを覚えていないし、邪魔をされたくないということだった。彼は vicinage（近所）に出る自由を与えられること、つまり仮釈放を正式に申請した。ここで彼が使っている言葉はややまれなもので、本質的な意味は vicinity と同じである。

しかし、優雅な言葉を使ったところで誰も説得できず、申請は断固として却下された。「彼の精神はまだ健全ではなく、要請に応じるよう勧めることはできない」と、院長は内務省に手紙を書いた。（タイプした、と言うほうが正しい。これはマイナーのファイルに入っている書類のなかで、タイプライターで作成された最初のものである。マイナーの悲惨な状態は変わらなかったが、彼を取り囲む外の世界は急激に変化していたことがわかる）こうして、内務省は嘆願を却下した。その書類には無慈悲なブレイン博士の頭文字を記した冷たいメモが添えられている。「患者に通知。九九年一二月一二日。RB」

食事の記録によれば、マイナーは気まぐれな食べ方をしている。穀物粥やサゴ澱粉のプディングをたくさん食べ、火曜日ごとにカスタードを食べているが、ベーコンなどの肉類はたまにしか口にしていない。ますます元気をなくし、不安で憂鬱そうな印象を与えるようになった。「彼は不安定に見える」と、看守の記録には常に書かれている。一九〇一年の夏にマレーの訪問を受けて、マイナーは元気づけられたが、その後すぐに辞典のスタッフは、まだ生存している最も熱心な篤志文献閲読者が意気消沈してきたことに気づきはじめている。

「彼はＱの用例文をまったく送ってきていません」と、マレーは友人への手紙に書いた。

しかし彼は何カ月ものあいだ仕事が遅れがちであり、私はほとんど便りも受け取っていません。彼はいつも夏には仕事量が減ります。庭や芝生などの戸外で過ごす時間が多くなるからです。それでも、今年はいつもよりひどいので、私は一日かけてまた彼に会いに行き、彼がまた興味をもてるように元気づけなければならないと、長いあいだ考えています。

孤独で悲しい境遇のために、彼には手厚い看護が必要であり、おおいに励ましたり、なだめたりしてあげなければなりません。それで、私はときどき彼を見舞わなければならないのです。

一カ月後にも、病状はよくならなかった。マレーはふたたび彼について書いているが、今度は「仕事を放棄し」、求められている仕事を「拒絶している」と記している。マイナーはラクダにあるような hump（こぶ）という語の語源について何か書いてきたが、それ以外は何も送ってこず、ヴィクトリア女王の死とともに不機嫌そうに黙りこんでしまった。

アメリカ陸軍に勤務していた時代の別の友人が一九〇二年三月にノースウィッチから

手紙を書き、マイナーを訪問できるかどうか、ブレイン院長に尋ねている。友人が心配しながら書いているところでは、マイナー自身が彼に手紙を送り、訪問するべきではないと言ったのだった。「状況がだいぶ変わって、訪問してもらってもうれしくないかもしれない」という理由だった。友人は院長に助言を求め、自分は妻に不愉快な思いをさせたくない、と言った。

ブレインは同意し、「訪問はお勧めできないと思います……危険なことになりうるという徴候はありませんが、ここ数年で彼は悪化しており……彼の人生そのものが危険にさらされています」

もうマイナー博士はアメリカへの帰国を許され、晩年を——彼はたしかに衰弱しつつあるようだった——家族のそばで過ごすことができれば、状況はもっとよくなるかもしれないと初めて指摘されたのは、このころのことだった。

マイナーはもう三〇年もブロードムアで過ごしており、他の誰よりもはるかに長いあいだ収容されている患者だった。彼は自分の蔵書だけに支えられているだけで、すっかり悲しみに包まれていた。彼は常に同情してくれたニコルソン博士を忘れられず、もっと冷酷なブレイン博士の管理体制に当惑していた。第二病棟の患者のなかで唯一の知的な同僚だった変わり者の芸術家リチャード・ダッドは、自分の父親を刺し殺して精神病院に送られた男だったが、そのダッドもずいぶん前に死んでしまった。マイナーの継母のジュディスは、一八八五年にインドから帰る途中にちょっと立ち寄ったが、一九〇〇年にニューヘヴンで死亡した。時が矢のように過ぎるにつれ、この精神異常の老人が親しかった人びとも、みないなくなってしまった。

あのフィッツエドワード・ホールも一九〇一年に死亡した。それを知ったとき、マイナーはいつまでも消えない深い悲しみを綴った手紙をマレーに送った。弔意をしたためたその手紙のなかで、マイナーはKとOのカードを何枚か送ってほしい、とマレーに要求した。同国人の死を知り、仕事への興味が少しよみがえったようだった。だが、ほんの少しだった。彼はいままったく独りきりになり、健康は悪化し、自分以外にたいしては害を及ぼさなくなっていた。年は六六歳で、そのとおりに見えた。自分の置かれた状況に、彼は押しつぶされそうになっていた。

ボストンの著名な医師フランシス・ブラウン博士――マレーが手紙でマイナーのことをすっかり説明し、二人の出会いについても知らせた人物――は、自分が仲介をしようと考えた。マレーから手紙を受け取ると、彼はワシントンの陸軍省とロンドンのアメリカ大使館に書簡を送った。そして三月にはブレイン博士にも書簡を送り、マイナーを釈放して家族の保護監督下に置き、アメリカへ帰国させることを求める請願書を、マイナーには知らせないまま内務省に送った旨を示唆した。「彼の家族は、彼が最後の日々を祖国の自分たちのそばで過ごせることを喜ぶでしょう」

だが、無慈悲なブレインは、内務大臣にそれを勧告しなかったため、大使館も軍も関与しないことにした。年老いたマイナーはブロードムアにとどまることになり、オックスフォードからときどき送られる手紙だけに励まされながら、ますます意気消沈し、怒り、悲しむようになった。

危機は明らかに起ころうとしていた。そして、起こった。ヘイデン・チャーチの仰々しい言葉を借りれば「アメリカ人の歴史における最も印象深い出来事」が、注意が払われていたにもかかわらず、なんの前触れもなく、一九〇二年一二月初めの寒い朝に起こったのだ。

10

このうえなく残酷な切り傷

Masturbate（mæ·stɒɹbeⁱt），動詞．［f. ラテン語 ***masturbāt-***, ***masturbārī*** の分詞形容詞の語幹，語源は不明：ブルークマンは，****mastiturbārī*** は****mazdo-***（ギリシア語 *μέξεα*（複数形）と比較）男根＋ ***turba*** 乱すこと，からつくられたとしている．かつては ***manu-s*** 手 ＋ ***stuprāre*** 汚す，からつくられた語と考えられていた；そのため語源を示す語形である MANUSTUPRATION, MASTUPRATE, -ATION を使うイギリスの作家もいた］自動詞および再帰動詞．自慰をする．

「午前一〇時五五分にマイナー博士が一階の入り口にきて、鍵のかかっている扉のなかから叫んだ。『すぐ医務官を呼びにやるんだ！　怪我をした！』」

これは鉛筆で書かれた短い記録の冒頭部分である。この記録は、ブロードムア第七四二号患者の生活をくわしく記した多くの書類のなかに、隠れるようにして存在している。ウィリアム・マイナーのもっと日常的な面を記した記録には、いまではほとんど誰とも会わなくなった暮らしぶりが書かれている。食事のようす、訪問者が確実に減っていったこと、彼がしだいに衰弱し、腹立ちまぎれに常軌を逸した行動をしたり、異常な妄想にかられたことが、通常はインクで細かく書きこまれ、その筆跡は安定し、自信に満ちている。しかし、一九〇二年一二月三日付のこの一ページだけは、まったく異なっている。太い鉛筆の文字で書かれていることから目立つのだが、筆跡も他の記録とは違って大急ぎで走り書きしたように見え、これを記録した者が息もつけないほど衝撃を受け、狼狽《ろうばい》しながら書いたようだ。

この記録を書いたのは第二病棟の看護主任のコールマン氏である。彼がこれから目にするものに度を失ったのも、無理はなかった。

私は看護人のハーフィールドに医務官を呼びにいかせてから、マイナー博士を助けようとして彼のところへ行った。すると彼は、自分のペニスを切断したと言った。紐で縛って出血を止めた、とも言った。見るとそのとおりだった。

それからベイカー医師とヌート医師が彼を診て、午前一一時三〇分に第三病棟の医務室に移した。

彼はいつもどおり朝食前の散歩をしていた。朝食もとった。九時五〇分に第三病室で彼と話したが、まったくいつもどおりに見えた。

だが、本当は「まったくいつもどおり」ではなかった――このような言葉が、妄想症がかなり進行している彼の場合にどんな意味をもつかは別として。自分の体を切断するという異常な行為が、それと同じように異常な出来事にたいする反応でなかったならば――証拠はないが、そういうこともありうる――ウィリアム・マイナーは、この行為を数カ月前からとは言わぬまでも、数日前から計画していたと思われる。ペニスを切断するのは、彼から見ればどうしてもしなければならない贖《あがな》いの行為だった。おそらく、それは宗教的に深い悟りの結果であり、医師たちによると、彼はその二年前に悟りはじめたのだった。つまり一九世紀の終わり、収監されて三〇年後のことである。

マイナーは宣教師の息子であり、少なくとも理論的には組合教会主義の忠実なキリスト教徒として育てられた。だが、イェール大学時代にほとんど信仰を捨て、北軍で地位を確立したころには——戦場での経験から幻滅したにせよ、組織化された宗教に興味がなくなっただけにせよ——完全に信仰を捨てて、自分は無神論者であると臆面もなく言うようになっていたようだ。

マイナーは、一時期、T・H・ハクスリーの著作に読みふけった。ハクスリーはヴィクトリア女王時代の偉大な生物学者で、哲学者でもあり、「不可知論的な」という言葉をつくりだした人物である。マイナー自身はハクスリーよりさらに否定的な考え方をし、自然の法則によってすべての自然現象が充分に説明できるのだから、神の存在にたいする論理的な必要性はまったく見出せないと書くほどだった。

しかし、収監されているあいだに、こうした敵意に満ちた感情は徐々に薄れていった。一八九八年ごろには、神は存在しないという絶対的な確信が揺らぎはじめた。おそらく、しばしば訪れるジェームズ・マレーがキリスト教徒として確固たる信仰をもっていたことが一つの原因だったろう。マイナーはずっとマレーを熱烈に称賛していたからだ。マイナーを慰めるためにマレーが語ったさまざまな話に影響されて、マイナーは人間の上位にある神という存在を認め、信じるようになったのだろう。マレーは意図せずに、強い信仰をマイナーのなかにしっかりと植えつけていったのかもしれない。

世紀の変わり目には、マイナーは変貌をとげていた。いままでは自分を理神論者と考えていると訪問者に話し、ブロードムアの院長にも正式にそう伝えた。理神論者とは、神の存在は信じるが、どの宗教にも帰依しない者を意味する。これは重要な一歩だったが、悲劇的な一歩でもあった。

というのも、マイナーは新たに神を信じるようになったため、神の厳格な倫理で自分を裁きはじめたからだ。神は全能で、すべてを見通し、永遠に裁くことをやめないものと彼は信じていた。自分の精神異常を癒すことのできる不幸と考えるのを突然やめ、精神の異常は――少なくともそのいくつかの面は――堪えられない苦痛であると考えるようになり、償いのために絶えず罰せられなければならない罪だと見なすようになったのだ。マイナーは、自分のことを不幸な人間ではなく、恐ろしい習癖と傾向をもった言葉にできないほど堕落した人間だと考えはじめた。彼はいつも衝動にかられて異常なほど自慰にふけった。こんなふうに自慰をすることをやめなければ、神の厳罰がくだるにちがいない、と彼は思った。

異常に強い自分の性欲を、マイナーはひどく嫌悪するようになり、かつて性的に異性を征服した記憶——あるいは自分でそう思いこんでいる記憶——に絶えずつきまとわれはじめた。そして、自分の肉体の反応のしかたを憎悪し、自分の肉体は神から不適切かつ不当に授けられたものだと考えるようになった。マイナーについての診断書には、以下のように記録されている。

彼は自分という存在のすべてが二〇年間にわたる淫らな行為で満たされていると考えていた。その二〇年間、彼は夜ごとに裸の女と関係した。毎晩の行為による肉体的な強さへの影響は認められなかったが、絶え間なく使うために性器が大きくなった。淫らな行為を絶えずつづけたために、性器が非常に大きくなったのである。フランス人の女がそれを一目見て「すごい！」と言い、別の女からは「快楽の伝道者」と呼ばれたと、彼は言っている。性的な冒険と空想が、彼にとってはこの世で最も大きな喜びだったのだ。

しかし、キリスト教徒になって神を信じるようになると、彼はそれまでの淫らな生活と絶縁すべきだと思った。そして、ペニスを切断すれば問題が解決すると考えた。

ペニスの切除は、最善の衛生環境で行なうとしても危険であり、医師でもめったに実施しない。たとえば、カンディルというブラジルの有名な小型のナマズに襲われた場合が、そのような手術をする非常にまれな例の一つである。カンディルは人間の尿を泳いで尿道に入りこみ、下方に向いた環状の突起のために取り除けないので、医師は陰茎切除術という手術をするのだ。自分で陰茎切除術をするのは、つまり自分で自分の性器を切断するのは、勇敢で無謀で向こう見ずな行為である。とくに、殺菌もせずにペンナイフで実行するとなれば、なおさらだ。

すでに見てきたとおり、マイナー博士は多くの特典を得ていたが、そのなかでもとくに、ブロードムアの他の患者とは異なりペンナイフの所持を院長から許可されていた。そのペンナイフは、ずっと前からあまり使わなくなっていた。たまに使うのは、初版本の裁断されていないページを切り開かなければならないときで、そもそもナイフを要求したのもそのためだった。いまそのナイフは、ただマイナーのポケットに入っているだけであり、それは外の世界の普通の男のポケットに入っているのと同じことだった。ただ、マイナーは決して普通ではなく、しかもいまは異常な理由から、どうしてもナイフを必要としていた。

マイナーは、自分の人生を支配してきたよからぬ行ないは、すべて自分のペニスが原因でやったことだと絶望的に確信していた。抑えきれぬ性欲は、ペニスのなかで生じるのではないにせよ、少なくともペニスで実行されるのだ。妄想のなかで、彼はペニスを切断するしかないと感じた。彼はもちろん医者だったので、どうしたらよいかはおおむね承知していた。

こうして、その水曜日の朝、マイナーは砥石でナイフを砥いだ。そして、細い紐でペニスの付け根をきつく縛って結紮《けっさつ》のかわりにし、血管を圧迫して麻痺させて一〇分ほど待ち、静脈と動脈の壁がきちんと締めつけられてから、たいていの人は想像したくもない一つのすばやい動作で、付け根から一インチほどのところでペニスを切り取った。

彼は自分の苦悩の原因となる物体を暖炉の火に投げこんだ。紐をゆるめると、思ったとおりほとんど出血しなかった。しばらく横になって出血がないことを確かめてから、平然と歩いて第二病棟の一階の入り口に行き、看護人に呼びかけた。マイナーは医師としての経験からいまにもショック状態に陥るかもしれないと知っており、医務室へ行かなければならないと考えたのだ。実際、ブロードムアの医師は衝撃を受け、医務室に移るよう命じた。

マイナーはほぼ一カ月のあいだ医務室にとどまった。そして、数日のうちにいつもの怒りっぽい面をあらわにし、工事の音がうるさいと訴えた。だが、その日は日曜日で作業員はみな休みだった。

ペニスの傷は着実に癒え、わずかに残った付け根から排尿することができたが、マイナーの期待どおり性的にはもう役に立たないことがわかった。問題は解決された。これ以上性的な遊びはできないことに、神は満足するだろう、と彼は思った。監視記録を書いた医師は、自分の体をこのように異常なやり方で切断する勇気をもつ人間がいることに驚いたと記している。

マイナーがこのように異様な行為を実行した理由は、もう一つ考えられる。だが、その理由を信じるのは単純すぎると思われるかもしれない。つまり、彼がペニスを切断したのは、自分が殺した男の未亡人とある種の関係を楽しんだことか、彼女に淫らな考えを抱いたことにたいする罪悪感と自己嫌悪からかもしれないのだ。

イライザ・メリットは、すでに述べたとおり一八八〇年代の初めに定期的にブロードムアを訪れてマイナーを見舞った。いつも本を運んできて、ときどき贈り物も持ってきた。マイナーと継母は彼女にお金を与え、失われたものにたいする償いとした。イライザは、マイナーが殺人を犯したことを許すと、かなり公然と言った。正邪の区別がつかないときに犯罪を犯したと認め、彼に同情してもいた。お互いに慰めあいながら、この二人が――ほぼ同じ年齢で、多くの意味で同じように不幸に陥っていた二人が――多少とも気持ちを通じあったと考えられないだろうか？　そして、ある日、その記憶によって、繊細で思慮深いマイナー博士が罪悪感にかられて深刻な鬱状態に陥ったと考えられないだろうか？

マイナーとイライザ・メリットの面談は礼儀正しいうえに堅苦しく、慎み深いものだったとする記録しか残っていない。そして、おそらくいつもそのとおりだったのだろう。あとからマイナーが罪悪感をもったとしても、それは空想から生じたものだろう。診断書には、彼が奔放な空想に苦しんでいることが示されているからだ。それでも、可能性が残ることは認めざるをえない――もちろん十中八九そうだと言うのではないが――のは、宗教的な熱情が徐々に高じたためではなく、特定の行為にたいする罪悪感からこの恐ろしい悲劇がもたらされたということである。

マイナー博士をアメリカに帰国させるという問題がふたたび浮上したのは、ちょうど一年後のことだった。このときはマイナーの弟のアルフレッド――まだニューヘヴンで陶磁器店を営んでいた――が、ひそかに院長に手紙を出し、マイナーには知らせないまま提案したのである。そして、このとき初めて、いつもは決してどんな願いも聞き入れないブレイン博士が、提案者に希望をもたせるような返事をした。「彼を適切に監督し、治療するための手はずが整えられるなら、そしてアメリカ政府が彼の帰国に同意するなら、この提案を好意的に検討することは可能だと思います」と。

さらにその一年後、ジェームズ・マレーがロンドンの大学に娘を訪ねた帰りに立ち寄った。マレーはブレインに向かってマイナーは「私の友人」だと言い、マイナーがとても衰弱しているように見え、過去一〇年間に辞典の仕事をさかんにしていたとき見られた明るさや活気が完全に失われたらしいのは悲しいことだ、とのちに語っている。さらにマレーは、この年老いた紳士が故国で生涯を終えることは許されるべきだと確信していた。イギリスには頼る人もいなければ、する仕事もなく、生きながらえる理由もなかった。マイナーの人生はゆっくりと進行していく悲劇にすぎず、着実に死に向かっているのが誰の目にも明らかだった。

ウィリアム・マイナーはマレーの訪問を喜び、いつになく親密な態度で返礼した。少額のお金をマレーに贈ったのだ。ジェームズ・マレーは会議に出席するため、現在は南アフリカの一部であるケープ植民地に旅立つところであり、その旅のためにマレーは資金を可能なかぎりやりくりしなければならなかった（普段はなかなか金を出さないオックスフォード大学出版局の理事会から一〇〇ポンドを受け取ってはいたが）。どういうわけかマイナーはそのことを知ったのだ。それで、マイナーは自分も協力することに決め、いくばくかの金額の郵便為替を組んで手紙とともに送ったが、それは老人が老人にあてた手紙としては妙に愛情のこもったものだった。

まことに勝手ながら、貴殿を受取り人とする郵便為替を同封いたします。予期せぬ出費の際に、少しでもお役に立てればと願っております。

たとえ百万長者でも、そして共和主義者であっても、思っていた以上の金貨が見つかれば嬉しいものでしょう。ですから、われわれのようにそこまで恵まれていない者も、機会があれば彼らと同じような満足感を抱く権利があります。

家を建てるのと旅行に出かけるのはほぼ同じで、予想以上に金がかかるものです。いずれにせよ、これで貴殿のお役に立てることと信じております。

それでは、お二人の健康を心からお祈りし、広い意味で、
神がともにありますように。

W・C・マイナー

それから数週間、数カ月とたつあいだに、この精神異常の男は徐々に衰弱していった。風呂場で転倒して脚に怪我をし、つまずいて固い腱や疲れた筋肉をひねり、寒さのせいで風邪をひいた。高齢にともなう思いがけない不自由が精神の異常に加わり、困難が重なって、ウィリアム・マイナーは悲惨な境遇にある痩せた老人にすぎなくなった。そして、誰にも恐れられず、誰からも同情された。

そして、精神異常を示す痛ましい小さな出来事が起こった。マイナー博士は辞典の仕事もフルートを吹くこともほとんどしなくなっていたが、絵はまだ描いており、部屋の

なかにイーゼルを立てて何時間も過ごしていた。ある日、彼はふと思いたって、できのよい作品の一つを皇太子妃に送ろうと決めた。

ところが、ブレイン博士が許可しなかった。ブロードムアの患者は王室と接してはいけないという規則――精神の錯乱した患者のなかに、自分は王室のメンバーであると思いこんでいる者があまりにも多いために定められた規則――を例によって冷酷に遵守し、ブレインはマイナーに絵を送ってはならないと告げたのだ。マイナーは怒って不満をぶちまけ、正式に嘆願したため、ブレインは絵と嘆願書を内務省に送らざるをえなかった。最終的な決定は内務大臣が下すことになっていたからだ。だが、内務省は当然ながらブレインを支持したため、ブレインはふたたび文書でマイナーの嘆願を否認した。

だがマイナーは憤慨し、アメリカ大使に手紙を書いた。怒りに震える筆跡の、判読が難しいその手紙で、彼は大使が外交的な手段を用いて、荷物をバッキンガム宮殿に送るよう求めた。荷物は送られなかった。ブレインがどうしても許可しなかったのだ。そのため、マイナーはさらにワシントンのアメリカ合衆国陸軍参謀総長に手紙を書き、アメリカ合衆国陸軍将校である自分が、大使館との連絡を強制的に妨げられていると訴えた。

長い夏の一カ月間、この事件をめぐって大使館員や副領事、外交の要職にある者、そして軍の上層部の補佐官など、大勢の人びとが激しく議論し、この無害な老人が描いたたしかに魅力的な水彩画を、まもなく王妃の地位につく若い皇太子妃のもとに届けてよいものかどうか、頭を悩ませた。

だが、絵は届けられなかった。どの段階でも許可はおりず、最後は憂鬱な結末となった。マイナー博士が独房に引きこもり、絵を返してほしいと悲しそうに要求したとき、冷酷かつ尊大な態度で、実は紛失したと告げられたのだ。絵の返却を求める手紙は、震えた弱々しい筆跡で書かれている。それは半ば正気、半ばもうろくした老人の筆跡であり、なんの役にも立たなかった。それ以来、絵は取り戻されていない。

さらに、マイナーを意気消沈させる出来事が起こった。一九一〇年三月の初めに、ブレイン博士――歴史はウィリアム・マイナーの件では彼を好意的に評価するまい――は、年老いたマイナーの特典をすべて剝奪することを命じたのだ。マイナーはわずか一日前の予告で、三七年前から使っていた二部屋つづきの独房を立ち退くように命じられ、蔵書をそこに残し、書きもの机やスケッチブックを放棄し、フルートを吹くのもやめて、医務室に移るように指示された。それは復讐心に燃えた男の残酷で非道な措置だった。自分の監督下にある患者の名声が高まることに嫉妬したのだろう。わずかに残っているマイナーの友人たちは、このことを知るとこぞって怒りの手紙を送りつけた。

エイダ・マレーさえ――一九〇八年にジェームズがハーバート・アスキス首相の推薦でナイト爵を授けられていたため、いまではレディー・マレーだった――夫にかわって激しく不満を訴え、七六歳の老人であるマイナーに罰として科されたと見られる無慈悲で傲慢な措置を非難した。ブレインはただこう答えただけだった。「いまのままでは深刻な事故につながる危険があると確信しなかったなら、彼のいかなる特典も剝奪するはずはありません」

だが、サー・ジェームズ・マレーもレディー・マレーも納得しなかった。学識ある非凡な友人がアメリカに帰国することは許されなければならない、と二人は主張した。残酷なブレイン博士の支配から彼は逃れなければいけない、もはや無害な学者の快適な家ではなくなり、かつて精神病院として建て直されたとおりの場所になってしまった病院から去らなければならない、というのだ。

マイナーの弟のアルフレッドが、三月の末にロンドンに渡航し、問題をすっかり解決しようとした。彼は先にワシントンのアメリカ合衆国陸軍と話し合い、イギリス内務省が同意するなら、マイナー博士が何年も前に幽閉されていた場所、つまり首都ワシントンのセント・エリザベス連邦病院に彼を移すことは可能だと、将軍たちから言われていた。アルフレッドが大西洋横断中に兄を間違いなく監督することに同意するなら、内務省を説得して許可を取りつけられるだろうということだった。

運命の慈悲深い介入があった。きわめて幸運なことに、当時の内務大臣はウィンストン・チャーチルだったのだ。チャーチルは、そのころはあまり知られていなかったが、生来アメリカ人にたいして同情的なことが、やがて有名になる人物である。そもそも彼の母親がアメリカ人だったからだ。チャーチルは官僚に命じてマイナーの一件の概要を提出させた。その概要はいまも残っており、政府がどのように対処したかが簡潔に記されていて興味深い。

マイナー博士の仮釈放については賛否両論が入り乱れ、最終的には、結論はただ一つの問題にかかっていると見なされた。つまり、マイナーがまだ人にたいして危険だと判断されるなら、移動中の監督を弟のアルフレッドに任せて、小火器に手を出させないようにすることが本当にできるのか、という問題である。官僚はこの問題を検討し、徐々に厳しい結論へと導いて、相互に対応する二つの条件を了解事項とした。一つは、マイナーが危険でないならばというものであり、もう一つは、必要な場合には弟が充分に信頼できるならばという条件だった。こうして、チャーチルへの助言は状況説明と分析という膨大なプロセスにもとづいて行なわれ、問題の人物は仮釈放すべきであり、祖国のアメリカに帰ることを許すべきだと結論された。

それを受けて、一九一〇年四月六日の水曜日、ウィンストン・S・チャーチルは条件つきの釈放許可証に青いインクで正式に署名した。条件とは、マイナーは「釈放と同時に連合王国を離れ、戻ってきてはならない」というものだった。

翌日、サー・ジェームズ・マレーは手紙を書いて旧友に別れを告げられるかと尋ね、その席にレディー・マレーを同伴させてもらえるかと聞いた。「まったく問題はありません」と、ブレイン博士は愛想よく答えた。「彼は体調がかなりよくなっており、喜んで貴殿と面会することでしょう」。マイナーの気分の高揚がうかがえるようだ。三八年という長い年月のあと、ついに祖国に帰れるのである。

これは重大な出来事だった――マイナーにとってはもちろん、すぐには理解されなかったが、イギリスにとっても重大だった――ので、マレーはラッセル・アンド・カンパニーという王室御用達の写真屋から写真家を招き、ブロードムアの庭でマイナー博士の正式な送別写真を撮らせた。ブレイン博士は、今度だけは許可すると言った。できあがった写真には、穏やかな学者風の人物が思いやりをもって撮影されている。その顔の表情は、心の満たされない人のものではない。お茶のあとでイギリスの静かな生け垣の下にすわっているところらしく、心の乱れもうかがわれず、悩みもなく、何も気にかけていない感じである。

一九一〇年四月一六日土曜日の夜明けに、看護主任のスパンホルツ――彼をはじめとするブロードムアの看護人の多くはボーア戦争の元捕虜だった――は、私服でウィリアム・マイナーをロンドンに護送する任務を命じられた。ジェームズ・マレー夫妻が見送りに来て、春の弱い日差しのなかでマイナーに別れを告げた。かしこまって握手をかわした彼らの目には涙が光っていたという。

だが、当時はいまよりも威厳を保つことが要求された時代であり、長いあいだ相互にきわめて大きな意味をもっていた二人の男は、お互いの学識を結集させた成果がほぼ半ばまで完成したこのとき——それまでに完成していた六巻のOEDがマイナーのスーツケースにしっかりとおさめられていた——堅苦しい別れの挨拶をかわした。ブレイン博士も短い別れの言葉を述べた。そして、馬車はひづめの音をたてて小道を去っていき、まもなく春の早朝の霧のなかに消えた。二時間後、馬車はサウス・イースト幹線のブラックネル駅についた。

一時間後に、スパンホルツとマイナーはウォータールー駅の巨大なアーチ形天井の下にいた。一八七二年のあの土曜日の夜に、ここから数百ヤードしか離れていない場所で、この物語の発端となった殺人が行なわれたときよりも、はるかに大きな駅に変貌していた。二人は明らかな理由からそこに長くはとどまらず、二輪馬車に乗ってセント・パンクラスへ行き、そこから連絡列車でティルベリー・ドックに向かった。そして、歩いて波止場まで行き、大西洋輸送航路の二軸の客船ミネトンカ号が停泊しているところについた。ミネトンカ号は石炭と食糧を積みこみ、その日の午後、ニューヨークに向けて出航することになっていた。

波止場について初めて、ブロードムアの看護人は患者の監督義務をまぬがれ、船の舷門の横で待っていたアルフレッド・マイナーに引き渡した。正午前に受け入れ書が正式に提示され、署名された。患者が単なる大きな箱か動物の腰肉のような扱いだった。

「本日ウィリアム・チェスター・マイナーをブロードムア刑事犯精神病院から引き取り、私の保護下に置いたことをここに証明します」と、受け入れ書には書いてあった。そして、「後見人アルフレッド・W・マイナー」と署名されていた。

その後、ブロードムアの看護人は明るく手を振って別れを告げ、帰りの汽車に間に合うように急いで去っていった。二時に出航の汽笛が鳴り、船は甲高い音をたてるタグボートに引かれてゆっくりとテムズ川の河口に進んだ。三時ごろにはノース・フォーランド岬の沖合で右に進路を変え、夕方にはイギリス海峡に出て、翌朝の夜明けにはシリー諸島の南を通過した。そして昼にはついにイギリスから遠ざかり、そこで繰り広げられたすべての悪夢も、湿った船尾甲板の向こうに遠のいて見えなくなった。灰色の海ははてしなく広がり、ほかに船影はなかった。行く手にはアメリカがあった。故郷があった。

二週間後に、ブレイン博士はニューヘヴンから手紙を受け取った。

おかげさまで兄は無事に旅を終え、ワシントンＤＣのセント・エリザベス病院に落ち着き、快適に過ごしております。彼は航海を非常に楽しみ、船酔いもしませんでした。航海の後半は、歩きまわりすぎると思ったほどです。夜も私を困らせることはありませんでした。とはいえ、ニューヨークの波止場についたときは本当にほっとしました……いつの日かお目にかかれることを願っております。ご家族の皆さまにもよろしくお伝えください。ブロードムアの職員と看護人の皆さまのご多幸をお祈りいたします。

11

そして不朽の名作だけが残った

Diagnosis（dəiĕgnō͡ᵘ·sis）．複数形 **-oses**.［a. ラテン語 *diagnōsis*, ギリシア語 *διάγνωσις*，動作名詞 f. *διαγιγνώσκειν* 識別する，見分ける，f. *δια-* の終わりまで，徹底的に，ばらばらに＋*γιγνώσκειν* わかるようになる，理解する．フランス語ではモリエールの作品中で *diagnose*: 前項参照］

1　（医学で）病状の診断；症状と経過を入念に調べて病気を識別すること；また，そのように調べて下した判断（を正式に述べたもの）．

高齢のフレデリック・ファーニヴァルが、大辞典の関係者のなかで最初に他界した。彼が死んだのは、ミネトンカ号がロンドンから出航した日からわずか数週間後のことだった。

ファーニヴァルは運命の年であった一九一〇年の初めから、自分の死期が近いことを悟っていた。彼は最後まで快活で精力的な人物でありつづけ、ハマースミスで小さなボートを漕いでスカル競技を楽しみ、ＡＢＣ喫茶店のウエイトレスたちと戯れ、単語のカードや新聞の切り抜きを毎日集めて、半世紀のあいだ密接に関与してきた事業の編纂者に送っていた。

マレーへの手紙の冒頭に、まもなく自分がそのために死ぬと自覚している病気について、ファーニヴァルは彼らしい型破りな軽蔑の念を記している。手紙では、まずtallowcatchという言葉について触れているが、この言葉はマレーがシェークスピアの作品で見つけて定義を書き、承認を得るためにハマースミスに送ってあったものだ。ファーニヴァルは「非常に太った人……でぶ（a tub of tallow）」——これは今日のa tub of lard（でぶ）という言葉と似ている——などと書かれた定義を称賛している。その直後に、自分の病気の暗い見通しについて、医師から告げられたことを簡潔に語った——大腸癌だったのだ。彼はさらにこう書いた。「辞典の関係者はだんだん減っていき、私も半年後には消え失せます……非常に残念なことです。辞典の完成をこの目で見てから死にたかった。しかし、それはかなわないことです。とはいえ、辞典はもう大丈夫でしょう。だから、もういいのです」

ファーニヴァルは予測どおり七月に他界した。だが、死の直前まで仕事をつづけ、マレーに勧められた非常に長い項目の点検をやりとげた。それは第一一巻に収録される項目だった。「もしよろしければ、膨大なTAKEの項目の最終稿を見ていただけませんか？　手遅れにならないうちに？」と、マレーが要請したのだ。

マレーは着実に年を重ねていくうちに、ファーニヴァルの死だけでなく自分の死もあまり遠くはないことを悟っていた。そしてTAKEの項目をファーニヴァルに託したとき、全体として記念碑的なスケールになるTの項の仕事にマレーが着手したばかりなのは明らかだった。Tの完成だけで五年も要し、一九〇八年から一九一三年までかかったのだ。

この項を終えたとき、マレーはとても安堵して、うかつにも楽観的な見通しを表明した。「これで完成の時期を見通せる段階に到達した。『オックスフォード英語大辞典』はおそらく四年後、私の八〇歳の誕生日に完成するだろう」

だが、そのとおりにはならなかった。OEDは四年後に完成しなかったし、サー・ジェームズも八〇歳まで生きなかったのだ。自分の金婚式と辞典の完成が同時に実現することをマレーは望んだのだが、それはかなわなかった。オックスフォードの医学の勅任教授がかつて冗談を言い、大学はマレーに「なんとか生きていけるだけの」給与を支払い、仕事を完成させようとしているようだと述べたことがある。そうだとすると、給与が足りなかったということになる。

マレーは一九一五年の春に前立腺を病み、当時の治療法だったX線照射でひどく衰弱した。彼は仕事のペースを落とさず、真夏には Trink から Turndown までを完成した。そのなかには難しい語がたくさん含まれていたが、同僚の編纂者によると「彼一流の英知と才覚によって処理された」。マレーは七月一〇日に写字室での最後の写真を撮った。スタッフと娘たちが彼を取り囲み、背景には綴じた本をおさめた棚が写っている。この棚は無数の単語カードを入れた仕切り棚にかわって置かれたもので、編纂の初期のころには仕切り棚がおなじみの背景になっていた。サー・ジェームズはいつものように学帽をかぶっているが、痩せて疲れたように見え、その表情には静かな諦観が漂っている。

周囲の人の表情は、すべてを悟った悲しみに満ちている。

マレーは一九一五年七月二六日に肋膜炎で息を引きとった。埋葬された場所は、生前の望みどおり、オックスフォード大学の中国語教授だった偉大な友人の墓の隣りだった。

ウィリアム・マイナーはワシントンDCの国立精神病院――一九一六年まではセント・エリザベスという名は通称だったが、のちにそれが正式な名称となった――に収容されて五年目に入っていたが、自分に多くの慰めと知的な楽しみを与えてくれた人の死を、後日知ったはずだ。だが、マレーが死んだ当日にも、マイナーは日ごとに悪化していく症状に堪えていたにすぎない。それでも、大西洋を越えて三〇〇〇マイル以上も離れているオックスフォードで展開されている悲しい出来事に、ワシントンのマイナーが無意識のうちに共感していた日だと言うことができるかもしれない。

「患者仲間の一人を殴った」と書いてあるのは、マイナーが収容されていたチェリー病棟の記録であり、日付はマレーが死んだ七月二六日の月曜日となっている。「相手はたまたま立ち止まって部屋をのぞいただけだった。怒って激しく殴ろうとするが、ほとんど力がないので誰にも怪我をさせることはない」（マイナーは一カ月前からともすると人を殴るようになっていた。六月のある午後、看護人とともに散歩している途中で警官に出会った。警官が質問しだすと、マイナーは看護人の胸をたたきはじめた。だが、あ

とであやまり、「少し興奮しやすく」なっていると説明した）

おそらく初めて病院の記録に書きこまれたときから、彼はほとんど人に危害を加えることはできなかったと思われる。たしかに、精神異常かもしれないが、痛ましいほど痩せており、脊椎は湾曲し、足を引きずって歩き、歯も毛髪もなくなっていた。普通の犯罪者のように全身と横顔の写真を撮られているが、鬚は長くて白く、禿げあがった頭は丸みをおび、目は狂気じみている。病気は単なる妄想症と診断された。マイナーはいまだに小さな少女たちのことを絶えず考えていると告白し、夜間に連れだされて恐ろしい行為を強制される夢をみると言った。

しかし、彼は危険な存在だとは見られなかった。医師たちの合意により、看護人の付添いがあれば近くの田舎道を散歩することもできた。ナイフも鋏も使うことを許されなかったのは、ペニスを切断したからにちがいなかった。だが、それ以外の面ではマイナーは無害だと見なされた。彼は単なる七七歳の老人であり、痩せて、歯は抜け落ち、しわだらけで、耳が遠く、「年齢のわりにはきわめて元気」なだけだった。

マイナーの妄想はセント・エリザベス病院で過ごすうちに徐々に悪化した。彼はいつも鳥に目を突つきだされると訴え、金属の漏斗《じょうご》で口のなかに食べ物を押し込まれ、ハンマーで爪を打ちつけられ、大勢のピグミーが自分の部屋の床下に隠れ、悪の世界の代理人として行動しているなどと言った。ときどき怒りっぽくなるが、静かで礼儀正しいときのほうが多く、部屋のなかでしきりに本を読んだり自分でなにか書いたりした。彼はいくぶん傲慢な雰囲気をもっていた、とある医師は述べている。他の患者たちとあまりつきあおうとはせず、自分の部屋には絶対に誰も入れようとしなかった。

それまでのマイナーの謎に満ちた病気に新たな診断が下されたのは、セント・エリザベス病院に転院してからであり、その診断によって初めて、現在も通用する病名がつけられた。一九一八年一一月八日に、連邦患者第一八四八七号のウィリアム・マイナーの主治医である精神科医のダヴィディアンが正式に断言したところでは、マイナーは「妄想《パラノイア》型早発性痴呆」と呼ばれる病気にかかっていたのである。それ以来、「モノマニー」というあいまいな言葉は使われなくなり、単なる「パラノイア」という言葉も使われなくなった。マイナーとその病歴は、ついにヴィクトリア女王時代の束縛を解かれ、当惑しながらも断固として精神異常者を「道徳的に治療」するという、成果のあやしい方針から解放された。この病名はパリのサルペトリエール病院に勤務するフランス人のフィリップ・ピネルがつくりだした言葉で、やがて現代精神医学の世界に受け入れられることになった。

「早発性痴呆」という新しい言葉は、きわめて的確だった。ダヴィディアンが診断に用いたときより二〇年ほど前からこの言葉は使われていた。文字どおりの意味は「知力の早期の減退」であり、その症状は一〇代、二〇代、三〇代という若いうちからマイナーのように現実を把握できなくなるというものだった。その意味で、「老人性痴呆」とは著しく異なっていた。老人性痴呆という言葉は、かつては明らかに老齢にともなうもうろくをあらわすのに用いられた。アルツハイマー病がその一例である。

早発性痴呆という用語は、一八九九年にハイデルベルクでドイツ人の精神科医エミール・クレッペリンが発表した。当時、クレッペリンは既知の精神病の分類の権威だった。彼はこの症状に命名するとき、老人の病気とあまり区別しないようにし、躁鬱病とは非常に異なるものだとした。躁鬱病は早発性痴呆とよく似ているため、ごく初期の精神科医はこの二つの病気を混同したのである。

クレッペリンの見解は、当時としては革命的なものだった。躁鬱病には肉体的な原因（アルカリ金属であるリチウムの、血液や脳における濃度が低いなど）が認められ、したがって治療が可能である（たとえばリチウムの錠剤を用いて鬱状態の患者のリチウム濃度を高める）のにたいし、早発性痴呆は心因性の病気と呼ばれ、外的な原因は認められなかった。そのため、本態性高血圧症などのような解明されていない全身的な異常と似ていると見なされた。本態性高血圧症とは、原因不明の高血圧症であり、さまざまに面倒な副作用をともなう病気である。

クレッペリンは早発性痴呆をさらに三つのタイプに分類した。一つは緊張病型であり、身体の運動機能が過大であるか存在しないものをさす。二番目は破瓜《はか》病型であり、思春期に異様な行動をとりはじめるものをさす。そのためにこの言葉は「若さ」を意味するギリシア語のἥβηが語源になっている。三番目は妄想型であり、このタイプの患者は妄想を抱くのだが、虐待される妄想である場合が多い。当時のクレッペリンの分類によれば、マイナー博士の病気はこの妄想型の痴呆なのだった。

そして、マイナーには伝統的な治療が施された。まだ単純かつ基本的な治療であり、現代の基準からみれば愕然とするほど知識に欠けていた。早発性痴呆の患者は治療をしても治らないと見なされ、法廷の命令によって社会から排除されて――ピネルの強大な影響力のおかげでたいていの場合は優しく、親切に――高い塀のなかの独房に入れられて、外の正常な世界に住む人たちに迷惑をかけないように隔離されるのだった。二、三年間だけ幽閉される者もいれば、一〇年、二〇年と閉じこめられる者もいた。マイナーの場合、不本意ながら社会から追放されて過ごした期間は人生の大半におよんだ。彼は人生の最初の三八年間のほとんどを外の世界で過ごし、そしてジョージ・メリットを殺害した。その後に残された四八年間のうち四七年間は国立精神病院に入れられ、本質的に治療を受けなかった。当時の医師の見解では、もともと治療不可能だったからだ。

マイナーとダヴィディアンの時代以来、この病気にたいする偏見はずっと小さくなってきた。まず病名が変わり、「精神分裂病」という言葉が一九一二年に初めて使われた。これは「分裂した精神」という意味のギリシア語を語源とし、最初は早発性痴呆と呼ぶよりも人に与える恐怖感が少なかった（病名はまた変わるかもしれない。昔からこの病気にともなう不快な連想を除くため、いまでは――まったく問題がないとは言えないだろうが――クレッペリン症候群と呼ぼうとする動きもある〔日本では二〇〇二年より統合失調症という名称が使われている〕）。

この病気にたいする初期の治療は、マイナーの最後の衰弱期に導入されつつあったのだが、抱水クロラールやアミトールやパラアルデヒドなどの鎮静剤を大量に使用する。現在はあらゆる高価な抗精神病薬が、精神分裂病のより不快な症状を少なくとも抑制するために使われている。しかし、これまでのところ大金を投じても、病気と悪霊にとりつかれたような症状を誘発する謎の原因を抑制する点では、ほとんど貴重な進歩は見られない。

そのうえ、これらの原因は何なのかについて、議論がつづいている。脳の化学作用も外観も機能もひどく混乱する精神分裂病のように重大な精神の病気に、本当に原因があると言えるのだろうか？　ウィリアム・マイナーの場合、ウィルダーネスの戦いにおける恐ろしい場面が、実際に彼の多様な行為を誘発したと言えるのだろうか？

アイルランド人に焼き印を押したことが、直接、あるいは間接的に八年後の犯罪を引き起こし、残りの生涯を追放されたまま過ごす原因となったのだろうか？　何か特定の出来事が起こり、病原菌の侵入に相当する精神的な要因にさらされたことがあるのだろうか？　さらに、この病気はどんなものなのか――単なる風変わりという段階を超えた人格であり、社会が許容できない段階に入りこんだものなのだろうか？

誰にもわからない。一九八四年に提出されたある報告書には、自分が二つの頭をもっているとかたく信じている男のようすが書かれている。二つの頭のうち一つが堪えられないほど腹立たしくなって、彼は銃で自分の頭を撃ち、ひどい怪我をした。その男は精神分裂病と診断され、精神科医は、彼が一つの頭しかもっていないことが明白なため、不合理な妄想に支配されていると判断した。だがその後、ヴィクトリア女王時代のハートフォードシアに住んでいた悪名高い「狂ったルーカス」のケースが明らかになった。ルーカスは三カ月のあいだ妻の死体とともに暮らし、その後は自分だけで人里離れた汚い場所に四半世紀のあいだ住んでいたところ、ロンドンから日帰り旅行に来た観光客に発見された。そして、やはり精神分裂病と診断された。本当にそうだったのだろうか？風変わりの境界線上にいて、一般に認められている基準を超えた行動をとっただけではないのか？　彼は二つの頭をもっていると思いこんだ男と同じくらい狂っていたのだろうか？　彼は危険であり、監禁しなければならなかったのだろうか？　そして、ウィリアム・マイナーのような症例は、精神分裂病のなかでどう位置づけられるのだろうか？マイナーは最初の例の男ほどは異常ではなく、第二の例の男よりは異常だったのだろうか？　どのようにして異常の程度をはかるのだろう？　どのように扱ったらよいのだろうか？　どのように判断すべきなのだろうか？

現代の精神科医はこうしたすべての問題について慎重な態度をとりつづけ、精神分裂病は誘発されるものなのか、あるいは原因を特定できるものなのかを解明できないまま、議論をつづけている。学究的な精神科医の大半は断定を避けて自説を主張せず、ただ「多くの要因が重なった結果」だと思うと言うことを好む。

患者はこの病気にかかりやすい遺伝的な素因をもっているだけなのかもしれない。あるいは持ち前の気質の特徴として、外部からのストレス――戦場の光景や拷問のショックなど――にたいして遺伝的な素因と同様に「間違って」あるいは激しく「反応する」傾向が強いだけなのかもしれない。そして、なんらかの光景やショックがあまりにも大きすぎたり、突然すぎたりしたときに堪えられなくなり、完全に正気でいられなくなるのかもしれない。

心的外傷後ストレス障害という症状が新たに特定されているが、これは非常に恐ろしい状況にさらされた場合にきわめて多くの人びとがおかされる疾患である。この疾患と精神分裂病との唯一の違いとして今日認められているのは、心的外傷後ストレス障害が初めて集団で確認された湾岸戦争や、誘拐や交通事故などの外傷性障害のあとで、一定の期間が経過すればその症状が消えるという点である。しかし、ウィリアム・チェスター・マイナーの場合は症状が消えることはなかった。彼の苦しみは生涯つづいた。心的外傷後ストレス障害のためにマイナーの人生は破壊され、被害者の人生も破壊されたというのがわかりやすい説明かもしれないが、マイナーの症状がずっとつづいたことを考えれば、別の説明が必要になる。マイナーの脳には何か重大な欠陥があり、ヴァージニアの出来事にうながされて破壊的な徴候が外にあらわれたのである。

異常な遺伝的素因から、マイナーは病気にかかりやすかったのかもしれない。状況はさだかではないが、彼の親類のうち二人が自殺しているからだ。マイナーは穏やかな気質のために——彼は絵を描き、フルートを吹き、古書を収集する人間だった——南部の血まみれの戦場で目撃したものやそのときに感じたことから、極度に衝撃を受けたのかもしれない。その後、ブロードムアに幽閉されたために回復しなかったのであり、もっと同情心のある啓蒙された時代だったら、彼の暗い感情も和らげられ、回復がうながされていたかもしれない。現在では一〇〇人のうち一人が精神分裂病にかかっているが、思いやりと優れた薬による治療で、ほぼ全員がある程度までまともな人生を送っている。だが、マイナー博士の時代にはそのような人生を送ることはほとんど許されなかった。

ただ、もちろんマイナーは辞典の仕事をした。そして、ここには残酷な皮肉がある。もし現代のような治療をほどこされていたなら、マイナーは辞典の仕事をしなければならないと感じなかったかもしれないのだ。エドワード七世の時代のように精神状態に影響をおよぼす鎮静剤を投与したり、現在のようにクエティアピンやリスペリドンなどの抗精神病薬で治療していたら、マイナーの精神異常の症状の多くは治っていたかもしれない。そのかわり、マレー博士のための仕事には気が進まなくなるか、できないと感じたかもしれないのだ。

ある意味で、辞典の仕事をするのはマイナーにとっては薬であり、治療になっていた。独房にこもって知的な刺激を静かに受ける作業を、何カ月、何年とつづけていくうちに、少なくともある程度は妄想から解放されたように見える。マイナーの痛ましい状況が悪化したのは、この刺激がなくなったときだけだった。大辞典に心を惹かれなくなったとき、すばらしいが痛めつけられてもいた頭脳で集中できることがなくなったとき、マイナーは堕落しはじめ、生命力も衰えはじめたのである。

したがって、治療が不充分だったためにマイナーが仕事から気をそらさなかったことにたいして、奇妙な感謝の念を抱かざるをえない。あの恐ろしい精神病院の夜に彼が苦しみつづけたからこそ、われわれは恩恵をこうむっているのである。彼は精神異常だった。そしてそのために、われわれが喜ばしく思う理由があるのだ。本当に残酷な皮肉であり、そのことを考えるほど気持ちが落ち着かなくなってしまう。

一九一五年一一月、サー・ジェームズの死の四カ月後に、マイナー博士はオックスフォードのレディー・マレーに手紙を書き、ブロードムアから写字室に送られてサー・ジエームズが死んだときに彼の所有物となっていたすべての本を提供すると言った。マイナーは、それらの本がやがてはボドリー図書館に贈られることを望んでいた。「お元気そうなようすが、お手紙から察することができ……何よりです。いまでも辞典の仕事を盛んになさっていることと思います……」。マイナーはイギリス式の綴り方で書いている。ブロードムアで過ごした年月から、単なる保護監督以上の影響を受けたのは明らかだ。

こうして、マイナーの蔵書は今日もボドリー図書館におさめられており、「マイナー博士によりレディー・マレーをとおして」寄贈されたと記されている。

だが、このころにはマイナーは日ごとに衰弱しつつあった。南北戦争当時の同僚がペンシルヴェニアのウェスト・チェスターから手紙を書き、友人のようすを尋ねたとき、病院の院長は、マイナー大尉は年齢のわりには健康であり、「明るくて心地よい病室のなかで、環境に満足しているようだ」と答えている。

しかし、病院の記録はこれとは異なり、老衰と痴呆が徐々に進行していくようすが繰り返し記されている。だんだん記録が頻繁になっている内容は、つまずいて怪我をした、方角がわからなくなった、かんしゃくを起こした、徘徊した、ふらつくようになった、疲れやすい、などの症状であり、なかでも最悪なのは、もの忘れをするようになり、それを自覚していることだった。マイナーの知性は、痛めつけられながらも常に奇妙なほど鋭敏だった。第一次世界大戦が終わった一九一八年には、マイナーは自分の知的能力が低下してきたことを自覚していたようだ。精神がついに肉体と同様に衰弱し、人生が終わろうとしていることを悟ったのである。あるときは数日間床に臥し、充分に休みたいのだと言った。彼は扉に椅子でバリケードを築いた。まだ虐待されると思いこんでいたのだ。殺人事件から四五年以上がたち、フロリダの陸軍の要塞で初めて精神異常の徴候が認められたときから半世紀が過ぎていた。それでも症状は変わらずに繰り返し起こり、治療もされず、治癒しなかった。

マイナーはいまだに不満を訴える手紙を書くことがあった。以下は一九一七年の夏に書かれたものだ。

ホワイト博士へ――拝啓。肉類――牛肉とハム――が非常に固く、乾燥していたことがありました。この点は貴殿の通達以来ある程度改善されたので、それについては不満は申しません。肉に添える野菜は米だけのようでした。

不満を訴えるほどの問題ではありませんが、こうしたささいなことが、ここで人生を送っているわれわれにとっては重要なのです。

ご配慮いただければ幸いです。

敬具

一年後——記憶力と視力の衰えから、手紙の日付は一九一八年ではなく一八一九年と記されているが——マイナーはにわかに奇妙なほど気前がよくなった。ジェームズ・マレーがケープに出かけるときにお金を贈ったのと同じようだった。このときはベルギー救済基金に二五ドルを送り、さらに二五ドルを母校のイェール大学に送って、同校の兵役基金に寄付をした。イェール大学の学長はウッドブリッジ・ホールから返書を送った。「マイナー博士の経歴についてはよく存じております」と、院長にあてて書かれている。「それゆえ、いっそう大きな感銘を受けて、この贈り物を拝受しました」

一九一九年にマイナーの甥のエドワード・マイナーが、セント・エリザベス病院から彼を解放することを軍に申請し、コネチカット州ハートフォードの老人精神病院に移すよう願い出た。その病院は「リトリート」として知られていた。軍は承諾し、「リトリートがこの件を完全に理解するなら、彼を移すべきだと考える」と、この問題を討議した一〇月の会議でデューヴォル博士は述べた。「彼はもうかなり高齢であり、あまり危険はないと思われる」。病院の理事会も承認し、一一月の吹雪のなか、高齢の弱々しい紳士はワシントンを離れ、一八七二年以来住んでいた精神病院という奇妙な世界を永久にあとにした。

マイナーは新しいすみかが気に入った。森や庭園のある広い敷地に建てられた立派な建物で、コネチカット川の岸に位置していた。甥は一九二〇年の初冬の手紙に、転院によってマイナーがいくらか元気になったと記しているが、自分で自分の世話をすることができなくなったとも書いている。それだけでなく、急速に視力を失い、数カ月前から本が読めなくなっていた。何より大切な喜びの源泉が失われたいま、生きる望みはほとんど残っていないと思えたにちがいない。そのため、誰も意外に思わなかったのだが、その年、初春の風の吹き荒れる日に散歩をしたあと、マイナーは風邪をひき、気管支肺炎を起こして、眠っているあいだに穏やかに他界した。一九二〇年三月二六日、金曜日のことだった。彼は八五年九カ月の長きにわたって生きたのだった。精神は異常だったかもしれないが、ジョンソン博士の辞典にある象のように寿命は長かった。

死亡公告はなかった。《ニューヘヴン・レジスター》紙の死亡者欄に二行記されただけだった。彼は故郷に運ばれ、翌月曜日の午後にエヴァーグリーン共同墓地に埋葬された。そこは宣教師の父イーストマン・ストロング・マイナーが定めた一族の埋葬地だった。墓石は赤みがかった砂岩でつくられた小さくて平凡なもので、ウィリアム・チェスター・マイナーという名前だけが彫られている。近くの台座には天使が立って空を見上げ、「神を信仰する」という銘文が彫られている。

エヴァーグリーン共同墓地は周囲を高い金網塀に囲まれ、ニューヘヴンの騒々しい地域から隔離されており、厳格な気品に満ちたイェール大学からも遠く離れている。塀の存在そのものが、悲しくも皮肉な現実を強調している。ウィリアム・マイナー博士は、最高の英語辞典に最大の貢献をした一人であったにもかかわらず、忘れられたままひっそりと息を引きとり、スラム街のそばに埋葬されているのだ。

『オックスフォード英語大辞典』自体は、編纂を終えるまでになお八年を要し、一九二七年の大晦日に完成が宣言された。《ニューヨーク・タイムズ》紙は元日で日曜日だった翌日の朝刊の第一面でこの事実を報じ、古英語のケント方言の単語である zyxt ――動詞 see の単数直接法現在時制で暗語――を含めて辞典が完成し、アルファベットはすべて網羅され、完全な原稿がすべて印刷業者の手に渡ったと記した。大辞典の完成は「英語の文献史を通じて最大のロマンスの一つ」であると、同紙は率直に惜しみない称賛を送った。

アメリカ人は辞典編纂の物語をたいへん好んだ。自身も優れた辞典編纂者であるH・L・メンケンは、オックスフォードが七〇年におよぶ事業の完成を祝うにあたり、「紳士たちが軍事教練やボクシングの試合をし、ラテン語、ギリシア語、英語、そしてオックスフォード方言で式辞を述べ、カレッジ間で怒鳴りあい、中世の飲みくらべをする」

ことを心から期待すると書いた。最後の編纂主幹がオックスフォードとシカゴで教授をつとめたことを考えれば、少なくとも部分的には自分たちが製作したとも言える辞典に、アメリカ人が多大な関心を寄せるのも当然だった。

辞典編纂というつらい孤独な仕事にあたり、マレーやマイナーたちが盛んな言葉の激流に立ち向かって見事に戦いぬいたのだが、彼らの仕事はいま大きく報いられた。全一二巻の辞典には四一万四八二五語の見出し語が収録され、一八二万七三〇六の用例が引用されている。そのうち、ウィリアム・マイナーが送った用例だけで何万件にもなる。

活字の全長は――凸版でつくられたためすべて手組みであり、インクののった紙がかすかに押しつけられているのがいまでもわかる――一七八マイルに達し、ロンドンからマンチェスターの郊外までの距離に相当する。句読点やスペースを除いても――印刷業者にとっては、一つの文字を組むのと同じ時間がかかるのだが――二億二七七七万九五八九個もの文字と数字が印刷されている。

他の言語の辞典のなかには完成にもっと長い期間を要したものもあるが、この辞典ほど偉大で崇高で権威のあるものはほかに存在しない。印刷術の発明以来、最高の業績といえる。これまでの著作のなかで最も長くてすばらしい複数巻の出版物である。

一つの単語が――一つの単語だけが――実は紛失していた。それは bondmaid（無給で働かされる女）という語であり、ジョンソンの辞典には収録されていた。実はマレーがなくして行方不明になり、やがて見つかったときには、Battentlie — Bozzom の分冊はずっと前に出版されていた。この単語をはじめ、分冊と本巻の編纂に費やされた四四年間に進化したり新たに出現したりした何万語もの単語が、補遺に収録されて、一九三三年に出版された。さらに四冊の補遺が、一九七二年から一九八六年のあいだに出版された。一九八九年には、オックスフォード大学出版局はコンピュータという新しい力を利用し、完全に統合された第二版を出版した。補遺に収録された語の変化や追加をすべてまとめて全二〇巻とし、各巻は第一版よりもやや薄くなっている。七〇年代末には、販売を促進するために二巻からなる縮刷版が出版された。活字が非常に小さいので、倍率の大きい拡大鏡がついていた。その後CD - ROMが登場し、その少しあとにはオンラインで利用できるようになった。第三版の作業も莫大な予算で着手された。

ＯＥＤはエリート主義者と男性とイギリス人とヴィクトリア女王時代の傾向を反映しているという批判が、ときどき聞かれる。だが、当時の多くの功績と同様に、ＯＥＤの反映する一連の傾向が二〇世紀末の傾向と完全に調和しないことは認めたとしても、この辞典に迫る偉業を成しとげた辞典は他に存在しないし、これからも生まれないだろうと思われる。ＯＥＤは、好奇心の強い熱心な多数の男女が広範な知識と興味をもってつくりあげた堂々たる作品だったのであり、今日も生きつづけている――ＯＥＤが手本になると正当に主張する言語が生きつづけているのと同じように。

あとがき

Memorial (mĭmōᵊ·riăl), 形容詞および名詞．[a. 古期フランス語 *memorial* (近代フランス語 *mémorial*) ＝スペイン語，ポルトガル語 *memorial*, イタリア語 *memoriale*, ラテン語 *memoriālis* 形容詞 (中性の *memoriāle*, 後期ラテン語では名詞として使われた)，*memoria* MEMORY より] **A** 形容詞．

1 人やものの思い出を保存すること；

3 人やものや出来事の記憶が保存されているもの．たとえば記念碑的な建造物

この物語に登場するアメリカ陸軍軍人は、世界で最も偉大な辞典の編纂に関与し、人の記憶に残る驚くべき、称賛に値する比類ない貢献をしたが、それは不幸で痛ましい貢献でもあった。だが、これを語る過程で、ウィリアム・チェスター・マイナーが自分の時間とエネルギーのすべてをOEDの編纂に捧げることができる立場に置かれた状況については、忘れられがちになっている。その状況は、彼が誰にも許されない恐ろしい殺人を犯したことによって始まったのだ。

マイナーの被害者であるジョージ・メリットは、平凡で善良な労働者階級の男で、農民の息子であり、ウィルトシアからロンドンに出てきて生計を立てようとしたが、射殺されたのだった。あとには身重の妻イライザと七人の幼い子供が残された。一家は以前からとても貧しく、農村に住んでいたころのように世間に恥じない生活を保とうとつとめながら、ヴィクトリア女王時代の都市でも最も荒廃した過酷で貧しい地域に住んだ。そして、メリットが殺害されたことで事態はさらに悪化したのである。

ロンドン中がその殺人に衝撃を受け、恐怖におののいた。そして、基金が設立され、未亡人と子供たちを助けるために寄付金が集められた。とくにアメリカ人は、自国民の一人が犯した非道な行ないに衝撃を受け、総領事から外交基金に寄付を求められた。ランベスの聖職者は宗派を問わず団結して寄付を集めた。アマチュアによる一連の演芸会——「きわめて上流階級らしい」朗読会で、ロングフェローの詩や『オセロ』からの抜粋をヘラクレス・クラブで朗読するものを含む——が町中で開催されて資金を集めた。そして、葬儀そのものも念がいっていて、身分の高い人の葬儀のように厳粛に執り行なわれた。

ジョージ・メリットはフォレスター会の会員だった。フォレスター会はたくさんあったいわゆる慈善友愛組合の一つで、かつてはイギリス中に知られており、行政や民間による資金がない場合、労働者階級に協同年金などの資金援助を提供していた。メリットは射殺された夜、フォレスター会の仲間にかわって仕事につく予定だった。この小さな善行ゆえに、フォレスター会はなおのことメリットのために立派な別れの儀式を催す義務があった。

葬儀の参列者は二分の一マイルに達した。先頭ではフォレスター会のバンドが葬送行進曲を演奏し、つづいて記章をつけた会員が行進し、その次に馬に引かれた霊柩車と遺族を乗せた四台の黒い馬車がつづいた。イライザ・メリットは一台目の馬車に乗り、一番下の赤ん坊を抱いて泣いていた。ビール醸造所の従業員が何百人もそれにつづき、そのあとには数千人の一般人が腕や帽子に黒の喪章をつけてつづいた。

葬列は午後いっぱいつづき、ランベスからベルヴェディア通りの悲劇の現場と精神病院をとおってトゥーティングの広い共同墓地にいたり、そこにジョージ・メリットは埋葬された。

メリットの墓はかつては表示があったのかもしれないが、いまはなく、彼が眠っていると記録されている場所には色あせた草が生えているだけで、小さく固められた土のまわりにはもっと新しい立派な墓石が立ち並んでいる。

この物語でわかるように、ウィリアム・マイナーは正気のときには罪を悔い、妄想から引き起こした結果に愕然とした。ブロードムアの独房から遺族への送金を手配し、残された家族を貧しさから救おうとした。継母のジュディスはすでに子供たちに贈り物をしていた。悲劇の七年ほどあとに、マイナーが手紙に自責の念を記したとき、イライザ・メリットは彼を許すと言い、いまではめずらしいと思われる決断をしてブロードムアに彼を訪ねた。そして、数カ月のあいだしばしばクローソンを訪れ、彼の大切な本を運んできた。だが、彼女は事件のショックから本当は立ち直れなかった。まもなく飲酒にふけるようになり、肝臓の機能不全が原因で死んだ。

　息子のうち二人の人生はきわめて変わっていた。二番目の息子のジョージは、ジュディスから贈られたお金でモナコへ行き、かなりの資産を築いてその地にとどまり、モンテカルロの王と自称していたが、やがて貧しくなって南フランスで人知れずに死んだ。弟のフレデリックはロンドンでピストル自殺したが、その理由は充分に説明がついていない。マイナーの弟の二人も自殺したという事実が、物語全体を堪えがたい悲しみでいろどっている。

　しかし、この奇妙な物語のなかでいちばん悲劇的な人物は、最も忘れられがちな男であり、一八七二年二月の土曜日の夜に銃で撃たれ、ランベスの丸石を敷きつめた湿った冷たい舗道に倒れた男である。

　この物語のなかで最も悲劇的に結びついている二人の主人公を追悼するものはといえば、みすぼらしく目もあてられないありさまだ。ウィリアム・マイナーの質素で小さな墓石はニューヘヴンの共同墓地にあり、ごみとスラム街に囲まれている。ジョージ・メリットの墓には何もなく、南ロンドンの無秩序な墓地に灰色がかった草が生えているだけだ。だが、マイナーは大辞典の仕事をしたためにいくらか優位に立ち、その仕事が彼の記念として最も長く残ると言えるかもしれない。しかし、マイナーが殺した男が記憶に値することを示唆するものは、まるで何も残っていない。ジョージ・メリットは完全に無名の男になってしまったのだ。

だからこそ、一二〇年以上たったいま、このささやかな記述は彼に捧げる言葉で始まるのが適切だと思われる。そして本書が故ジョージ・メリットが生きたことへの小さな証《あかし》として書かれたのも、そのためだ。メリットの不幸な死がなければ、これらの出来事は決して起こらず、この物語を語ることもできなかったのである。

著者の覚書

‖ **Coda**（kō·da, kō͞u·dă）．（音楽で）［イタリア語：ラテン語 *cauda*　尾，から］楽章の重要な部分が終わったあとに導入される，ある程度独立した特徴をもつ楽節，曲の結末をいっそう明確かつ満足なものにするために導入する．

私がこの物語の中心である辞典そのものに初めて関心をもったのは、一九八〇年代の初めにオックスフォードに住んでいたときだった。ある夏の日に、オックスフォード大学出版局で働いていた友人に誘われて倉庫へ行き、いまは忘れられている貴重な品を見せてもらった。それは乱雑に積まれた金属のプレートであり、縦が一〇インチ横が七インチほどだったが、持ちあげてみると非常に重かった。

それは放置されていた凸版の印刷版で、『オックスフォード英語大辞典』の印刷に使われたものだった。表が鉛で裏が鋼鉄とアンチモンの版は、一九世紀と二〇世紀の初頭に鋳造され、それを使ってOEDの膨大な印刷――編纂途中につくられた分冊から一九二八年の全一二巻の最高傑作まで――のすべてが行なわれた。

友人によると、出版局は最近もっと近代的な方法を採用した。コンピュータによる活字や写真製版技術のデジタル化などである。凸版印刷による古い方法――鉛のスラッグや植字用ステッキ、全角や真鍮版・銅版、チンパンやプラテンブラシ、すばやく反転した文字を読んだり下から読んだりする超人的な能力――は、ついに捨て去られたのだ。プレートも、活字の手組みに使うすべてのジョブケースも捨てられ、活字は溶かされ、運び去られていた。

プレートを一枚か二枚もっていかないか、と友人は私に聞いた。かつてはとてもすばらしいものだったのだから、記念にもっていたらというのである。

暗くてほこりっぽい照明の下で懸命に反転した文字を読み、私は三枚を選んだ。そのうち二枚は人にあげてしまったが、一枚はとっておいた。それは大辞典第五巻の四五二ページであり、humoral（体液の）から humour（おかしみ）までの単語が載っていた。一九〇一年ごろに編纂され、一九〇二年に活字が組まれた。

私は何年間も、その汚れた奇妙な古いプレートを自分のそばに置いていた。お守りのようなものだった。さまざまな都市や村のさまざまなアパートや一軒家に住むことになったが、いつも食器棚の片隅に隠しておいた。私はそのプレートをいくぶん誇りにしていた。そしてもっと大切なものの陰に隠れているのを見つけるたびに、取り出してほこりを払い、友人に見せて辞典編纂の歴史を語る魅力的で小さな品物だと言った。

最初のうち、友人たちは私の頭が少しおかしいと思ったにちがいない。だが、しばらくすると、この黒ずんだとても重い小さなプレートにたいする私の奇妙な愛着を理解してくれるようになったと、実のところ私は思っている。彼らが盛り上がった鉛の上をそっと指でこするのを見て、うなずきあったものだ。触感がおもしろいし、単純な知的楽しみも味わえるらしかった。

九〇年代の半ばにアメリカに住むようになったとき、私はある凸版印刷の印刷業者に会った。マサチューセッツの西部に住んでいる女性だった。プレートの話をすると、彼女は明らかに興奮した。ＯＥＤの編纂の物語には非常に関心があると彼女は言い、辞典のデザインもとても気に入っていると言った。上品で賢明な、活版術とフォントの大きさの組み合わせを、ヴィクトリア女王時代の厳格な編纂者たちは選んだのだった。彼女はプレートが見たいと言い、私が持っていくと、しばらく貸してくれないかと聞いた。

そのしばらくが二年にもなり、そのあいだ彼女は、手組みの印刷業者が今日できるかぎりの仕事をしていた。ジョン・アップダイクの広告を手がけ、ニューイングランドの何人かの詩人の手になる小冊子をつくり、短篇集や戯曲集も出版し、そのすべてを手づくりの紙に印刷していた。彼女は職人であり、仕事は綿密に、ゆっくりと、完璧にするのだった。そして、そのあいだずっと、私のプレートは窓枠に立てたままで、どうしたらいいかと考えていたらしい。

ついに彼女は決心した。私が中国好きで、何年も住んでいたことを彼女は知っており、イギリスのどの都市よりもオックスフォードが好きなことも知っていた。それで、プレートをおろして慎重に洗い、積もったほこりや油やインクを落として印刷機にのせ、最高級の手すきの紙に二部、ていねいに印刷した。一部はオックスフォードの青、もう一部は中国の赤だった。

それから彼女は三つの品を並べて置いた。金属プレートを中央に、赤のページを左に、青のページを右に置き、反射防止ガラスのついた細い金縁の額に入れた。完成すると、針金とブラケットをつけて壁に飾れるようにし、彼女の故郷の小さなカフェに飾った。それから私に葉書をよこし、いつでも都合のよいときに取りにきて、そのときはカフェの主人のイチゴとダイオウのパイとカプチーノをぜひ楽しむようにと書いてあった。料金の請求はなく、それ以来、私は彼女に会っていない。

しかし、プレートとその校正刷りは私の部屋の壁にかかっており、その下の小さなランプが机の上に開かれた大辞典を照らしている。それは第五巻であり、開いてあるページはそのすぐ上にかかっている金属プレートで印刷されたページと同じだ。ヴィクトリア女王時代の人なら「すばらしい一致」と言ったのではないかと思われるし、そこは辞典編纂と印刷の喜びや言葉の楽しみをおさめた小さな聖堂になっている。

かつて私の母が気づいたのだが、プレートと印刷されたページと下に置いた辞典で最も大きいスペースを占めているのは humorist（ユーモリスト）という言葉だった。そこから母はおもしろい偶然を思い出した。それほどすばらしくはないが「一致」である。Humoristは一九二一年六月一日のダービーに出走した馬の名で、その日は母が生まれた日なのだった。母の父親は女の子誕生のニュースにとても喜び、勝ち目のないその牝馬に一〇ギニーを賭けた。ところが、その馬が勝ち、私が会ったことのない祖父は一〇〇〇ギニーを手に入れた。それは、たまたま名前がおもしろいと思ったからにすぎなかった。

謝　辞

Acknowledgment (ǣknǫ·lėdʒmĕnt)；また **acknowledgement** [f. 動詞 ACKNOWLEDGE + -MENT. 英語の動詞に *-ment* がついた初期の例]

1　認めること，白状すること，（存在などを）承認すること，または（罪などを）告白すること；白状，率直な承認.

5　贈り物や便宜を受けた，または連絡されたと認めること；感謝をもって，丁重に，または充分に認めること.

6　5から派生した意味として，受け取ったものを感謝しているということがわかるしるし；好意やメッセージの返礼として贈られるものか，その行為，もしくは受け取ったという正式な通知.

1739　T. SHERIDAN *Persius* Ded. 3, あなたが与えてくれた大きな喜びへの感謝のしるし（Acknowledgment）に，この『ペルシウス』の訳書をささげる. **1802**　MAR. EDGEWORTH *Moral T.*（1816）I. xvi. 133　彼の丁重な行いに感謝（acknowledgment）する. **1881**　*Daily Tel.* Dec. 27　画家は姿をあらわして感謝の念（acknowledgments）を示さなければならなかった. **現代**　ささやかな感謝のしるし（acknowledgment）にこれを受けとってください.

　初めてこの物語を知ったのは、辞典編纂の技術にかんするかなり重々しい本を読んだときのことだ。そのなかで、この話は独り言のようにきわめて簡潔に語られていた。それを読んだとたん、調査に値し、おそらくすべてを語る価値のある物語だと私は思った。しかし、数カ月のあいだは自分ひとりでそう考えていただけだった。まったく異なる主題を扱った非常に大きな仕事をしているところで、周囲のほとんど誰からも、その仕事を推進するべきだと言われ、この興味をそそる小さな一代記には手をつけなかったのだ。

　しかし四人の人たちが、私と同じようにこの物語に魅力を感じた。そして、ウィリアム・マイナーという人間の感動的な物語を語ることによって、ある種のプリズムができ、それをとおして英語辞典の編纂史というさらに偉大で魅力的な物語を見ることができるとも考えた。この四人とは古くからの友人でロンドンの代理人でもあるビル・ハミルトン、ロンドンでのヴァイキングにおける私の編集者アーニャ・ワディントン、ニューヨークのハーパーコリンズの編集主任ラリー・アシュミード、当時《コンデナスト・トラベラー》誌のオフィスで編集補佐をつとめていた同じくニューヨークのマリサ・ミラネーゼである。彼らがいなければ考慮されなかったはずのこのプロジェクトを、彼らはいつも確固たる信念をもって支えてくれた。この四人につきせぬ感謝を捧げる。

マリサは、常に熱意を傾け、根気よく仕事のイニシアチブをとり、情熱を傾けて、アメリカでの調査に協力してくれた。四半世紀前からの私の親友であるロンドンのジュリエット・ウォーカーとともに、私の基本的なアイデアを事実と人物が複雑に絡み合ったまとまりにつくりあげるのを助けてくれた。私はこれを首尾一貫したものにしようと努力してきたのだが、それが成功したかどうかは、まだ判断できない。だが、この二人の女性は無尽蔵の情報源を提供してくれた。もし私がそれらの情報を誤って解釈したり、読み違えたり、聞き違えたり書きあやまったりしているとしたら、その間違いは私の責任であり、私だけの責任である。スー・ルウェリンは、ユーモアをもって熱心に原稿の整理にあたってくれただけでなく、一〇年前には韓国にかんする私の著作の仕事も手伝ってもらったことを思いださせてくれた。

ブロードムア特別病院を訪れ、すべての患者について保存されている大量のファイルを調べることが、この物語を解明する鍵となることは明らかだった。ジュリエット・ウォーカーと私が立ち入りを許可されるまでに数週間が必要だった。最終的に許可されたのは、ブロードムアの二人の職員ポール・ロバートソンとアリソン・ウェブスターのおかげである。二人は私たちのために病院当局を説得してくれた。病院側は不承不承だったのだろうが、それは無理もないことだと思う。優秀で親切なこの二人の協力がなかったら、本書を推測の寄せ集めを越えるものにすることは不可能だっただろう。ブロードムアのファイルは事実を提供するのに不可欠だったが、ポールとアリソンがそれを提供してくれたのだ。

大西洋の反対側では、事態の進展はかなり異なっていた——すばらしいマリサが最大限の努力をしてくれたにもかかわらず。ワシントンDCのセント・エリザベス病院は、もはや連邦の施設ではないのだが、コロンビア特別区の行政が運営しており、同当局は近年、トラブルを大々的に公表された経験がある。おそらくそのために、いかなるファイルの公開も頭から拒み、ファイルを見るために、私は弁護士を雇って訴訟にかかわることになるだろうと、本気でほのめかしたほどだった。

しかし、数日後のある日、急ぎの調査をしていると、ワールド・ワイド・ウェブの国立公文書館のページで、マイナー博士——一九一〇年から一九一九年までセント・エリザベスに収容され、当時同病院は間違いなく連邦の管轄下にあった——にかんする書類が実は連邦保護局にあり、カフカもどきの特別区の支配下にはないらしいとわかったのだ。そして本当にそのとおりだった。インターネットを通じて二、三の依頼をし、記録保管人のビル・ブリーチと楽しい会話を交わしておおいに助けてもらったあと、突然七〇〇ページを越える診断書などの書類が、フェデラル・エクスプレスの小包で届いた。翌日、セント・エリザベス病院に電話し、私の目の前の机の上にどんなファイルがあるかを役立たずの職員に告げることができたのは、とてもいい気分だった。もっとも彼らはあまり喜んでいなかった。

オックスフォード大学出版局は対照的にとても力になってくれた。私がウォールトン街を訪れるのを親切に許可してくれた出版局の職員にはもちろん感謝する一方で、まず誰よりも、現在オックスフォードの参考書部に在籍するエリザベス・ノールズに非常に多くを負ったことをここで感謝したい。彼女は数年前にマイナーについて研究しており、自分の知識を分かち、私とやりとりしてくれるのをいとわなかった。公記録保管部の情熱的なジェニー・マクモリスにも感謝したい。彼女はマイナーと彼のすばらしい遺産について誰よりも詳しく知っている。ジェニーと彼女のかつての同僚ピーター・フォードンは、私の訪問中もそのあとも頼りにできる人たちであることがわかった。ジェニーは英語にかんする真の英雄の一人として、マレーとともにヘンリー・ファウラー博士にも関心を寄せているので、ファウラー博士にかんする研究を発表する手段を見つけることを、私はひたすら望んでいる。

多くの専門家とともに数人の友人が、この物語に専門的な立場から関心をもってくれ、初期の原稿を読んでくれたうえ、それを改善するために多くの助言をしてくれた。ほとんどすべての場合に彼らの提案をありがたく受け入れたが、不注意であるか強情であったために彼らの警告や要求を無視したことがあったら、事実や判断や分別にかんするすべての誤りの責任は、断固として私にある。彼らは最善を尽くしてくれたのだ。

個人的な友人のなかではグラハム・ボイントン、ペッパー・エヴァンズ、ロブ・ハワード、ジェシー・シェイドロワー、ナンシー・スタンプ、ポーラ・シュークマン、ガリー・ウエルズに感謝したい。そして匿名のアンソニー・S——は、自分の婚約者がある夏の朝ロマンチックな頼みごとを断わった、と私に不満を言った。彼女は第九章の仕上げに精を出していたのである。彼にはお詫びと、忍耐への感謝を述べ、将来の結婚生活がこのうえなく幸せなものとなるようお祈りする。

ニューヘヴン歴史学会のジェームズ・W・キャンベルは、マイナーの一族を彼らの故郷の町で見つけるのに協力してくれた。イェール大学ディヴィニティ図書館の司書のかたがたは、ウィリアム・マイナーのセイロンにおける人生の初期について多くのことを教えてくれた。ワシントン州在住のイギリス人パット・ヒギンズとは、Eメールで通信しただけだが、セイロンとシアトルにおけるマイナーの家族の話に関心をもち、いくつかの助言をしてくれた。

アメリカ国立公文書館のマイケル・ミュージックは、マイナーの陸軍時代の資料の大半を見つけてくれ、ウォルター・リード陸軍病院のマイケル・ロードは、マイナーの手書きの死亡診断書を発見してくれた。ナショナルパーク・サービスはニューヨークとフロリダの陸軍基地を訪れた際に力になってくれた。ヴァージニア州アーリントンのインデックス・プロジェクトは、マイナーの戦争中の記録を見つけてくれた。

ヴァージニア州オレンジ郡観光局のスーザン・ペーキーズは、非常に博学なフランク・ウォーカーとともに、ウィルダーネスの戦いが展開された重要な戦跡を案内してくれた。その後、私を元気づけるために、感じのよい古いパブに連れていってくれた。それらのパブは、アメリカの美しい片田舎にひっそりと建っていた。ジョナサン・オニールは、エクスチェンジ・ホテル兼病院で南北戦争時代の医療をこと細かに説明してくれた。同病院はいまはヴァージニア州ゴードンヴィルの博物館になっている。

メリーランド州フレデリックの国立南北戦争医学博物館のナンシー・ウィットモアは、熱心に協力してくれ、多くの重要な資料を捜しだしてくれた。アラバマ大学のローレンス・コール博士は、南北戦争中の焼き印について話してくれ、そのような罰が北軍で戦ったアイルランド人に及ぼす影響についての推測を話してくれた。後者は南北戦争時代を専門とする歴史家の彼が、とくに研究している問題である。ニューヨークのミッチェル・レッドマンはマイナーの後半生について——かつて短い戯曲を書いたことがあったが、これまでのところ上演されていない——詳細を教えてくれた。

オックスフォード大学モードドレン・カレッジのゴードン・クラリッジは、精神病の原因について多くのことを教えてくれた。ブロードムアの歴史家ジョナサン・アンドルーズも協力してくれ、フロリダ州フォート・ローダデールの著名な精神科医アイサ・サマドは、精神分裂病の治療の歴史についていろいろ教えてくれた。

ニューヘヴンのエヴァーグリーン共同墓地の管理官デール・フィオーレは、ウィリアム・マイナーの生涯の終わりについて、興味深い事実を教えてくれた。棺の長さ、埋葬された穴の深さ、周囲に埋葬されている人びとの名前などである。

ウィリアム・マイナーの親類で生存する数少ない人びとの一人を見つけて、仕事がはるかに楽になった。それはコネチカット州リヴァーサイドのジョン・マイナー氏である。彼は自分が会ったことのない大伯父について、いろいろと親切に教えてくれ、写真や書類などの収集品を見せてくれた。それは屋根裏部屋の木の箱に何年間もしまってあったものだった。ジョンとデンマーク人の妻ビルジットは、私と同じくらいこの物語に関心をもってくれた。楽しい川辺の晩餐に招いてくれたこと、そしてきわめて風変わりな彼らの親類について語り合う機会をつくってくれたことを感謝する。

ロンドンのメリット国際家族史学会のデーヴィッド・メリットは、ジョージ・メリットの子孫の居場所を捜しだすのを手伝ってくれた。私はついに一人の子孫を見つけた。サセックスのディーン・ブランチャード氏で、彼は遠い親戚の運命に私と同様の興味をもち、いろいろと教えてくれた。

私はアメリカの代理人ピーター・マトソンと、彼の同僚のジェニファー・ヘンゲン、そしてアグネス・クラップにも恩恵をこうむっている。この物語の奇妙さに夢中になり、さかんに応援してくれ、アメリカの長くて暑い夏のあいだ、仕事をつづけ、懸命に書きつづけるように仕向けてくれた。妻のキャサリンは、私が仕事に専念できるよう取りはからい、この種の著作の執筆に必要な平穏と静けさを惜しみなく与えてくれた。

参考文献

　この物語を調べるきっかけとなった本は、Jonathon Green の *Chasing the Sun*（Jonathan Cape, London, and Henry Holt, New York, 1996）である。本書の物語に一ページ半を費やしており、参考文献をとおして、私はOEDの編纂にかんするさらに有名な作品を知った。それが *Caught in the Web of Words*（Oxford and Yale University Presses, 1977.『ことばへの情熱』）であり、著者はマレーの孫娘のK・M・エリザベス・マレーである。どちらの作品でも、マレーとマイナーの最初の面会は有名な神話のとおりになっているが、エリザベス・ノールズが季刊誌 *Dictionaries* にもっと正確な説明を書くまでは、二人の出会いの真実については正確に知られていなかった。二冊の本にはOEDのファンが喜び、季刊誌のほうは学問的な傾向があるが、辞典編纂という学問分野について読むのは、率直に言ってそれほど忍耐を必要とするわけではないので、季刊誌も多くの人にとって得るところが多いだろう。

言葉の本をつくる上での基本的な原理を知るためには、Sidney Landau の決定版 *Dictionaries — The Art and Craft of Lexicography*（Charles Scribner's Sons, New York, 1984.『辞書学のすべて』）が必読書だ。ＯＥＤの欠点を知りたいという偶像破壊者向けには、John Willinsky の *Empire of Words — The Reign of the OED*（Princeton University Press, 1994）がある。同書にはＯＥＤの欠点が怒ったような口調でたくさん説明されており、ジェームズ・マレーの作品について政治的に正しい修正論の立場から意見が提示されているが、ＯＥＤへの称賛もいくらか感じられる。読んでもひどく腹が立つだけかもしれないが、一読の価値はある。

ジョンソン博士の *Dictionary* は現在もきわめて容易に見つけることができる。大型の二巻本の複製がベイルートという意外な場所で印刷されており、私は最近二五〇ドルで一部を購入した。第一版の傷んでいないものを一万五〇〇〇ドル以下で見つけるのは難しい。しかし同書には機知に富んだ有益な抜粋がある。E. L. McAdam と George Milne が見出し語を選んだ作品だ（Pantheon, New York, 1963. ペーパーバックが一九九五年にロンドンの Cassell から翻刻されている）。

オックスフォード大学出版局は出版局そのものの歴史書をもつに値し、実際に数冊出ている。私が推薦するのは Peter Sutcliffe の *The Oxford University Press: An Informal History*（Oxford University Press, 1978）で、同書はＯＥＤの編纂史も記しており、適度に公平な書き方をしている。

アメリカの南北戦争は当然ながら多くの本で扱われている。マイナー博士が、小さいながらも彼自身にとっては決定的な役割をはたした戦いが描かれている作品で、最も優れているものは、Gordon C. Rhea の *The Battle of the Wilderness*（Louisiana State University Press, 1994）であり、私はたいへん楽しみながら読んだ。D. P. Conyngham の一八六七年の古典 *The Irish Brigade and its Campaigns* は最近再発行され（Fordham University Press, New York, 1994）、Lawrence F. Kohl の序文がついている。私の作品に協力してくれた Kohl への感謝は謝辞にゆずる。南北戦争当時の医療については多くの本があるが、George Worthington Adams の *Doctors in Blue*（Louisiana State University Press, 1980）と Harold Elk Straubing の *In Hospital and Camp*（Stackpole Books, Harrisburg, Pennsylvania, 1993）がよいと思う。また、Bruce Catton と James M. Macpherson の豪華な大型本 *The American Heritage New History of the Civil War*（Viking, New York, 1996）のいくつかの章も読んだ。四年間の血みどろの戦いについて、考えうるかぎりの細かい疑問に答えてくれる本である。

マイナー博士が苦しみつづけ、戦争中の体験から誘発されたと考えられる精神の病気の性質については、Gordon Claridge の *Origins of Mental Illness*（ISHK Malor Books, Cambridge, Massachusetts, 1995）に包括的に説明されている。Andrew Scull のすばらしい*Masters of Bedlam*（Princeton University Press, 1996）は、精神医学が知られていなかったころの精神異常の治療の歴史を興味深く語っている。マイナーが殺人を犯した都市の社会の歴史については、Roy Porter――彼も精神異常とその治療の専門家だった――を参考にした。*London: A Social History*（Harvard, 1994）は予備知識を得るのに適しており、イギリスのすばらしい首都にかんする最高の作品である。

しかし、本書との関連でぜひ読まなければならない書籍は、学問的な作品のなかで最も大規模で最も感銘を与えるものの一つ、すなわち『オックスフォード英語大辞典』そのものの全一二巻からなる第一版、一九三三年の補遺、ロバート・バーチフィールドによる四巻の補遺、あるいは完全に統合された全二〇巻の第二版である。

ＯＥＤは高価で膨大な書籍である。そのため、現在はＣＤ‐ＲＯＭのほうがはるかに売れている。だが、マイナー博士のファンにとってはきわめて大切なことだが、ＣＤ‐ＲＯＭにも彼の存在と貢献にたいする感謝が正式に表明されている。そして、ＯＥＤの編纂に協力し、この辞典を今日のような偉大な記念碑につくりあげた貢献者のなかに、マイナーの名前が埋もれているのを発見するだけで、私はいつも胸に迫るものを感じる。

もちろんこれだけで、この大辞典を所有する必要性が正当化されるわけではない。だが、そこにマイナーの名前を見出したとき、偶然何かを見つけることのすばらしさが本当によくわかるのだ。ＯＥＤの名声のゆえんは、まさにここにある。辞典のなかで偶然、何かを見つけるのがとてもすばらしいということに、異論を唱える者はまずいないだろう。

事実が小説より奇なるとき

書評家
豊﨑由美

総ページ数一万六六五七〇ページ、収録語数四一万四八二五語、用例一八二万七三〇六――着手されてから全一二巻の編纂が完了するまでに七〇年もの歳月を費やしたオックスフォード英語大辞典（ＯＥＤ）。一九世紀末、一一年かけて大槻文彦が完成させた日本初の国語辞典『言海』の収録語数が四万語弱ということから比較しても、それがいかに大規模な事業だったかがおわかりいただけるのではないだろうか。

学者や貴族やエリート学生が使う難しかったり、わかりにくかったり、凝った語彙だけでなく、庶民が普通に使う言葉も網羅。一一五〇年以後に存在する語はすべて収録することを目的とし、一六世紀以前については当時入手できた全作家の作品から用例を集める。意味だけでなく、その単語がいつ生まれ、どう使われてきたのか、歴史を示す。膨大な数の言葉それぞれの一代記を記すことを目指した途方もない企てを、二人の男の人生と重ねて描き、知的好奇心を喚起するばかりか、読み物としてもよく出来たミステリーばりの興趣を備えるに至ったのが、この『博士と狂人』という傑作ノンフィクションなのである。

貧しい家に生まれ、一四歳で学校を出た後は独学で数多くの言語と教養を身につけ、ついにはＯＥＤの編纂主幹として歴史に名を残すに至ったジェームズ・マレー（一八三七年〜一九一五年）。アメリカの名家の血をひき、陸軍の軍医大尉にまで昇りつめるも、精神を失調させた末にロンドンで殺人事件を犯してしまい、その後、精神病院に終身監禁されることになったウィリアム・チェスター・マイナー（一八三四年〜一九二〇年）。この決して交わるはずもない両極端のキャラクターの二人が、やがてＯＥＤ編纂という大事業によって結びつけられていく様を描いて、大変スリリングな一冊なのだ。

入手できる全作家の作品ばかりか、ロンドンやニューヨークの新聞、雑誌や定期刊行物といった英語で書かれたあらゆる文献を丹念に読み、その中から適切な用例を探す。そのためには多くの篤志文献閲読者を募らねばならず、マレーは協力を求める「訴え」を新聞や雑誌に掲載し、イギリスやアメリカの書店に置いてもらえるよう指示。一八八〇年（八一年の説もあり）、その求めに強い熱意をもって応えたのが、ロンドンから電車で六〇分ほど離れた場所にあるブロードムア刑事犯精神病院で第七四二号患者と呼ばれていたマイナーだったのである。以降、ＯＥＤ編纂事業にとって、それを指揮するマレーにとって、なくてはならない重要な協力者になっていくマイナー――。

〝博士〟と〝狂人〟が出会い、互いに対する敬意を深めていく、そうした過程を綴ったこのノンフィクションは、三発の銃声から幕をあける。一八七二年二月一七日の午前二時すぎ、犯罪都市として悪名高かったヴィクトリア朝時代のロンドン、その中でもとりわけ物騒な地域として知られるランベス・マーシュで、ビール醸造所で働く貧しい男が、凶弾に倒れるのだ。ところが撃った犯人、マイナーの言動がおかしい。アイルランドの好戦的な民族主義者が結成したフェニアン・ブラザーフッドに自分はつけ狙われており、被害者をその一員と誤認して殺してしまったというのだ。こうして、マイナーは精神異常という理由で無罪となり、精神病院へ移送される。

宣教師の親のもとに生まれ、豊かな生活を送ってきたマイナーが、なぜ精神を病み、殺人まで犯すに至ったのか。南北戦争に北軍の軍医として従軍し、残酷無惨な激しい戦闘を目の当たりにしたマイナーが、じょじょに精神を失調させるまでを描くパートは、犯罪者の心理に分け入る優れたクライム・ノベルのような読み心地。かたや、貧しい家に生まれながら、こつこつと研鑽を積み、やがてイギリスの学問界の最高峰へと登りつめていくまでを描くマレーのパートは、偉人の立身出世譚として読み応えがある。そしてこの二人が、マレー博士がOEDに大変な貢献を果たしているマイナーのもとへ表敬訪問するという形で対面して以降の、優れた才能が互いの能力を認めあい、交流を深めていく展開は、ハートウォーミングな友情物語の意匠すらまとうのだ。と同時に、本書冒頭におかれた「はじめに」にも記された、巷間伝えられているその感動的な邂逅の細部が実は事実に即していないのではないかという疑念を提示し、さまざまな文献をもとに新事実に肉迫していく第九章などは、良質なノンフィクションしか生み出し得ない知的興奮をもたらす。つまり、さまざまな読み味を備えた内容になっているのだ。

もちろん、世界でもっとも信頼されている最大の英語辞典、ＯＥＤ完成にいたるまでのトリビアルな知識も満載。シェークスピアが執筆していた時代、かの劇聖は自分が戯曲に使った言葉の意味や用法が正しいかどうか調べるすべを持たなかったこと。「辞書や百科事典などの参考書で何かを調べる」という言い回しが英語で初めて使われるようになったのは一六九二年だったこと。その後、一八世紀イギリスを代表する詩人にして批評家のサミュエル・ジョンソンが読み物としても愉しい『英語辞典』を編み、非凡な専門知識と読書量によって辞典編纂史に大きな足跡を残すも、一定の言葉を選んで収録したという意味では、やはり不備は否めなかったこと。ＯＥＤ編纂を高らかに宣言する記念的講演が行われたのは一八五七年だが、実際に始まったのはそれから二二年後だったこと。などなど、たくさんの英語辞典やその集大成であるＯＥＤにまつわる知識が盛り込まれているのだ。

とはいうものの、やはりもっとも読み応えがあるのは狂気の塔の住人ながらも、ＯＥ

Dという知的財産に多大な貢献を果たした人物、ウィリアム・チェスター・マイナーの数奇な生涯を描く章であるには違いない。アメリカの最も由緒ある上流階級に属していた宣教師の親が布教目的で渡った、今日ではスリランカと呼ばれるセイロン島で生を受け、三歳の時に実母を肺結核で失い、一四歳の時にアメリカに戻って高い教育を受けたマイナー。性欲が人一倍強く、そのために晩年引き起こされる想像を絶するほど痛ましい惨事。戦争体験によって引き起こされ、生涯を通じて治癒することのなかった精神障害。軍人年金や財産によって裕福だったおかげで、書店に本を注文したり、ワインやバーボン・ウィスキーまで揃えることができた、意外なまでに快適な収監生活。自分が殺した男の妻との交流。篤志文献閲読者となってからの充実と、束の間の精神の安定。彼が生みだした偏執的といっても過言ではない緻密な用例収集法。OED刊行に際してマレー博士が寄せた序文に記されたマイナーに向ける惜しみない賞賛の言葉。マレーの訪問がもたらした大きな歓び。にもかかわらず、やがて悪化していく精神状態。一九一〇年、ようやくかなった帰国。そして、眠っている間に迎えた穏やかな死。

OEDという偉業の陰に隠れて、専門家以外にはその存在も知られていないような人物が、著者サイモン・ウィンチェスターの、あたかもその現場に自分もいたかのような臨場感溢れる迫真の語り口によって、閉じた本を中から開きかねないほどの勢いで立ち上がってくる。小説を愛してやまないわたしが自分に禁じている言葉のひとつに「事実は小説より奇なり」があるのだけれど、マイナーの生涯はその禁じ手を思わず破ってしまいたくなるほどユニークなのである。

生涯、狂気という檻から出ることがかなわなかったマイナーは、たしかに悲劇の人物かもしれない。が、著者は言う。マイナーは精神病院に幽閉され、ありあまるほどの時間があったからこそOEDの仕事に打ち込むことができた。もし、彼の病気が治癒していたら、OEDは果たして今のような形で完成していただろうか、と。それは痛ましいアイロニーかもしれない。しかし、その皮肉が後世にもたらした富は、少なくともOEDを利用する人にとって、はかりしれないほど大きいのではないだろうか。

この本の扉には「G・Mを偲んで」という献辞がある。ジョージ・メリット。マイナーによって殺された男のイニシャルだ。もし、マイナーがメリットを殺害していなかったら――。ここにもまた歴史のアイロニーがある。達成されるためには、一人の男の正気と、一人の男の命までも結果的に犠牲にしてしまったのかもしれないOEDという偉業。ロートレアモンの詩で謳われる、手術台の上のミシンとコウモリ傘のように異質な二人の邂逅を必要とした偉業。本書はその栄光と悲劇をあますところなく伝えて、奇想天外なまでに面白い。たしかに……、事実は小説より奇なることも時にあったりするのかもしれない。この『博士と狂人』がそうした一冊であることを認めるのにやぶさかではないわたしだ。

本書は一九九九年四月に早川書房より単行本として
刊行された作品を文庫化したものです。

グッド・フライト、グッド・ナイト

――パイロットが誘《いざな》う最高の空旅

Skyfaring

マーク・ヴァンホーナッカー
岡本由香子訳

ハヤカワ文庫ＮＦ

高度三万フィートから見下ろす絶景、精密、かつダイナミックなジェット機の神秘、空を愛する同僚たちとの邂逅……雲の上は、信じられないほど感動に満ちている。ボーイング７４７の現役パイロットが空と飛行機について語る。多くのメディアで年間ベストブックに選ばれた極上のエッセイ。　解説／眞鍋かをり

羊飼いの暮らし
——イギリス湖水地方の四季

The Shepherd's Life
ジェイムズ・リーバンクス
濱野大道訳
ハヤカワ文庫ＮＦ

太陽が輝き、羊たちが山で気ままに草を食《は》む夏。競売市が開かれ、一番の稼ぎ時となる秋。過酷な雪や寒さのなか、羊を死なせないよう駆け回る冬。何百匹もの子羊が生まれる春。湖水地方で六〇〇年以上続く羊飼いの家系に生まれたオックスフォード大卒の著者が、羊飼いとして生きる喜びを綴る。　解説／河﨑秋子

シャーロック・ホームズの思考術

MASTERMIND
マリア・コニコヴァ
日暮雅通訳
ハヤカワ文庫ＮＦ

ホームズはなぜ初対面のワトスンがアフガニスタン帰りと推理できたのか？　バスカヴィル家のブーツからなぜ真相を見出だしたのか？　ホームズ物語を題材に名推理を導きだす思考術を、最新の心理学と神経科学から解き明かす。注意力や観察力、想像力をアップさせる脳の使い方を知り、あなたもホームズになろう！

マシュマロ・テスト

——成功する子・しない子

The Marshmallow Test
ウォルター・ミシェル
柴田裕之訳
ハヤカワ文庫ＮＦ

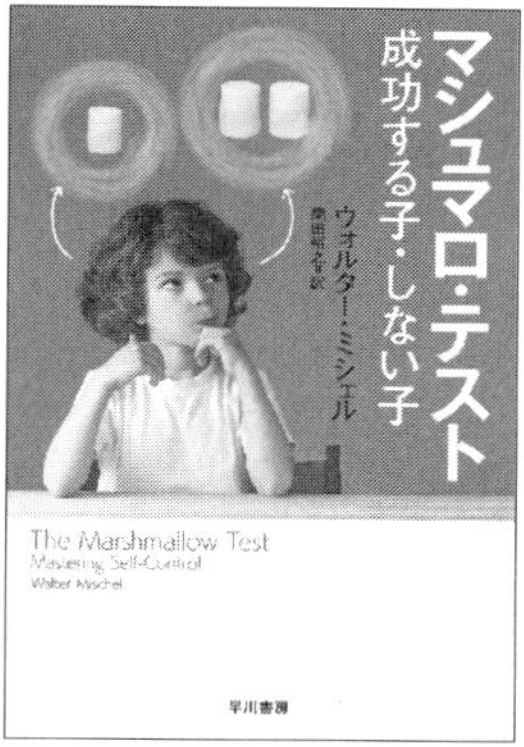

目の前のご馳走を我慢できるかどうかで子どもの将来が決まる？　行動科学史上最も有名な実験の生みの親が、半世紀にわたる追跡調査からわかった「意志の力」のメカニズムと高め方を明かす。カーネマン、ピンカー、メンタリストＤａｉＧｏ氏推薦の傑作ノンフィクション。解説／大竹文雄

訳者略歴　1934年生，翻訳グループ牧人舎代表を長年務めた　2009年没　訳書に『発想する会社！』ケリー他（共訳），『なぜこの店で買ってしまうのか』アンダーヒル（以上早川書房刊）他多数

HM=Hayakawa Mystery
SF=Science Fiction
JA=Japanese Author
NV=Novel
NF=Nonfiction
FT=Fantasy

博士《はかせ》と狂人《きようじん》

世界最高の辞書 OED の誕生秘話

〈NF306〉

二〇〇六年三月三十一日　発行
二〇二〇年十一月　十　日　五刷

（定価はカバーに表示してあります）

著者　サイモン・ウィンチェスター
訳者　鈴《すず》木《き》主《ち》税《から》
発行者　早川　浩
発行所　株式会社　早川書房

郵便番号　一〇一‐〇〇四六
東京都千代田区神田多町二ノ二
電話　〇三‐三二五二‐三一一一
振替　〇〇一六〇‐三‐四七七九九
https://www.hayakawa-online.co.jp

乱丁・落丁本は小社制作部宛お送り下さい。
送料小社負担にてお取りかえいたします。

印刷・精文堂印刷株式会社　製本・株式会社明光社
Printed and bound in Japan
ISBN978-4-15-050306-2 C0182